Ingrid Strobl

# RESPEKT

# Ingrid Strobl

# RESPEKT

Anders miteinander umgehen

PATTLOCH

**Bibliografische Information: Deutsche Nationalbibliothek**
Die Deutsche Nationalbibliothek verzeichnet diese Publikation in der
Deutschen Nationalbibliografie; detaillierte bibliografische Daten
sind im Internet über http://dnb.d-nb.de abrufbar.

Umschlagfoto: FinePic®, München
Satz: Adobe InDesign im Verlag
Umschlaggestaltung: ZERO, Werbeagentur, München
Druck und Bindung: CPI – Ebner & Spiegel, Ulm
Printed in Germany

© 2010 Pattloch Verlag GmbH & Co. KG, München
ISBN 978-3-629-02240-0

**www.pattloch.de**

2   4   5   3   1

*Für Angelina, Anni, Chantal, Diane, Emma,*
*Fina, Neshua und Yurda Gül*

# Inhaltsverzeichnis

# Einleitung

Respekt ist wieder angesagt. Die Medien machen ihn zum Thema, Lehrerinnen und Lehrer behandeln ihn im Unterricht. Arbeitnehmer wünschen sich laut einer Umfrage ausdrücklich einen Chef, der sie respektiert. Die Kirchen, soziale Einrichtungen, antirassistische Initiativen und viele andere mehr schreiben sich »Respekt« auf ihre Fahnen. An der Universität Hamburg untersucht die RespectResearchGroup, ein interdisziplinäres Team junger Forscher, das Phänomen Respekt, HipHopper rappen über »respect«, und Benimmkurse, die gerade wieder hoch im Kurs stehen, lehren »respektvolles Verhalten«. Doch was ist damit gemeint? Der Respekt, den ein Projekt für obdachlose Menschen einfordert, ist garantiert ein anderer, als der, um den es im Benimmkurs geht. Der Respekt, den sich ein Vorgesetzter wünscht, kann mit dem Respekt kollidieren, den seine Mitarbeiterinnen und Mitarbeiter erhoffen. Und überhaupt, wurde der Respekt nicht vor Jahrzehnten von der antiautoritären Bewegung abgeschafft?

Dieses Buch handelt von Respekt. Von einem Respekt, der mit dem autoritären, aufoktroyierten und nicht hinterfragbaren Respekt von anno dazumal ebenso wenig zu tun hat, wie mit dem Respekt vor den stärksten, härtesten und gnadenlosesten Jungs, der in manchen Raps gefeiert wird. Der Respekt, um den es in diesem Buch geht, ist ein authentischer zwischenmenschlicher Respekt, der die Würde des Menschen und des Lebens achtet und unabhängig davon gilt, welchem Geschlecht ein Mensch angehört, aus welcher Familie und welchem Land er kommt, welche Hautfarbe er hat, welche gesellschaftliche Stellung er einnimmt, und zu welchem Gott er betet.

Als ich anfing, allen möglichen Leuten von meinem Projekt zu erzählen, fragte mich erstaunlicherweise niemand: »Ein Buch über Respekt? Wozu soll das gut sein?« Ganz im Gegenteil, fast alle waren sofort interessiert. »Das ist ja spannend«, »Höchste Zeit, dass mal jemand darüber schreibt«, bekam ich zu hören, und: »Ein Buch über Respekt? – Cool!« Ein paar Leute allerdings bemerkten in einem skeptischen oder auch bedauernden Tonfall: »Ach ja? *Ich könnte eher ein Buch über den Mangel an Respekt schreiben!*«

Den gibt es zweifellos, im Alltag ebenso wie in der Gesellschaft und Politik. Viele Menschen vermissen nicht nur ein freundliches Lächeln, die Bereitschaft, jemandem den Vortritt zu lassen oder eine Entschuldigung, wenn sie angerempelt wurden, sondern sie haben auch das Gefühl, sie würden nur noch respektiert für die Dinge, die sie besitzen oder die Leistung, die sie erbringen. Und sie haben Angst, dass man sie als »vollwertige« Menschen nur noch anerkennt, solange sie über einen festen Job oder ein sicheres Einkommen verfügen und fit, präsentabel, flexibel, kompatibel und zu grenzenlosem Multitasking fähig sind.

Dieses Gefühl ist nicht aus der Luft gegriffen. Mitarbeiterinnen und Mitarbeiter unterschiedlicher Firmen berichten über ein mittlerweile wieder respektloses Verhalten von Vorgesetzten. Auch unter Gleichgestellten nimmt der gegenseitige Respekt offenbar ab. In Büros gehört Mobbing beinahe zum Alltag. Und jeder vierte Schüler wurde schon einmal per Handy oder im Internet gemobbt. Wer nicht über bestimmte Statussymbole verfügt, gilt als minderwertig. Menschen, die von Hartz IV leben müssen, werden verachtet und ausgegrenzt. Hauptschülerinnen und Hauptschüler haben kaum noch eine Chance, einen Ausbildungsplatz zu bekommen. Und wenn sie einen »Migrationshintergrund« haben, verringern sich ihre Aussichten gegen null. Eine Gesellschaft, in der es unterschiedlich respektierte Gruppen von Menschen gibt und das Wort »sozial« häufig zur Floskel verkommt, eine Gesellschaft, in der sich Millionen Fernsehzuschauer darüber amüsieren, wie in Castingshows junge Menschen aufs Grausamste vorgeführt und fertiggemacht werden, eine Gesellschaft, in der alte Menschen als Ballast wahrgenommen werden, eine solche Gesellschaft leidet ganz eindeutig an einem eklatanten Mangel an Respekt vor der Würde des Menschen.

Ich bin bei der Recherche für dieses Buch in Zeitungen, Zeitschriften, wissenschaftlichen Untersuchungen, im Fernsehen, im Internet, in Gesprächen mit allen möglichen Menschen und bei der Beobachtung alltäglicher Geschehnisse auf zahlreiche Beispiele für einen deprimierenden Mangel an strukturellem und zwischenmenschlichem Respekt gestoßen. Über jedes dieser Beispiele könnte ich ein ganzes Kapitel schreiben. Ich tue es aber nicht. Denn dieses Buch ist kein Beschwerdebuch. In diesem Buch versuche ich herauszufinden, was das ist: Respekt, und ich zeige die vielen verschiedenen Möglichkeiten auf, auch in dieser unvollkommenen Gesellschaft Respekt für sich selbst und für andere zu empfinden und auszudrücken. Ich berichte davon, wie unterschiedliche Menschen Respekt in unterschiedlichen und oft auch sehr schwierigen Situationen empfinden und zum Ausdruck bringen, ich untersuche, wie in verschiedenen Lebensphasen und Lebensbereichen ein respektvoller Umgang zwischen Menschen gelingen kann, und ich versuche zu erklären, warum gegenseitiger Respekt so wichtig, motivierend und heilsam ist.

Ich suche in diesem Buch nach Antworten auf die Fragen: Wer respektiert wen und warum? Und wer respektiert wen nicht und warum nicht? Wer erwartet und erhofft welche Art von Respekt? Wie drücken Menschen ihren Respekt aus und woran erkennen sie, ob jemand sie respektiert oder nicht? Woher kommen die unterschiedlichen Interpretationen von Respekt? Welche Rolle spielt Respekt in der Jugend und im Alter, in der Partnerschaft, in der Kindererziehung, zwischen Frauen und Männern, in der Arbeitswelt, im Alltag, in der Pflege, in der Arbeit mit Sterbenden, mit psychisch Kranken und mit Menschen am Rande der Gesellschaft? Was macht einen authentischen, selbstbestimmten Respekt aus? Kann man diesen Respekt erlernen? Braucht man Selbstrespekt, um andere respektieren zu können?

Ich habe in den letzten zweieinhalb Jahren, also seit ich begann, mich mit dem Thema zu beschäftigen, mit unzähligen Menschen über Respekt gesprochen. Einige habe ich ausführlich interviewt und andere gebeten, den Fragebogen, den ich für das Buch entwickelt habe, auszufüllen. Aus vielen Interviews wurden spannende Gespräche, das Frage-und-Antwort-Spiel entwickelte sich zu einem intensiven Gedankenaustausch, der beide Seiten – die oder den Interviewten und mich selbst – zu weiterem Nachdenken anregte. Mehrere meiner Interviewpartnerinnen und -partner riefen mich Tage und sogar noch Wochen später an, um mir zu sagen, das Thema Respekt gehe ihnen nicht mehr aus dem Kopf. Alle betonten, sie hätten große Freude an unserem Gespräch oder auch am Ausfüllen des Fragebogens gehabt und fühlten sich angeregt, in ihrem Alltag, in ihrer Beziehung und am Arbeitsplatz genauer darauf zu achten, wie sich Respekt äußert oder nicht, und wie sie selbst respektvoller mit sich und anderen umgehen könnten.

Und auch mir selbst hat die Arbeit an diesem Buch große Freude bereitet. Ich habe interessante und liebenswürdige Menschen kennen- (oder noch besser kennen-)gelernt und wurde zu neuen Gedanken und Beobachtungen inspiriert. Ich habe noch deutlicher als zuvor erkannt, wie wichtig Respekt im Zusammenleben und der Zusammenarbeit ist – und warum. Meine Ausgangsthese, dass Respekt das eigene Leben und das Leben, die Begegnung und das Arbeiten mit anderen erleichtert und verbessert, hat sich bestätigt. Und ebenso meine Vermutung, dass ich, indem ich anderen Respekt entgegenbringe, in ihnen wiederum ein respektvolles Verhalten hervorrufen kann. Das alte Sprichwort, »Wie man in den Wald ruft, so schallt es heraus«, hat sich auch in Bezug auf Respekt häufig als richtig erwiesen.

# Die erste Erkundung
# des Archipels

Mary Falkers war bis zu ihrer Pensionierung Lehrerin in Alabama. Ihre Großmutter war noch in der Sklaverei aufgewachsen, sie selbst hatte sich in der schwarzen Bürgerrechtsbewegung engagiert. Zur Feier von Barak Obamas Wahlsieg kam die alte Dame eigens nach Chicago. Sie wollte dem Mann zujubeln, der etwas vollbracht hatte, das ihr ganz und gar unmöglich erschienen war. Und nun versagte ihr erst einmal die Stimme. Schließlich aber erklärte sie dem Reporter unter Tränen: »Es bedeutet Respekt.«

Als ich diese Geschichte in der Zeitung las, war ich tief bewegt. Martin Luther King und die amerikanische Bürgerrechtsbewegung gehörten zu meinen »Helden«, als ich ein junges Mädchen war. Sie zählten zu den wenigen Menschen, für die ich, obwohl ich sie nicht persönlich kannte, größten Respekt empfand. Die Wahl Barak Obamas zum Präsidenten der Vereinigten Staaten bedeutete deshalb auch für mich, dass sowohl weiße Amerikaner einen schwarzen, als auch die Mehrheit der Schwarzen einen der Ihren so sehr respektierten, dass sie ihm das Land in einer guten Weise regieren zu können zutrauten.

Wenig später fragte mich ein junger Mann, den ich gebeten hatte, mir ein Interview zum Thema Respekt zu geben: »Was ist das denn, Respekt?« Und obwohl ich schon so lange daran arbeitete, viele Menschen befragt und Berge von Material gesichtet hatte, war ich um eine Antwort verlegen. Ich dachte eine Weile nach und fand dann ein Bild, das seine Frage nicht beantwortete, aber dafür meine eigene Situation genau beschrieb. Ich sagte ihm: »Ganz zu Anfang stand ich am Ufer des Meeres und blickte auf eine Insel: Respekt. Ich beschloss, diese Insel zu erkunden. Also schwamm ich hinaus, erreichte sie, sah mich um – und entdeckte: Es ist ein ganzer Archipel! Seither mache ich so etwas wie Insel-Hopping.«

Ich habe mir in den letzten zwei Jahren die einzelnen Inseln dieses »Archipels Respekt« angesehen und ihnen Namen gegeben. Ich habe herausgefunden, dass hinter jeder einzelnen noch weitere Inseln liegen, und manche auch noch über ausgedehnte Halbinseln verfügen. Respekt, stellte ich fest, ist eine sehr komplizierte Materie. Es gibt viele verschiedene Arten von Respekt. Oder anders gesagt, man kann unter Respekt alles Mögliche verstehen. Je mehr man versucht, den Begriff zu definieren, desto vielfältiger werden seine Inhalte.

Respekt ist eine innere Haltung und zugleich deren Ausdruck. Respekt richtet sich auf ein Gegenüber. Er richtet sich auf einen selbst. Und er wird von einem Gegenüber erwartet, erhofft, verlangt. Ich respektiere eine andere Person, oder ich respektiere sie nicht. Ich verfüge über Selbstrespekt oder über keinen Selbstrespekt. Ich möchte, dass andere Respekt vor mir haben. Ich kann Respekt aber nicht nur vor Menschen haben, sondern auch vor Religionen und ethischen Grundsätzen, vor Institutionen und Gesetzen. Ich kann Respekt vor Tieren, vor Pflanzen, der Natur, der Umwelt haben. Ich kann sogar im weitesten Sinne Respekt vor Dingen haben, vor Kunstgegenständen, aber auch vor meinem Essgeschirr, indem ich zum Beispiel achtsam damit umgehe.

Eine respektvolle Haltung einer anderen Person gegenüber kann freiwillig und spontan, selbst gewählt und durchdacht, anerzogen und unreflektiert, erzwungen oder einem abgerungen sein. Es gibt einen Respekt aus Abhängigkeit und einen Respekt aus Angst gegenüber Personen, die stärker sind als man selbst und einem deshalb Schaden zufügen können. Es gibt einen autoritätsgläubigen Respekt, der einem als Kind eingebleut wurde und den man quasi automatisch all jenen zollt, die als »Autoritätspersonen« gelten. Es gibt einen souveränen Respekt, den jemand, der auf der gesellschaftlichen Stufenleiter weiter oben steht, denen erweisen kann, die sich weiter unten befinden. Es gibt einen anerkennenden Respekt, den man jemandem zollt, der sich auf eine Weise verhält, die man bewundert und die den eigenen Werten entspricht. Und es gibt einen grundsätzlichen Respekt, den jede und jeder für alle anderen empfinden könnte, einfach, weil auch sie fühlende Wesen sind.

Es gibt einen Respekt des Verstandes und einen Respekt des Herzens.

Es gibt den »Hut ab!«-Respekt, den »Das-könnte-ich-nie!«-Respekt, den »Ich-respektiere-dich-dennoch«-Respekt, den Respekt auf Augenhöhe. Und noch einige andere Varianten mehr. Im Vergleich zu den vielen Motiven, Respekt zu empfinden und den vielen Möglichkeiten, Respekt auszudrücken, gibt es jedoch erstaunlich wenige Versuche, Respekt zu definieren. Doch dazu mehr im folgenden Kapitel.

»Ich habe Respekt vor meinem Mann«, sagt die Journalistin und Buchautorin Ulla Lessmann. »Er ist der integerste Mensch, den ich kenne. Er verfügt über ein umfassendes Wissen, eine große Bildung. Und er respektiert mich. Ich respektiere meine Mutter dafür, wie sie das Alter meistert. Ich respektiere meine Freundinnen und Freunde dafür, was sie aus ihrem Leben machen. Und ich habe größten Respekt vor Sängerinnen und Sängern und anderen Musikern. Vor ihrer Kunst, ihrer Leistung.«

»Ich respektiere jeden, der mich auch respektiert«, sagt die vierzehnjährige Chantal, die auf die Hauptschule geht. »Und ich habe Respekt vor meiner Lehrerin, weil die uns ernst nimmt und auch was von uns verlangt, und uns aber auch immer hilft, wenn was schiefgeht.«

»Ich habe Respekt vor Leuten, die einen Angehörigen pflegen«, sagt die Rentnerin Monika Chromy, die lange Zeit ihre schwerkranke Mutter betreute und daher weiß, was das bedeutet.

»Respekt im Sinne von ›Hut ab!‹«, sagt der Fachhochschulprofessor und ehemalige Sozialarbeiter Thomas Münch, »habe ich vor den Müttern zum Beispiel, die ich in Gemeinwesen-Projekten kennenlernte: Sie leben in einem Armutsviertel, sind meistens Alleinerziehende, haben sehr schlechte Bedingungen und kümmern sich trotzdem um ihre Nachbarschaft, versuchen, ihre Kinder gut großzuziehen und verlieren darüber ihren Humor nicht.«

»In besonderem Maße«, sagt die Filmemacherin und Kunstpädagogin Dorothee Plass, »habe ich Respekt vor Menschen, die auch Fehler zugeben und über sich selbst lachen können.«

»Je älter ich werde«, sagt die Autorin Miriam Klaas, »desto

mehr fühle ich mich zu Menschen hingezogen, die im Einklang mit sich sind, ohne dabei egozentrisch oder gar egoistisch zu sein. Respekt hat für mich viel mit Glaubwürdigkeit zu tun, also: Ist jemand so oder gibt er sich nur so? Anders ausgedrückt: ›Investieren‹ Menschen in ihre Persönlichkeit oder nur in ihr Image?«

Auf meine Frage: »Vor wem haben Sie Respekt?«, »Wen respektierst du?«, bekam ich nicht nur von Chantal zur Antwort: »Ich habe nur Respekt vor jemandem, der auch vor mir Respekt hat.«

Jeder Mensch auf dieser Welt wünscht sich, von anderen respektiert zu werden. Jeder Mensch möchte Achtung und Wertschätzung erfahren, ernstgenommen und beachtet werden. Wer niemals und von niemandem ein Mindestmaß an Wertschätzung erfährt, geht vermutlich seelisch zugrunde. Zwischen gar keinem und ausreichend Respekt gibt es jedoch viele Varianten. Und zahlreiche Menschen haben das Gefühl, zu wenig Respekt zu bekommen, zu wenig beachtet und geachtet zu werden.

»Die Gesellschaft«, schreibt Richard Sennett in seinem Standardwerk *Respekt im Zeitalter der Ungleichheit*[1], »macht Respekt zu einem knappen Gut, als gäbe es nicht genug von diesem kostbaren Stoff. Wie viele Hungersnöte, so ist auch diese Knappheit von Menschen selbst gemacht; aber im Unterschied zur Nahrungsmittelknappheit kostet Respekt nichts. Insofern stellt sich die Frage, warum auf diesem Gebiet Knappheit herrschen sollte.«

Ich habe meine Interviewpartnerinnen und -partner und die Menschen, die meinen Fragebogen ausfüllten, gefragt, ob sie sich respektiert fühlen, und wenn ja, von wem und warum. Einige von ihnen beklagten zwar einen Mangel an Respekt, aber auch sie konnten, wie alle anderen, mehrere Personen aufzählen, die ihnen Respekt entgegenbringen.

»Ich fühle mich von meinem Chef respektiert«, sagt Edda Sommer, die Sachbearbeiterin in einem großen Medienunternehmen ist, »weil er mich in Entscheidungsprozesse mit einbezieht und

---

1 Angaben zu den Büchern und Texten, die ich für dieses Buch verwende, finden Sie in der Literaturliste im Anhang.

meine Arbeit nicht als selbstverständlich hinnimmt, sondern die Leistung anerkennt. Das heißt, er nimmt mich als Person wahr, und er nimmt wahr, was ich tue.«

»Ich fühle mich von meinen Eltern respektiert«, berichtet der 16-jährige Realschüler Marco, »weil die mir zutrauen, dass ich mich nicht sinnlos besaufe oder bekiffe, wenn ich mit meinen Freunden Party mache. Und weil die mir überhaupt vertrauen und nicht ständig erklären, was ich alles nicht darf.«

»Ich fühle mich respektiert vom Personal hier im Seniorenheim«, erzählt die achtzigjährige Greta Meinhard, »man wird immer so fröhlich begrüßt. Und das wirkt echt. Auch, wenn die mit einem reden. Man hat das Gefühl, sie nehmen Anteil. Sind wirklich interessiert an einem. Jeder wusste sofort meinen Namen.«

»Ich fühle mich von den Leuten respektiert«, sagt Norbert, der vor einem Supermarkt bettelt, »die mir nicht einfach ein paar Cent in den Kaffeebecher werfen und dabei wegucken, sondern die mich angucken und vielleicht auch ein bisschen mit mir reden.«

Respekt ist nicht für jeden dasselbe. Der Respekt, den junge Menschen empfinden, ist ein anderer, als der, den ältere Menschen mit großer Lebenserfahrung entwickelt haben. Das Respekt-Verständnis von Männern ist oft ein anderes als das von Frauen. Menschen, die von anderen nicht respektiert, die ausgegrenzt und verachtet werden, tun sich schwerer, eine breite Palette von Respekt-Varianten zu entfalten, als jemand, der von seinen Mitmenschen geachtet, geehrt und geschätzt wird.

Und auch Respekt vor jemandem zu haben und diese Person zu respektieren ist nicht immer dasselbe. Beides kann synonym verwendet werden, das heißt, ich kann vor jemandem, den ich respektiere, auch Respekt haben. Im Verb »respektieren« kann aber ebenso ein »trotzdem« mitschwingen, und dann habe ich vor jemandem, den ich aus Höflichkeit, aus Vernunftgründen oder aus Bequemlichkeit respektiere, nicht auch unbedingt Respekt, zumindest nicht im Sinne von Achtung. Ich kann auch vor bestimmten Regeln oder Gesetzen nicht den geringsten Respekt haben und sie aus Rücksicht auf andere oder aus Furcht vor negativen Konsequenzen dennoch respektieren.

Respekt kann nicht vorgetäuscht werden, denn die meisten Menschen haben ein feines Gespür dafür, ob jemand wirklich Respekt vor ihnen hat oder nur so tut als ob. Respekt entsteht nicht von selbst, er muss – und er kann – erlernt werden. Man kann den Respekt vor jemandem verlieren, und man kann sich den Respekt anderer verscherzen. Er ist manchmal mit Blick nach oben möglich – als Respekt vor einer außergewöhnlichen Leistung, zu der man selbst nicht imstande wäre. Er ist aber niemals möglich, wenn ich auf jemanden herabschaue. Respekt verlangt in der Regel Augenhöhe. Und er kann sie herstellen. Respekt ist manchmal schwer zu erlangen und schwer zu erweisen. Aber er macht in jedem Fall das Leben leichter.

# Geschichte(n) und Definitionen: Respekt vor der Würde des Menschen

Um es gleich vorweg zu sagen: Es gibt keine allgemein verbindliche Definition von Respekt. Wissenschaftlerinnen und Wissenschaftler verschiedener Fachrichtungen, vor allem der Philosophie, Soziologie und Psychologie, haben sich Gedanken darüber gemacht, was das sei oder sein könnte: Respekt. Ein paar von ihnen legen bestimmte Kategorien von Respekt fest. Die meisten jedoch beschränken sich darauf, zu beschreiben, wovor man warum Respekt haben könnte, wobei das Spektrum von Personen bis zu Gesetzen reicht und auch Natur und Umwelt mit einschließt.

Das Wort Respekt leitet sich vom lateinischen »respicere« ab, das »zurücksehen, Rücksicht nehmen« bedeutet. Als philosophisch-ethische Kategorie wurde der Begriff Respekt erstmals in der europäischen Aufklärung verwendet. Davor und auch die meiste Zeit danach verstand man unter Respekt eine Haltung und ein daraus resultierendes Verhalten, die so selbstverständlich, natürlich oder »gottgewollt« erschienen, dass man es nicht für nötig befand, sie genauer zu definieren. Respekt wurde den einen abverlangt und den anderen entgegengebracht. Punktum! Natürlich hatte der Leibeigene vor dem Gutsbesitzer den Hut zu ziehen, der Gläubige dem Priester die Hand zu küssen, der Untertan vor dem König in die Knie zu gehen und das Weib zu seinem Herrn und Gebieter aufzublicken. Respekt gehörte zu den unhinterfragten gesellschaftlichen Regeln. Wer ihn vermissen ließ, wurde bestraft und beförderte sich selbst ins Abseits.

Rebellion gegen die Gesellschaft wiederum ließ sich bereits durch die Verweigerung respektvollen Verhaltens zum Ausdruck bringen. Zog der Leibeigene den Hut nicht, war klar: Er erkannte seinen Besitzer nicht mehr als solchen an. Beugte der Gläubige sich nicht mehr über die Hand des Geistlichen, stellte er sich auf die Seite der Ketzer. Fiel der Untertan vor dem König nicht mehr auf die Knie, konnte er auch gleich das Schwert gegen ihn erheben. Begegnete die Frau ihrem Mann auf Augenhöhe, stellte sie das patriarchalische Grundgefüge infrage. Schon die Verweigerung der respektvollen Geste also signalisierte: Ich erkenne die herrschenden Normen und Hierarchien nicht mehr an. Und sie konnte sich als ebenso folgenschwer erweisen wie ein tätlicher Angriff.

Respekt in dem Sinne, in dem die Aufklärer ihn definierten, als Achtung vor der Würde des Menschen, und damit als ethische Grundlage der Menschenrechte, konnte auch gar keine Rolle spielen in einer Sklavenhaltergesellschaft und einer Gesellschaft, in der es Leibeigene gab. Und er blieb Theorie, solange den Menschen in den Kolonien nicht die volle Menschenwürde zuerkannt wurde und in der sogenannten »zivilisierten« Welt Teilen der Bevölkerung aufgrund ihres Geschlechts, ihrer Rasse oder ihres Standes Bewegungsfreiheit, die Freiheit der Berufswahl, der Zugang zu Schulen und dem Studium und das Wahlrecht verweigert wurden. Solange es also nicht nur in der gesellschaftlichen Realität, sondern auch vor dem Gesetz Menschen erster, zweiter und dritter Klasse gab.

Es gab jedoch zu jeder Zeit Frauen und Männer, die Respekt als Achtung der jedem Menschen innewohnenden Würde verstanden und von der Gesellschaft einforderten. Auch wenn sie dies nicht immer »Respekt« nannten. Die frühen Menschenrechtler und Menschenrechtlerinnen, die Gegnerinnen und Gegner der Sklaverei, die Aktivistinnen und Aktivisten der antikolonialistischen und antirassistischen Bewegungen schrieben sich immer auch die Achtung der Würde eines jeden Menschen auf die Fahnen. Wobei die männlichen Verfechter der Gleichheitsideen, der Aufklärung und später des Sozialismus gerne vergaßen, dass *der* Mensch auch weiblichen Geschlechts sein kann. Frauen wurde auch von Seiten der Reformer und Revolutionäre häufig der Respekt verwehrt. Nicht umsonst klagte die frühe Frauenrechtlerin Mary Wollstonecraft zu Ende des 18. Jahrhunderts, als halb Europa von »Freiheit, Gleichheit, Brüderlichkeit« sprach: »Schwäche kann Zärtlichkeit erregen und den männlichen Stolz erfreuen. Doch die gebieterischen Zärtlichkeiten eines Beschützers werden niemals einen edlen Verstand befriedigen, der danach lechzt, respektiert zu werden.«

Während Politik und Gesellschaft vielen Menschen den Anspruch auf einen grundlegenden Respekt verweigerten, findet sich dieser Anspruch, wenn auch anders ausgedrückt, in den verschiedenen Religionen. Oder genauer gesagt: in ihrem Kern. Er ist zum Beispiel in den zehn Geboten enthalten. »Du sollst nicht töten« bedeutet: »Du sollst Respekt vor dem Menschenleben haben.« Und auch die anderen Gebote bringen zum Ausdruck: Verhalte dich so, dass du den anderen in seiner menschlichen Würde respektierst und ihm nicht schadest. Jesus erweiterte das in der Thora implizite Respekt-Verständnis um Erklärungen wie: »Was du dem geringsten meiner Brüder tust, das hast du mir getan.« Worauf sich später wiederum die christliche Soziallehre berief.

Für ein Hörfunkfeature über Respekt interviewte ich Lilo Horn, eine alte Dame und ehemalige Dekanats-Leiterin der Katholischen Frauengemeinschaft Deutschland. Auf die Frage, ob sie auch vor einem Bettler Respekt habe, der sie in der Fußgängerzone anschnorrt, schüttelte sie leicht verärgert den Kopf. Die Frage erschien ihr unsinnig. Ihre Antwort lautete: »Natürlich! Auch dieser Mensch verlangt Respekt. Und er steht ihm zu! Bettler sind auch Gotteskinder.« Wie Lilo Horn beruft sich die evangelische Pfarrerin Eva Schaaf auf das erste Kapitel des Buches Genesis, in dem es heißt: »Dann sprach Gott: Nun wollen wir Menschen machen, ein Abbild von uns. So schuf Gott die Menschen nach seinem Bild, als Gottes Ebenbild schuf er sie und schuf sie als Mann und als Frau.«

Eva Schaaf ist Pfarrerin in der Justizvollzugsanstalt Köln-Ossendorf. Nach ihrem theologischen Verständnis ist jeder Mensch ein Geschöpf Gottes: »In der Dimension des Glaubens kann ich mein Gegenüber als Schwester und Bruder deuten. Ich kann im menschlichen Gegenüber das Antlitz Gottes erfahren.« Und auch die Botschaft Jesu, fügt sie hinzu, »ist da ganz klar: Jesus identifiziert sich mit denen, die keinen oder zu wenig Respekt erfahren.«

Auch im Islam gibt es Gebote, die den respektvollen Umgang der Menschen miteinander einfordern. Ditib, die türkisch-islamische Union, erklärt auf ihrer Website in dem Kapitel *Islamische*

*Moralvorstellung*: »Der Mensch hat moralische Verpflichtungen gegenüber sich selbst, seinen Nächsten und Gott: Er muss erstens sein Möglichstes tun, um seinen Körper und seine Seele biologisch und psychologisch in Takt zu halten. Zweitens ist er gegenüber der Gesellschaft dazu verpflichtet, Freundschaften zu schließen, diese aufrechtzuerhalten und die Nächstenliebe zu verbreiten. Ferner muss er etwas zum Frieden beitragen und respektvoll mit den Rechten anderer Menschen umgehen. Drittens hat er moralische Verpflichtungen gegenüber Gott.« Muslime, mit denen ich über Respekt sprach, sagten mir, Freigiebigkeit sei für sie nicht nur ein religiöses Gebot, sondern auch Ausdruck von Respekt. Denn man solle geben, ohne den anderen dadurch zu erniedrigen.

Buddha lehrte, dass jedes fühlende Wesen bereits über Erleuchtungsgeist verfügt und deshalb über die Möglichkeit, zu »erwachen«, also Erleuchtung zu erlangen. Insofern sind alle Wesen von Grund auf gleichwertig. Buddha heißt »der Erwachte«, weshalb in den buddhistischen Schriften oft auch von der »Buddhanatur« gesprochen wird. Diese Buddhanatur ist bei den meisten Menschen verborgen hinter Verunreinigungen und Trübungen, so wie der Himmel hinter Wolken verborgen sein kann, aber dennoch als Himmel immer vorhanden ist. Erleuchtung erlangt man, indem man sich von den Verunreinigungen und Trübungen befreit, die eigene Buddhanatur erkennt und lebt.

»Also sind die Wesen Buddha höchstselbst«, schrieb Shantideva, der große indische Lehrer des achten Jahrhunderts: »Wie kann ich sie da respektlos behandeln?« Jetsunma (»die Ehrwürdige«) Tenzin Palmo ist eine angesehene heutige Lehrerin des tibetischen Buddhismus. Ich bat sie, mir zu sagen, was Respekt im Buddhismus bedeutet. Ihre kurz zusammengefasste Antwort lautet: »Respekt ist eine Haltung, mittels derer wir die allen Wesen innewohnende Güte und Weisheit ehren. Wir alle verfügen über eine ursprüngliche Essenz, die vollkommen rein, mitfühlend und wissend ist. Durch Respekt können wir dieses Potenzial in allen Wesen anerkennen, während wir gleichzeitig oft Mitgefühl für ihren Mangel an Einsicht empfinden.«

Gläubige, die sich also an die Kernaussagen ihrer Religion halten, können und sollen jeden Menschen (wenn nicht gar jedes Wesen) und sein Leben grundsätzlich respektieren. Die Geschichte der Religionen zeigt allerdings, dass deren Vertreter sich oft genug nicht daran hielten und halten. Die christlichen Kirchen rechtfertigten Gewalt, Kriege, das Töten von Menschen, ihre Erniedrigung, Ausbeutung und Diskriminierung. Und sie übten sie auch selbst aus. Die Liste der Verbrechen, die im Namen des Christentums begangen wurden und manchmal heute noch begangen werden – und damit der Respektlosigkeiten gegenüber Menschen, ihrer Unversehrtheit und Würde –, ist lang und zutiefst deprimierend.

Genauso wurden und werden im Namen des Islam Verbrechen begangen. Bestimmte Aspekte der Sharia beziehungsweise deren Auslegung widersprechen diametral den Menschenrechten und insbesondere der Menschenwürde von Frauen. Der politisch-militante Islam spricht allen, die ihm nicht in das Konzept passen, das Recht ab, auf ihre eigene Weise zu leben. Und manchmal auch das Recht, überhaupt zu leben. Orthodoxe jüdische Siedler eignen sich palästinensisches Land an, behandeln die palästinensische Bevölkerung erniedrigend und diskriminierend und würden sie am liebsten vollständig vertreiben.

Selbst in buddhistischen Ländern und Gesellschaften gab und gibt es Verstöße gegen die Unversehrtheit und die Rechte von Menschen allgemein und von Frauen im Besonderen. Buddhistische Nonnen rangieren in der klösterlichen Hierarchie weit unter den Mönchen, sie erhalten häufig keine vergleichbare Ausbildung, Nonnenklöster bekommen auch deutlich weniger Spenden und sind deshalb ärmer als Männerklöster. Und es gibt heute noch Buddhisten, die (im Gegensatz zu den Lehren des Buddha) behaupten, Frauen seien zur Erleuchtung nicht fähig.

Während also Machteliten, Funktionsträger, Dogmatiker und Fanatiker der verschiedenen Religionen Respekt an Bedingungen knüpfen, ihn bestimmten Menschen zubilligen, für andere einfordern und wieder anderen verweigern, sprechen die meisten Mystiker und Mystikerinnen von der allumfassenden Liebe Gottes, der in allen seinen Geschöpfen wohnt. Die heilige Katharina von Siena verkündete:

»… und die Seele ist in Gott eingeschlossen
und Gott in der Seele
wie das Meer im Fisch
und der Fisch im Meer.«

Die englische Mystikerin Juliana of Norwich erfuhr Gottes Liebe als »warme Kleidung, die uns umhüllt und umschließt«, und aus diesem »uns« schließt sie niemanden aus. Ihr Gott ist zärtlich wie eine Mutter, von Bestrafung und Verdammnis ist bei ihr keine Rede. Die christlichen Mystikerinnen, schreibt die amerikanische Historikerin Gerda Lerner, hatten als Frauen keinen Zugang zu Schulen und Universitäten und blieben dadurch vom scholastischen Denken sozusagen verschont. Das gab ihnen die Freiheit, das Konzept von »wir und die anderen zu transzendieren« und »die Menschen, die Welt und das Universum in einem umfassenden Zusammenhang zu sehen«. Sie konnten sich also leichter als männliche Theologen aus den Fesseln eines Denkens lösen, das die Wesen in solche aufteilt, die der Güte und Gnade Gottes für Wert befunden werden und all die anderen, die irdischen Qualen und der ewigen Verdammnis anheimfallen sollen.

Auch islamische Mystiker wie der bedeutende persische Dichter des 13. Jahrhunderts Dschalal ad-Din Muhammad Rumi verbinden die Menschen untrennbar mit dem Göttlichen und Gott mit der Liebe. Rumi beschreibt das Universum als ein harmonisches Ganzes, in dem alles mit allem in einer Beziehung steht, die auf die Liebe zu Gott gerichtet ist und aus der Liebe Gottes kommt.

Jüdische Mystiker wie die Chassidim sprechen gleichfalls von der direkten Verbundenheit des Menschen mit Gott und umgekehrt. Der jüdische Religionsphilosoph Martin Buber, ein Kenner und Bewunderer des Chassidismus, schreibt in seinem Werk *Das dialogische Prinzip*: »Dass du Gott brauchst, mehr als alles, weißt du allzeit in deinem Herzen; aber nicht auch, dass Gott dich braucht in der Fülle seiner Ewigkeit, dich? Wie gäbe es den Menschen, wenn Gott ihn nicht brauchte, und wie gäbe es dich? Du brauchst Gott, um zu sein, und Gott braucht dich – zu eben dem, was der Sinn deines Lebens ist.« Dieses Du ist jeder und jede Einzelne, und somit ist jede und jeder ein Wesen, das es wert ist, respektiert zu werden.

Die Weisen aller Religionen warnen auch immer wieder vor dem Glauben, man sei frommer, weiser, Gott näher als andere. Sie wissen: Religiöser Eifer kann zu Selbstgerechtigkeit führen, und Selbstgerechtigkeit hat immer Blindheit, Respektlosigkeit und Unrecht im Schlepptau.

Saadi aus Schiraz, der große iranische Poet des 13. Jahrhunderts zum Beispiel, erzählte folgende Geschichte aus seiner eigenen Kindheit: »Ich war ein frommer Junge, eifrig mit Gebet und Andacht. Eines Nachts hielt ich mit meinem Vater Wache, und der Heilige Koran lag auf meinem Schoß. Alle anderen im Raum begannen zu schlummern und waren bald fest eingeschlafen. Da sagte ich zu meinem Vater: ›Keiner von ihnen öffnet die Augen oder hebt den Kopf, um seine Gebete zu sprechen. Man möchte meinen, sie sind alle tot!‹ Mein Vater antwortete: ›Mein geliebter Sohn, es wäre mir lieber, du würdest auch schlafen wie diese, anstatt sie zu verleumden.‹«

Als Jesus auf die Menge traf, die eine Frau, die sie des Ehebruchs bezichtigte, steinigen wollte, sagte er: »Wer von euch ohne Sünde ist, der werfe den ersten Stein.« Und damit war die Sache bekanntlich gelaufen. Eine buddhistische Parabel erzählt, dass Mara, der Gott des Bösen, eines Tages einen meditierenden Mönch sah, dessen Gesicht vor Staunen strahlte. Ein Begleiter Maras wollte wissen, was der Mann wohl gerade entdeckt hatte. »Ein Stück Wahrheit«, entgegnete der Gott des Bösen gelassen. »Aber beunruhigt dich das denn nicht?«, fragte sein Begleiter. »Nein, gar nicht«, erwiderte Mara, »gewöhnlich machen sie nämlich direkt eine Überzeugung daraus.«

Im 18. Jahrhundert machten Philosophen in Europa erstmals Achtung und Respekt vor dem Menschen und seiner Würde zum Gegenstand ihrer Reflexionen. Immanuel Kant, auf den sich heutige Respektforscher gerne berufen, ging von den Begriffen »Achtung« und »Würde« aus. Achtung, so Kant, ist eine Maxime der »Einschränkung unserer Selbstschätzung durch die Würde der Menschheit in eines anderen Person«. Salopper gesagt: Wenn wir jemanden achten, schränken wir unseren Egoismus so weit ein, dass wir dem anderen damit nicht schaden. In seiner *Grundlegung der Metaphysik der Sitten* aus dem Jahr 1785 schreibt Kant: Der Mensch als vernünftiges Wesen »existiert als Zweck an sich selbst, nicht bloß als Mittel zum beliebigen Gebrauche für diesen oder jenen Willen, sondern muss in allen seinen, sowohl auf sich selbst, als auch auf andere vernünftige Wesen gerichteten Handlungen jederzeit zugleich als Zweck betrachtet werden«. Woraus für ihn als »praktischer Imperativ« folgt: »Handle so, dass du die Menschheit, sowohl in deiner Person als in der Person eines jeden anderen, jederzeit zugleich als Zweck, niemals bloß als Mittel brauchtest.«

Dieses moralische Gesetz diente in der Folge als Grundlage für eine Ethik, die besagt: Der Mensch verfügt über eine ihm innewohnende Würde, die nicht verletzt werden darf, und die ein jeder in allen anderen Menschen zu respektieren hat. In den englischen Ausgaben von Kants Werken wurde *Achtung* mit *Respekt* übersetzt und im Laufe der Zeit wurde der Begriff auch im deutschsprachigen Raum in diesem Sinne verwendet.

Richard Sennett erinnert daran, dass der Philosoph Johann Gottlieb Fichte den Begriff Respekt als Erster in die Sprache des Rechts einbrachte, indem er die Frage stellte, wie in einer Verfassung auch die Rechte von »Fremden« berücksichtigt werden könnten. Während der französische Philosoph Jean-Jacques Rousseau »Respekt« auch auf das alltägliche Handeln bezog und damit in die Diskussion über sowohl das Recht als auch das Sozialverhalten einführte.

Nicht nur in theoretischer, sondern auch in ganz praktischer Absicht schrieb der Mailänder Aufklärer, Rechtsphilosoph und Strafrechtsreformer Cesare Beccaria sein 1764 erschienenes Buch *Dei delitti e delle pene*, in der deutschen Übersetzung: *Von Verbrechen und Strafen*. Darin erklärt er, die Folter widerspreche der menschlichen Würde, weshalb er sie ebenso wie die Todesstrafe kategorisch ablehnt. Voltaire und Diderot kommentierten das Buch sofort nach dem Erscheinen der französischen Übersetzung zustimmend, Voltaire nannte Beccaria einen »Bruder in der Philosophie«. *Von Verbrechen und Strafe* wurde zur Grundlage der Rechtsreformen in Europa.

Sowohl Kant als auch Fichte zählten jedoch zu seinen Kritikern. Beide waren nämlich Befürworter der Todesstrafe. (Schwer-)Verbrechern verwehrten sie den Anspruch auf Respekt vor ihrem Menschenleben. In der *Metaphysik der Sitten* schreibt Kant in Bezugnahme auf Beccaria: »So viel also der Mörder sind, die den Mord verübt, oder auch befohlen, oder dazu mitgewirkt haben, so viele müssen auch den Tod leiden; so will es die Gerechtigkeit als Idee der richterlichen Gewalt nach allgemeinen, a priori begründeten Gesetzen. (…) Hiegegen hat nun der Marchese Beccaria aus theilnehmender Empfindelei einer affectirten Humanität seine Behauptung der Unrechtmäßigkeit aller Todesstrafe aufgestellt.«

Dennoch berufen sich Philosophen und Philosophinnen, die sich seit den Siebziger- und Achtzigerjahren des 20. Jahrhunderts mit dem Thema Respekt beschäftigen, gerne auf Kant und vor allem auf seinen Kategorischen Imperativ. Es gibt allerdings auch Kritikerinnen und Kritiker. Sie wenden ein, Kant habe Achtung und Würde nur Menschen im Sinne von »vernünftigen Wesen« zugebilligt und damit implizit zum Beispiel psychisch Kranke ausgeschlossen und explizit Tiere, die er als »Sachen« bezeichnet. Oder auch, für Kant gälten nur Gesetz, Verstand und Wille, während Respekt auch Ausdruck von Empathie und Liebe sein könne.

Fast alle neueren Denkansätze und Definitionsversuche, so die *Stanford Encyclopedia of Philosophy*, unterscheiden »zwischen Respekt als einem Verhalten und Respekt als einer Haltung oder einem Gefühl, die oder das durch Verhalten zum Ausdruck gebracht werden kann oder nicht.« Letzteres bezweifelt der amerikanische Soziologe Richard Sennett. Er betont in seinem Standardwerk *Respekt in Zeiten der Ungleichheit*, einem der wenigen Bücher, die überhaupt über Respekt verfasst wurden: »Respekt ist eine ausdrückliche Darbietung. Andere mit Respekt zu behandeln geschieht nicht einfach von selbst, nicht einmal beim besten Willen. Wer jemandem überzeugend Respekt erweisen will, muss die rechten Worte und Gesten finden.«

Sennett, der in einem Armenviertel von Chicago aufwuchs und als Sozialarbeiter in dieses Viertel zurückkehrte, erläutert sein Verständnis von gegenseitigem Respekt anhand seiner eigenen Erfahrungen. Als Kind lernte er den Mangel an Respekt kennen, als Sozialarbeiter erfuhr er, wie kompliziert es ist, hilfebedürftigen

Menschen auf eine Art zu helfen, die sie respektiert, anstatt sie zu entmündigen. Und als Musiker lernte er, dass jedes Ensemblemitglied alle anderen respektieren muss, wenn das Konzert Qualität und einen eigenen Charakter haben soll. In seinem Buch warnt Sennett vor Theorien und politisch-sozialen Konzepten, die besagen, Respekt beruhe auf der Anerkennung der Gleichheit aller Menschen: Alle seien gleich und als solche des Respekts würdig. Denn diese »Gleichheit« meint meistens »mir gleich« und schließt diejenigen aus, die »mir nicht gleichen«.

Respekt, schreibt Sennett, ist nur möglich zwischen Menschen, die sich Autonomie zugestehen. Ihre faktische Gleichheit liegt nicht darin, dass sie sich gleichen. Sie basiert auf der Anerkennung der Autonomie jedes Einzelnen. Das bedeutet: Man respektiert nicht nur das, was einem selbst gleicht und vertraut ist, sondern auch das, was einem fremd ist: »Statt auf eine Gleichheit des Verstehens zu drängen, bedeutet Autonomie, dass man an anderen Menschen akzeptiert, was man nicht versteht. Wenn ich das tue, behandle ich andere als ebenso autonome Wesen wie mich selbst. Wer Schwachen oder Außenseitern Autonomie zubilligt, der belässt ihnen ihre Würde.«

Dieser Respekt kann dann grundsätzlich allen erwiesen werden, den Schwachen ebenso wie den Starken, den weniger Begabten ebenso wie den Virtuosen. Am Ende seines Buches fasst Richard Sennett sein Verständnis von Respekt noch einmal zusammen: »Es genügt nicht, in der Gesellschaft das Übel der Ungleichheit zu bekämpfen, um gegenseitigen Respekt zu wecken. Der Kern des Problems, vor dem wir in der Gesellschaft und insbesondere im Sozialstaat stehen, liegt in der Frage, wie der Starke jenen Menschen mit Respekt begegnen kann, die dazu verurteilt sind, schwach zu bleiben.«

Im Gegensatz zu Sennetts anschaulichen und lebensnahen Ausführungen klingen die Aufsätze anderer Wissenschaftler oft abstrakt akademisch, und die wissenschaftliche Sprache widerspricht ihrem Gegenstand. Fast alle, die sich an den Universitäten des Themas Respekt annehmen, sind sich darin einig, dass Respekt »ein Subjekt und ein Objekt« benötige, da er von einem Subjekt in

Richtung eines Objekts wirke. Damit wird notgedrungen ein Wert-Gefälle signalisiert anstelle von Gegenseitigkeit. Wissenschaftlerinnen wie die feministische Philosophin Robin S. Dillon dagegen, aber auch die jungen Forscher der Hamburger RespectReasearch-Group sind sich offenbar der bewertenden Haltung bewusst, die in einer Terminologie steckt, die von »Subjekt« und »Objekt« spricht, wenn sie Menschen meint. Sie verwenden jedenfalls anstelle von »Objekt« den Begriff des »Anderen« und des »Gegenüber«.

Nur Tiere und die Natur können vermutlich keinen Respekt empfinden und ausdrücken. Ihnen gegenüber kommt nach Ansicht jüngerer und umweltbewusster Wissenschaftlerinnen und Wissenschaftler ein Respekt zum Zuge, den Robin S. Dillon in die Debatte einführt. Sie nennt ihn »care respect« und fordert diesen »fürsorglichen« Respekt für Wesen ein, die als grundlegend wertvoll, als möglicherweise einmalig oder als zerbrechlich wahrgenommen werden, und die man als einer besonderen Fürsorge und mitfühlenden Hinwendung bedürftig erkennt. Dieser »fürsorgliche« Respekt stellt das andere Ende einer Skala dar, an deren einem Ende der Respekt vor Macht und besonderer Leistung stehen.

Die Definition von Respekt, die sich in der einschlägigen Literatur mittlerweile am stärksten durchgesetzt hat, stammt von dem amerikanischen Philosophen Stephen L. Darwall, der 1977 in einem Aufsatz Respekt in zwei Varianten unterteilte: »appraisal« und »recognition respect«. Auch die Forscher der RespectResearchGroup haben diese Definition übernommen. In Aufsätzen und einer Diplomarbeit, die im Kontext dieser Gruppe erschienen, werden die beiden Begriffe mit »wertschätzendem« beziehungsweise »vertikalem« und »anerkennendem«[2] oder auch »horizontalen« Respekt übersetzt. Horizontaler Respekt ist, so Nils van Quaquebeke, einer der Initiatoren der Gruppe, »ein erst mal bedin-

---

2 Die Bezeichnung »anerkennend« in diesem Zusammenhang finde ich irreführend, denn spontan verbindet man damit Anerkennung im Sinne von Anerkennung einer Leistung oder eines Status, und genau das ist nicht damit gemeint.

gungsloser Respekt. Das heißt, die andere Person muss nichts erfüllen, damit ich sie respektiere. Die banale Bedingung, die diese Person erfüllen muss, ist, ein Mensch zu sein.« Der bewertende Respekt dagegen »ist ein Respekt, der nicht einfach so gezollt wird, sondern da muss die Person etwas tun, damit die andere Person erkennt, dass sie respektswürdig ist.«

Unter Respekt ganz allgemein verstehen die Mitglieder der RespectResearchGroup – so ihre derzeitige, fast kantisch formulierte Definition des Begriffs: »Eine Einstellung eines Menschen einem Anderen gegenüber, bei welcher er in diesem einen Grund erkennt, der es aus sich heraus rechtfertigt, ihn zu beachten und auf solche Weise zu agieren, dass bei ihm über Resonanz das Gefühl entsteht, in seiner Bedeutung und seinem Wert (an)erkannt zu sein.«

Zahlreicher als die wissenschaftlichen Definitionsversuche sind die Bonmots und Aphorismen zum Thema Respekt. Der französische Philosoph Jean-Jacques Rousseau zum Beispiel stellte fest: »Es ist viel wertvoller, stets den Respekt der Menschen als gelegentlich ihre Bewunderung zu haben.« Der amerikanische Gelehrte und Kritiker William Lyon Phelps beschrieb den »Gentleman« als »einen Menschen, der selbst jenen Leuten Respekt entgegenbringt, die für ihn keinerlei Nutzen haben«. Der deutsch-italienische Theologe und Religionsphilosoph Romano Guardini erklärte: »Wer den Menschen bessern will, muss ihn erst einmal respektieren.« Der französische Schriftsteller Albert Camus notierte: »Nichts ist kläglicher, als Respekt, der auf Angst basiert.« Die österreichische Schriftstellerin Marie von Ebner-Eschenbach sprach vielen Frauen aus der Seele mit dem Eingeständnis: »Nichts ist schwerer, als den gelten zu lassen, der uns nicht gelten lässt.« Und Mahatma Gandhi sprach für die kolonisierten Völker, als er sagte: »Sie können uns unseren Selbstrespekt nicht nehmen, wenn wir ihn ihnen nicht geben.«

Aber nicht alle, die über Respekt nachdachten, setzten sich ernsthaft mit dem Thema auseinander. Ein paar bekannte Lästermäuler machten sich lieber lustig darüber. Oscar Wilde natürlich, der über die seit Jahrhunderten verbreitete Klage, »die heutige Jugend« habe keinen Respekt mehr, spottet: »Die heutige Jugend ist grässlich. Sie hat nicht den geringsten Respekt vor gefärbten Haaren!« Während sich Truman Capote von der anderen Seite her mokierte, indem er behauptete: »Die junge Generation hat auch heute Respekt vor dem Alter. Allerdings nur noch beim Wein, beim Whiskey und bei den Möbeln.«

# »Back to the Roots«:
# Meine eigene Respekt-Geschichte

Nachdem ich so vielen Menschen die Frage gestellt hatte: »Vor wem hast du Respekt?« beziehungsweise »Wen respektieren Sie?«, war es an der Zeit, dass ich mich das selbst fragte, und zwar genauer und nachhaltiger als zuvor. Die Antwort fiel mir jedoch nicht so leicht, wie ich dachte, gemäß dem Motto: Nach dem Nachdenken ist vor dem Nachdenken. Ich hatte ja den »Archipel Respekt« bereits als solchen erkannt und einigen Inseln auch schon einen Besuch abgestattet. Deshalb konnte ich nicht mehr völlig spontan auf meine Frage antworten. Und ganz unabhängig von diesem Buch – mein Verständnis von Respekt und meine Beziehung zu Respekt haben sich im Laufe meines Lebens immer wieder verändert. Diese Veränderungen, diese Spiralen und Sprünge und Verknüpfungen nachzuvollziehen erwies sich als ebenso langwierig wie spannend.

Ich gehöre der Generation an, die den Respekt ins Abseits befördert hat. Genauer gesagt: das bis Ende der Sechzigerjahre grassierende Verständnis davon. Respekt bedeutete damals Gehorsam, Obrigkeitsgläubigkeit, eine ritualisierte Höflichkeit, und war nicht selten Ausdruck von schierer Angst. Man hatte Respekt zu haben vor Höhergestellten, Würdenträgern, Amtspersonen. Vor Geistlichen, Polizisten, Lehrern, Vorgesetzten. Vor den eigenen Eltern, vor alten Menschen, und als Kind generell vor Erwachsenen. Respekt verlief von unten nach oben und nicht umgekehrt. Vor Menschen, die auf der gesellschaftlichen und sozialen Stufenleiter weit unten rangierten, vor Armen, Arbeitslosen, unverheirateten Müttern und Andersgläubigen brauchte – und sollte – man keinen Respekt haben. Und schon gar nicht vor »Versagern«, »Nichtsnutzen«, »Tagträumern«, »Schnorrern«, vor »gefallenen Mädchen«, »leichten Mädchen«, vor »Verrückten«, »Wilden« und »Gottlosen«.

Doch zu dieser Art von »Respekt« waren viele aus meiner Generation nicht mehr bereit. Als eine beschwingte Allianz von Hippies, Lehrlingen, Studentinnen und Studenten räumten wir damit auf. Auf den Demonstrationen der »Achtundsechziger« erklang von Berlin bis München die Parole: »Unter den Talaren: Muff von 1000 Jahren!« Und das hieß nicht nur: Wir wissen, dass viele unserer Herren Professoren Anhänger, Akteure und Nutznießer des Nationalsozialismus waren, und wir lassen uns von diesen Leute keine Lehrinhalte mehr vorschreiben! Es bedeutete auch: Vor Erwachsenen, die womöglich Nazis waren, muss man keinen Respekt haben. Von einer Generation, die für Hitler in den Krieg gezogen ist, die Millionen Menschen ermordet oder ihre Ermordung geduldet hat, lassen wir uns nichts mehr sagen!

Die Angehörigen der Elterngeneration und sogenannte Autoritätspersonen wurden nicht mehr automatisch oder auch nur zähneknirschend respektiert. Sie wurden nun einer eingehenden Prüfung unterzogen: Welche Inhalte, welches Gedankengut vertreten sie, und wie verhalten sie sich? Polizisten, die Demonstranten verprügelten, Professoren, die nicht bereit waren, über Lehrinhalte zu diskutieren, Handwerksmeistern, die Lehrlinge schlugen und zu Handlangerdiensten verpflichteten, wurde kein Respekt mehr entgegengebracht. Auch Ältere, die verächtlich über »Negermusik« sprachen, langhaarige Jungen als »Affen« und Mädchen im Minirock als »Nutten« beschimpften, verspielten sich jegliche Chance auf unseren Respekt.

Mehr noch. Unsere Ablehnung beschränkte sich nicht auf bestimmte Formen des Respekts oder auf Personen und Personengruppen, denen wir ihn verweigerten. Wir stellten den Respekt als solchen unter Generalverdacht und verwarfen ihn. Respekt war für uns untrennbar verbunden mit Kasernenhöfen, mit schwarzer Pädagogik, mit patriarchaler Machtausübung, und, ganz grundsätzlich, mit etwas, das schon viel zu lange die »da unten« denen »da oben« erweisen sollten, das die »da oben« denen »da unten« aber verwehrten.

Wir wollten kein Unten und Oben mehr, sondern die Gleichheit aller Menschen. Der Respekt der »alten« Linken und der Anfang der Siebzigerjahre aufkommenden, neuen linken Kaderparteien vor ZKs und Parteivorsitzenden war den meisten von uns ebenso suspekt wie der, den Lehrer, Handwerksmeister und konservative Politiker uns vor den herkömmlichen »Respektspersonen« abverlangen wollten. Und wir Frauen räumten schließlich mit der Vorstellung, wir müssten den von Männern geschaffenen Regeln Respekt erweisen, ebenso auf wie mit der, Männer wären uns überlegen. Umgekehrt erklärten wir: »Wir verzichten auf einen Respekt, den ihr uns nur gewährt, wenn wir uns auf ein Rollenmodell beschränken, das auf männliche Bedürfnisse zugeschnitten ist!«

Ich habe, soweit ich mich erinnere, in meiner Jugend und auch noch in den frühen Erwachsenenjahren das Wort Respekt nicht in den Mund genommen. Es sei denn, ich wollte darüber herziehen oder mich darüber lustig machen. Das heißt nicht, dass ich vor nichts und niemandem Respekt hatte. Ich hatte zum Beispiel Respekt vor meinen Eltern, obwohl ich fast alle ihre Verbote ignorierte. Aber sie waren Nazigegner gewesen, sie standen politisch »auf der richtigen Seite«, sie verhielten sich – heute würde ich sagen: hochanständig. Sie liebten mich, unterstützten und förderten mich. Und lehrten mich Respekt, obwohl auch sie selbst das Wort nicht verwendeten. Meine Eltern, die in den Zwanziger- und Dreißigerjahren aufgewachsen und unter dem NS-Regime jung gewesen waren, verbanden diesen Begriff noch stärker als ich mit Obrigkeitsdenken, Untertanenstaat und Militär. Was sie mir beibrachten, war: Du sollst Menschen mit Achtung begegnen und höflich sein. Aber du musst vor niemandem Respekt haben, nur weil er das von dir verlangt.

Wir waren arm, und die Herkunftsfamilien meiner Eltern waren noch ärmer. Wir lebten in einem Arbeiterviertel, und mein Vater kam aus einem Stadtteil, den man heute als »Problemviertel« bezeichnen würde. Meine Großmütter arbeiteten als Putzfrauen, waren geschieden und brachten ihre Kinder alleine durch. All das war für meine Eltern kein Grund, sich zu schämen oder minderwertig zu fühlen. Ganz im Gegenteil. Sie waren stolz auf die Leistung ihrer Mütter, und sie hatten auch Grund, auf sich selbst stolz zu sein. Meine Mutter hatte eine Lehre zur Verkäuferin gemacht, mein

Vater eine Stelle bei der Stadt gefunden, und sie ermöglichten es mir und meiner jüngeren Schwester, auf das Gymnasium zu gehen. Was damals ganz und gar nicht üblich war für Kinder aus Arbeiterfamilien.

Respekt vor Menschen auf der unteren Skala der sozialen und gesellschaftlichen Hierarchie lernte ich also von klein auf. Er war mir so selbstverständlich, dass ich ihn gar nicht als Respekt wahrnahm. Meine Eltern ermöglichten es mir, auf das Gymnasium zu gehen, und warnten mich gleichzeitig: »Glaub bloß nicht, dass du jetzt etwas Besseres bist!« Auf meine Verwandten oder die Leute im Viertel herabzuschauen wäre so ziemlich das Schlimmste gewesen, das ich in den Augen meiner Eltern hätte tun können. Und diesen natürlichen, mir von klein auf beigebrachten Respekt vor »unsereinem«, vor »denen da unten« habe ich nie verloren.

Was »die da oben« betraf, hatte ich allerdings meine Schwierigkeiten. Zumindest mit denen, die sich einbildeten, sie wären aufgrund ihrer Stellung, ihres Vermögens oder ihrer Herkunft mehr wert als andere. Und hätten deshalb einen automatischen Anspruch auf Respekt. Meine Eltern mochten derlei Leute ebenso wenig wie ich. Sie hatten keinen Respekt vor ihnen und erwiesen ihnen auch keinen. Sie blieben jedoch stets höflich, sie wurden niemals ausfallend, und dasselbe erwarteten sie von mir und meiner Schwester.

Meine Eltern lehrten mich durch ihre Art zu leben und sich zu verhalten auch, zwischen Konvention und Authentizität zu unterscheiden. In unserem Viertel gab es zum Beispiel einen Pfarrer, der zugleich Religionslehrer an meiner Schule war. Dieser Mann verkündete von der Kanzel ebenso wie vor der Klasse, »die Roten« und »die Heiden« kämen in die Hölle. Nun war mein Vater ein »Roter«, meine Mutter wählte die »Roten«, und der Held meiner Kindheit war Winnetou. Den Old Shatterhand bekanntlich nicht dazu gebracht hatte, sich taufen zu lassen, und der somit »Heide« war und bis zu seinem Tod auch blieb. Meine Eltern hatten die größte Mühe, mich zu trösten und mir zu versichern, Papa und Mama würden unter Garantie in den Himmel kommen, und Winnetou sei schon längst da. Womit sie unausgesprochen implizierten: Dieser Mann redet unverantwortlichen Blödsinn. Du musst nicht auf ihn hören.

Gleichzeitig war meine Mutter ein tiefgläubiger Mensch. Da ich sie in ihrem fröhlichen, den Menschen zu- und jeglicher Dogmatik abgewandten Glauben von klein auf erlebte, konnte ich sogar in Zeiten, in denen ich jede Form von Religion oder Spiritualität ablehnte, problemlos Menschen respektieren, die glaubten. Sofern ihr Glauben dem mein Mutter ähnelte, das heißt: Nicht- oder Andersgläubige nicht verdammte, verachtete, ausgrenzte und in den Höllenfeuern schmoren sehen wollte.

Als Teenager hatte ich nicht nur Respekt vor meinen Eltern, sondern auch vor einer Handvoll Lehrerinnen auf dem Gymnasium, die ihr Fach sichtlich liebten und mich in meiner Begeisterung für Literatur, Sprachen, Musik und Kunst unterstützten. Ich verehrte »meine« Rockmusiker bis hin zur Anbetung, und auch ein paar Jazzer, Bluesmusiker, Schriftsteller und Maler. Ich bewunderte die Aktivistinnen und Aktivisten der amerikanischen Bürgerrechtsbewegung, die Wehrdienstverweigerer, die lieber ins Gefängnis als nach Vietnam gingen, die GIs, die aus der Armee desertierten, und die Studenten, die in Paris, Berlin und Berkeley gegen diesen Krieg und alles andere demonstrierten, das auch mich entsetzte und empörte. Aber diese Gefühle der Verehrung, Bewunderung und Achtung hätte ich niemals als »Respekt« bezeichnet. Denn diesen Begriff verband ich inzwischen mit einer Gesellschaft, der ich mich nicht mehr zugehörig fühlte.

Und die umgekehrt auch mit mir nichts zu tun haben wollte. Ich gehörte zu den Jugendlichen, »vor denen uns unsere Eltern schon immer gewarnt hatten«. Wir hörten Rockmusik, wir nahmen Drogen, unsere Vorbilder waren die Hippies in San Francisco und London, und so sahen wir auch aus. Wir waren die Outlaws der Stadt. Darauf waren wir stolz, und wir identifizierten uns mit all den anderen Outlaws, denen wir in Kinofilmen, Büchern, Rocksongs, dem Blues und gelegentlichen Ausflügen in »echte« Großstädte begegneten. Für sie empfanden wir Respekt (auch wenn wir es nicht so nannten), sie waren unsere Vorbilder.

Natürlich respektierte uns niemand oder genauer gesagt kaum

jemand. In der Stadt, in der ich aufwuchs, galten auch in den späten Sechzigern noch die Moralvorstellungen der Fünfzigerjahre, und gemäß dem erblühenden Wirtschaftwunder galt die Devise: »Ärmel aufkrempeln, zupacken, aufbauen!« Wir jedoch taten nichts dergleichen. Zumindest nicht in den Augen der meisten Erwachsenen. Es gab allerdings Ausnahmen, und die erwiesen sich rückblickend gesehen als segensreich. Da war zum Beispiel die Bibliothekarin in der Stadtbücherei, die immer von mir wissen wollte, welches der entliehenen Bücher mir gefallen hatte und warum. Und welches nicht und warum nicht. Dieses ehrliche Interesse spornte mich zu meinen ersten, wenn auch nur mündlichen Rezensionen an. Ich spürte, dass diese Frau mich und meine Einschätzung von Büchern und Autoren ernstnahm – respektierte. Und das, obwohl ich in einem langen geblümten Hippiekleid, mit hennaroten Haaren, schwarz umrandeten Augen und schwarz lackierten Fingernägeln vor ihr – einer etwa vierzigjährigen Frau im Kostüm – stand.

Sie und die Lehrerinnen auf dem Gymnasium, die mir ihre Wertschätzung zeigten, lehrten mich, dass Äußerlichkeiten nicht immer etwas über den Charakter eines Menschen aussagen. Ich habe diese Lektion offenbar dauerhaft abgespeichert. Denn ich konnte auch später Menschen respektieren, die meinen ästhetischen oder politischen Vorstellungen ganz und gar nicht entsprachen, aber zum Beispiel achtungsvoll mit Menschen umgingen, die von der Gesellschaft ausgestoßen und an den Rand gedrängt wurden. Während ich umgekehrt die Erfahrung machte, dass Leute, die so aussahen und redeten wie Hippies oder Linke, sich als Machos entpuppten, die nicht den geringsten Respekt vor Frauen oder Schwächeren hatten.

Seither sind an die vierzig Jahre vergangen. Vierzig Jahre, in denen Respekt nur selten Thema war. Die Menschen empfanden ihn weiterhin und sehnten sich danach, ihn zu erhalten, aber dieses »Phänomen« nannten sie nicht unbedingt Respekt. Der Begriff war nicht nur in Verruf geraten, es bestand offenbar auch kein Bedürfnis, ihn durch einen anderen zu ersetzen. Wenn er von jüngeren Menschen überhaupt verwendet wurde, dann in einer ablehnenden

Haltung: Sie meinten damit den alten Respekt vor Autoritäten, vor Eltern und Lehrern, den ihre Eltern vielleicht von ihnen verlangten, den sie jedoch nicht ernst nahmen. Gleichzeitig aber entwickelten viele aus meiner Generation und auch ich selbst im Verlauf dieser Jahre ein neues Verständnis von Respekt. Ein egalitäres und authentisches, das auf unserer Lebenserfahrung, den Begegnungen und Beziehungen mit unterschiedlichen Menschen und Kulturen, der Konfrontation mit Problemen und den Versuchen, sie zu lösen, beruht.

Der Weg dahin war nicht nur ein langer, sondern auch ein gewundener. Rückblickend erkenne ich: In Phasen, in denen ich vor allem *gegen* etwas kämpfte, in denen ich vor allem das Negative wahrnahm, das ich abschaffen wollte, spielte Respekt für mich keine große Rolle. Während er wuchs und gedieh und sich immer weiter ausdifferenzierte in Zeiten, in denen ich mich *für* etwas engagierte, mich für andere interessierte und einsetzte und mich auf das Positive konzentrierte, das ich mit anderen und für andere tun konnte.

Als junge Frau und Aktivistin der neuen Frauenbewegung hatte ich in den allerersten Jahren unseres Aufbruchs Teil an einer erfrischenden Euphorie, einem Zusammengehörigkeitsgefühl, das wir »Schwesterlichkeit« nannten, und das von gegenseitigem Respekt geprägt war. Dieser Honeymoon mit uns selbst wich nach einiger Zeit notgedrungen einer gewissen Ernüchterung. Wir mussten erkennen, dass Frauen anderen Frauen auch erbitterte Feindinnen und alles andere als solidarisch sein konnten. Dennoch, die Entdeckung der »Schwesterlichkeit« war nicht nur etwas Neues, sondern etwas geradezu Revolutionäres. Denn Frauen galten damals immer noch als minderwertige Wesen, bestenfalls als zweitrangig, als Männern nicht ebenbürtig und deshalb auf sie angewiesen. Viele Frauen hatten diese Einschätzung und die Rolle, die ihnen zugeschrieben wurde, verinnerlicht und verachteten nicht nur sich selbst, sondern auch andere Frauen. Wir aber, die frisch gebackenen Feministinnen, entdeckten unsere Qualitäten, unseren Wert, unsere Solidarität als Frauen.

Im Gegensatz zu dem gängigen Bild, das Feministinnen als

männerhassende Fanatikerinnen darstellt, sprühten wir, oder zumindest viele von uns, vor Leben und Entdeckerinnenfreude. Wir tauschten uns aus über unsere Erfahrungen, Sehnsüchte, Utopien. Wir eigneten uns Wissen an – über unsere Körper, unsere Psyche, unsere Geschichte, über all die spannenden Frauen, von denen uns in der Schule und auf der Universität niemand etwas erzählt hatte. Wir organisierten politische, Bildungs- und soziale Projekte. Und all das richtete sich nicht in erster Linie *gegen* Männer, sondern *an* Frauen. Anders gesagt: Wir wollten es uns und anderen Frauen ermöglichen, Respekt vor Frauen und Selbstrespekt als Frauen zu entwickeln und zu leben.

Als radikale Linke machte ich eine ganz andere Erfahrung. Die innere Ausrichtung auf das, was ich als falsch, ungerecht, grausam, unerträglich empfand, wirkte der Entfaltung von Respekt entgegen, denn ich fixierte mich auf etwas, das ich um keinen Preis der Welt respektieren wollte und konnte. Die Konzentration auf die (wahren oder vermeintlichen) Ursachen und Verursacher all des Elends und der Ungerechtigkeit förderte stattdessen die Entfaltung von Wut und Abscheu. Und damit die Gefahr, diejenigen aus den Augen zu verlieren, um derentwillen ich eine neue, bessere Welt schaffen und die schlechte, alte Gesellschaft beseitigen wollte.

Verliert man jedoch die Menschen aus dem Blick, dann kann es passieren, dass man auch den Respekt vor den Menschen und, im schlimmsten Fall, den Respekt vor dem Menschenleben verliert. So können aus Revolutionären Diktatoren und Killer werden. Ich wurde keine Diktatorin (auch nicht im Kleinen) und habe auch niemanden getötet. Doch geistige Verengung, Verhärtung und eine Gedankenwelt, in der unteilbarer Respekt vor dem Menschenleben keine vorrangige Rolle mehr spielte, habe ich kennengelernt.

Der Blick auf die »Täter« hatte mein Herz verschlossen, während der Blick auf die »Opfer« es öffnete. Wenn ich mich *für* etwas engagierte, musste ich meine Kreativität aktivieren. Ich musste mir überlegen, wie dieses Neue, Bessere, Positive, Andere ganz konkret aussehen sollte; was sich dadurch für wen wie verbessern könnte. Ich musste die Bedürfnisse derer erkunden, für die ich etwas verändern wollte, einschließlich meiner selbst. Dafür musste ich offen sein, achtsam, ich musste zuhören, nachfragen, nachdenken. Ich musste also mit mir und anderen respektvoll umgehen, wenn ich etwas wirklich Hilfreiches erreichen wollte.

Das lernte ich unerwarteterweise ausgerechnet im Gefängnis wieder neu. Ende der Achtzigerjahre wurde ich unter dem Verdacht, eine »terroristische Vereinigung« unterstützt zu haben, für zweieinhalb Jahre in Untersuchungshaft gesteckt. Das bedeutete Isolationshaft, Besuche mit Trennscheibe und ein sehr eingeschränkter Kontakt zu den Mitgefangenen. Er reichte jedoch aus, um mir die Augen wieder für das ganz reale Leben und die ganz realen Menschen zu öffnen. Und mich von der Gegen- auf die Für-Schiene zu setzen.

Die Frauen halfen mir mit ihrem Zuspruch und ihrem Humor, die Einsamkeit der Isolationshaft zu ertragen. Während wir auf dem Hof unsere Runden drehten, lernte ich sie ein wenig kennen und in vielem schätzen. Mit einigen von ihnen schloss ich Freundschaft, anderen konnte ich kleine Hilfsdienste erweisen: einen Brief an den Staatsanwalt oder an eine Behörde für sie schreiben, Briefe, die sie von Ämtern erhielten, in verständliches Deutsch übersetzen, ihnen meine Bücher leihen. Und ich konnte vor allem eines: sie ernst nehmen, ihnen zuhören, ihre Geschichte und ihre Geschichten anhören. Einiges kannte ich aus meiner eigenen Jugend, anderes erschütterte mich nachhaltig. Ich erhielt hier zum Beispiel eine anschauliche Lektion darin, wie zerstörerisch sich der Mangel an Selbstrespekt auswirkt. Wie viele Mädchen in einer Familie und Umgebung aufwachsen, in der sie nicht die geringste Chance erhalten, so etwas wie Selbstrespekt zu entwickeln. Und wie sehr gerade sie sich danach sehnen, respektiert zu werden und jemanden zu finden, den sie respektieren können.

In den späten Achtziger- und den Neunzigerjahren konzentrierten sich meine Bewunderung und Hochachtung auf die Frauen, und vor allem jüdischen Frauen, die gegen die deutsche Besatzung und die Shoa, die Ermordung der europäischen Juden, mit der Waffe in der Hand gekämpft hatten. Hätte ich damals den Begriff schon verwendet, hätte ich gesagt: Vor ihnen habe ich den allerhöchsten Respekt. Auch hier motivierten mich anfangs zu einem Gutteil Wut und

Empörung: über die Verbrechen, die Deutsche (und Österreicher) in den deutsch-besetzten Ländern begangen hatten. Und über das Desinteresse der deutschen Geschichtsschreibung am jüdischen Widerstand und an der Beteiligung von Frauen am Widerstand.

Als ich dann jedoch ehemaligen Widerständlerinnen persönlich begegnete und lange intensive Interviews mit ihnen führte, weitete sich mein Blick. Ich wandte mich ganz den Frauen und ihren Erfahrungen und Gefühlen zu. Und meine abstrakte Bewunderung für ihre Heldentaten verwandelte sich in tiefe Zuneigung und ebenso tiefen Respekt den realen Frauen gegenüber. Diejenigen unter ihnen, die ich wiederholt befragen durfte und die mir ihre Freundschaft schenkten, erzählten mir auch von ihren Ängsten, Zweifeln, Skrupeln. Davon, wie schwer es ihnen gefallen war, jemanden zu töten, selbst wenn es ein SS-Mann war. Davon, dass sie sich davor gefürchtet hatten, zu werden wie der Gegner: den Respekt vor dem Leben zu verlieren.

Sarah Goldberg, die im belgischen jüdischen Widerstand aktiv war, nach Auschwitz verschleppt wurde und sich nach ihrer Rückkehr erst für andere Überlebende und später für Flüchtlinge und Migranten einsetzte, sagte mir: »Den größten Respekt habe ich vor den Frauen, die die Kinder vor der Deportation gerettet haben.« Sie machte mich mit einer dieser Frauen bekannt und setzte mich damit auf ein neues Thema in meiner Arbeit an, dem ich mich lange Zeit widmete, das mich sehr bewegte und diese neue Art von Respekt in mir weiter wachsen ließ.

1998 starb meine Mutter. Ich begleitete sie in den letzten Wochen vor ihrem Tod und erlangte dabei neuen Respekt vor meinem Vater, der sie in ihrer langen schmerzhaften Krankheit zu Hause gepflegt hatte, erst alleine und schließlich mit Hilfe einer professionellen Pflegerin, die zweimal am Tag vorbeikam. Er machte alles selbst, vom Essen kochen bis zum Anlegen der Morphium-Pflaster, und er wich nicht von ihrer Seite. Ich lernte eine Liebe kennen, die zu grenzenlosem Altruismus imstande war. Ich lernte schließlich den Respekt vor dem Tod. Und damit einen wieder neuen und tief gehenden Respekt vor dem Leben.

Während ich dies schreibe, schaue ich ab und zu auf eine weiße

Papiertüte mit der roten Aufschrift »RESPEKT – Alles andere kommt mir nicht in die Tüte«. Sie steht auf meinem Bücherregal, und jedesmal, wenn ich sie ansehe, muss ich lächeln. Sie ist Teil der Jahreskampagne 2009 »Soziale Manieren für eine bessere Gesellschaft« der Caritas in Nordrhein-Westfalen. Und soll dazu auffordern »Menschen in Notlagen, Menschen am Rande der Gesellschaft mit Respekt zu begegnen«.

Diese Papiertüte passt gut in mein Arbeitszimmer. Denn sie steht für den Weg, den ich zuletzt genommen habe: back to the roots sozusagen. Zurück zu den Wurzeln. »Menschen am Rande der Gesellschaft« sind seit einigen Jahren das vorrangige Thema meiner Arbeit als Autorin, und sie sind zugleich wieder Teil meines Lebens geworden. Das hat mich zurück in die Arbeiterviertel geführt, in die Welt der Drogen und der Jugendlichen auf der Kippe zur Kriminalität.

Heute, mit 57, habe ich eine bisher nicht gekannte Leichtigkeit und innere Freiheit, die vielleicht zu den Segnungen des Älterwerdens und der damit einhergehenden Lebenserfahrung gehören. Ich kann auf alle Menschen offen und respektvoll zugehen. Und ich erlebe immer wieder, dass diese Haltung in meinem jeweiligen Gegenüber gleichfalls Freundlichkeit, Respekt und ein Lächeln hervorruft, egal, ob es sich um eine gut gekleidete alte Dame, ein junges Mädchen im »Schlampen-Look«, den Kurator einer internationalen Ausstellung oder die Pressechefin eines Verlages handelt, um den Obdachlosen, der vor dem Supermarkt bettelt, den türkischen Besitzer des Kiosks im Nachbarhaus, die Kids an der Straßenecke, die sich immer bemühen, so cool wie nur irgend möglich zu gucken, den Polizisten, der mich anhält, weil ich mit dem Rad auf dem Bürgersteig gefahren bin, die Leiterin einer sozialen Einrichtung, die ich für eine Sendung interviewe, den Tontechniker, mit dem ich diese Sendung produziere, oder wen auch immer.

Und damit komme ich endlich zurück zu der Frage an mich selbst: Vor wem habe ich Respekt und warum? Grundsätzlich habe ich Respekt vor jedem fühlenden Wesen – weil es ein fühlendes Wesen ist. Ich habe auch Respekt vor Tieren, Pflanzen, der Natur. Und ich achte die Menschenwürde eines jeden Menschen.

Das ist allerdings leichter gesagt als getan. Denn wie setze ich diesen Respekt um gegenüber Vergewaltigern, Männern, die Kinder sexuell missbrauchen, Folterern, Massenmördern, NS-Verbrechern? Ich habe mit vielen meiner Interviewpartnerinnen und -partnern, die gleichfalls von sich sagten, sie würden grundsätzlich jedes menschliche Wesen respektieren, über dieses Problem gesprochen. Und fast alle sagten mir: »Ja, da gibt es tatsächlich eine Grenze für mich. Es gibt Leute, die kann ich nicht respektieren. Beim besten Willen nicht.« Auch sie nannten an erster Stelle Sexualverbrecher, Nazis, Folterer und dergleichen. Was also meint ein grundlegender und grundsätzlicher Respekt vor dem Menschen als fühlendem Wesen und vor seiner Würde tatsächlich, wenn er mehr sein soll als eine bloße Phrase oder Selbsttäuschung? Das ist eine der Fragen, die mich in der Arbeit an diesem Buch auch sehr beschäftigt hat.

Jenseits dieses grundlegenden und manchmal nur theoretischen Respekts stehe ich nun aber vor einem ganz praktischen Problem. Dem nämlich, dass ich vor so vielen und so unterschiedlichen Menschen aus so vielen und unterschiedlichen Gründen Respekt habe, dass ich sie hier unmöglich alle aufzählen kann. Ich kann noch nicht einmal alle benennen, vor denen ich *großen* Respekt habe. Ich versuche also, mich auf ein paar wenige, für einzelne Aspekte typische Beispiele zu beschränken. Und auch bei diesen wenigen steht vor dem Grund, den ich dafür angebe, warum ich vor dieser Person so großen Respekt habe, immer ein unsichtbares »unter anderem«.

Ich habe großen Respekt:

- vor meinem Vater, aus Gründen, die ich zum Teil schon genannt habe;
- vor meiner Mutter, denn sie musste in ihrem Leben große Probleme und großen Schmerz bewältigen, und hat sich dennoch ihre Herzlichkeit und Liebenswürdigkeit bewahrt;
- vor meiner Schwester, die sich erfolgreich in einem reinen Männerberuf durchgesetzt hat und ihrem blinden Mann voller Liebe und Respekt zur Seite steht;

- vor Chaika, Chasia, Liza, Anja, Sarah, Yvette, Vivette, Yvonne, Henri, Marcel, Gert und all den anderen, die ihr Leben riskierten, um den Nazimördern das Morden zu erschweren und um jüdische Kinder vor der Deportation zu retten;
- vor meinem Mann, der als Sozialarbeiter und Suchttherapeut mit heroinabhängigen Menschen arbeitet und ihnen mit Respekt und Achtsamkeit begegnet;
- vor Angelika, Johanna, Jutta, Martin, Monica und allen anderen Sozialarbeiterinnen und Sozialarbeitern, die auf respektvolle Weise mit Menschen am äußersten Rand der Gesellschaft arbeiten;
- vor meiner Freundin »Ellen«, die dreißig Jahre lang drogenabhängig war und seit dreieinhalb Jahren clean ist;
- vor meiner Freundin Martina, die seit Jahrzehnten kompetent, engagiert und erfolgreich für die Belange von Flüchtlingen arbeitet;
- vor meiner Freundin Irene, die nicht müde wird, als Historikerin auf die Existenz und die Leistungen von Frauen aufmerksam zu machen und dafür zu sorgen, dass sie in Form von Straßennamen, Denkmälern und anderem im Stadtbild sichtbar werden;
- vor meiner Freundin und Kollegin Ulla, die sich seit Jahrzehnten gewerkschaftlich und in Netzwerken für die Interessen von Autorinnen und Autoren einsetzt und immer da ist, wenn jemand ihre Hilfe braucht;
- vor Barbara und all den anderen Feministinnen, die sich seit Jahrzehnten darum kümmern, dass misshandelte Frauen Schutz, Zuflucht und eine Zukunftsperspektive finden, dass sexuell missbrauchte Kinder ernst genommen werden und adäquate Hilfe erhalten, dass das Recht von Frauen auf Unversehrtheit und Eigenständigkeit gesetzlich festgeschrieben wurde und nun auch praktisch umgesetzt wird;
- vor meinem Lehrer Tenga Rinpoche und allen anderen Lehrerinnen und Lehrern des Dharma, die Weisheit und Mitgefühl nicht nur lehren, sondern sie auch selbst leben und in ihren Schülerinnen und Schülern hervorrufen.

Ich habe großen Respekt vor Menschen, die sich für eine humane Welt und für gerechte Lebens- und Arbeitsbedingungen engagieren, ohne dabei rechthaberisch, dogmatisch und/oder machtgierig zu werden; und insbesondere vor all den Frauen, die sich unter schwierigsten und oft mörderischen Bedingungen für die Rechte und die Menschenwürde von Frauen einsetzen.

Ich habe großen Respekt vor allen, die dafür sorgen, dass psychisch Kranke, Schwerstbehinderte, unheilbare Kranke, Demenzkranke, Sterbende und andere (akut oder chronisch) hilflose Menschen Unterstützung, Zuwendung und menschenwürdige Existenzbedingungen erhalten und dies auch immer wieder von der Gesellschaft einfordern.

Ich habe großen Respekt vor Menschen, die sich einmischen, wenn andere angepöbelt, beleidigt, belästigt, bedroht, misshandelt, gemobbt werden; vor Kindern und Jugendlichen, die dazwischengehen, wenn Kleinere und Schwächere gehänselt, verprügelt, eingeschüchtert und beraubt werden; vor allen, die sich auf die Seite der (potenziellen) Opfer stellen, auch auf die Gefahr hin, selbst in das Visier der Täter zu geraten.

Ich habe großen Respekt vor Menschen, die von klein auf keine Chance hatten und dennoch hilfsbereit und großzügig sind; vor Müttern, die ihre Kinder unter ärmlichsten Bedingungen zu Menschen erziehen, die sich selbst und andere respektieren können; vor Menschen, die aus ihren Fehlern lernen und anderen helfen, dieselben Fehler zu vermeiden; vor allen Suchtkranken, denen es gelingt, trocken oder clean zu werden und zu bleiben; vor Menschen, die von dem Wenigen, das sie haben, anderen, die gar nichts haben, etwas abgeben; und vor so vielen anderen, die ich hier nicht aufzählen kann, da dieses Kapitel sonst noch lange nicht enden würde.

# Respekt vor wem?
# Und warum?

Respekt ist ein Wunschtraum, quasi ein Schlüssel zum guten Leben miteinander.« Die Übersetzerin Marie Kindermann spricht mit diesem Satz vielen aus dem Herzen. »Was ist Respekt?« Diese Frage stellen sich nicht nur eine Handvoll Philosophen. Diese Frage stellen sich viele Menschen in ihrem Alltag. Und diese Frage stellte ich allen, mit denen ich über das Themas Respekt sprach oder korrespondierte. Die Antworten fielen erstaunlich knapp aus. Den meisten fiel sehr viel mehr ein zu der Frage, wen sie warum oder wofür respektieren. Viele sagten auch: »Respekt verbinde ich eher mit dem Begriff Achtung«. Die wiederum bedeutet für sie, den anderen anzunehmen, wie er oder sie ist, mit anderen freundlich und höflich umzugehen, achtsam gegenüber anderen und sich selbst zu sein. Verständlicherweise äußerten sich die Autorinnen, die ich fragte: »Was bedeutet Respekt für dich?« ausführlicher als andere Interviewpartnerinnen und -partner. Sie arbeiten mit Worten und sind es gewohnt, über Begriffe und ihre möglichen Inhalte und Auslegungen nachzudenken. Ich zitiere hier die Definitionen, die mir drei Kolleginnen gaben: Mithu Sanyal, 38 Jahre alt, Ruth Sopher, 51, und Miriam Klaas, 60.

Für Mithu M. Sanyal gehören Respekt und Wertschätzung zusammen. Mithu ist Tochter einer Polin und eines Inders. Somit ist sie sensibilisiert für einen Aspekt von Respekt, den andere häufig nicht wahrnehmen: »In Respekt«, sagt sie, »steckt in erster Linie, dem anderen die Definitionsgewalt über sich selbst zu geben: ›Du bist die Fachfrau, der Fachmann für dich selbst.‹ Im Zusammenhang mit Rassismus heißt das, nicht zu sagen: ›Du bist Ausländerin, du bist Schwarzer‹ etc., also eine Fremdzuweisung vorzunehmen, sondern nach der Eigendefinition dieses Menschen zu fragen. Und diese Eigendefinition auch hören zu wollen.«

Mithu weiß, wovon sie spricht. »Ich werde zum Beispiel immer gefragt: Sprichst du Indisch?«, erzählt sie. Wenn sie, die in Deutschland geboren wurde und aufwuchs, dann antwortet: »Nein, leider nicht«, wird ihr entgegengehalten, dann sei sie auch keine echte Inderin. »Nach dem Motto«, fügt sie lachend hinzu, »›du nicht Hindi, dann du nicht Hindu‹.« Mithu hat allerdings, wie viele andere Menschen, deren Eltern in Deutschland eingewandert sind, die Erfahrung gemacht, dass einem auch diejenigen ihre eigene Definition überstülpen, die sich für »politisch korrekt« halten, »die sagen dir nämlich: ›Du bist genauso wie wir‹. Und das bin ich nun einmal nicht.«

Mithu, die als Kulturwissenschaftlerin über die Vulva, den am wenigsten respektierten Teil des weiblichen Körpers, forschte, ihre Doktorarbeit darüber schrieb und sie 2009 als Buch veröffentlichte, betont, dass das Problem der Zuordnung ein strukturelles ist: »Eine Gruppe hat die Definitionsgewalt, egal ob sie dir freundlich oder unfreundlich gesonnen ist.« Respekt bedeutet für Mithu M. Sanyal, die Definitionsgewalt über einen anderen grundsätzlich abzulehnen. Ein solches Verständnis von Respekt jedoch, hat sie erfahren, »finden die Leute nicht immer toll. Denn es macht die Kommunikation aufwendig. Es ist einfacher und bequemer, wenn wir uns auf klare Rollen beziehen – allein schon aus Zeitmangel.«

Für die Romanautorin Ruth Sopher, die in englischer Sprache schreibt und publiziert, ist Respekt »ein sehr komplizierter Begriff«. Sie könne, erklärte sie, nicht ohne weiteres »auf ein Gefühl oder ein Verhalten deuten und sagen: Das ist Respekt«. Sie hat den Eindruck, von Respekt sei häufig dann die Rede, wenn andere Komponenten wie Zuneigung, Nähe und so weiter fehlten: »Man sagt zum Beispiel, ›er ist unmöglich, aber ich respektiere ihn‹.« Außerdem, stellt sie fest, überschneidet der Begriff Respekt sich mit anderen Begriffen, »wie Bewunderung, Wertschätzung, Akzeptanz, Würdigung, Anerkennung.« Sie selbst, meint Ruth, kann erkennen, ob jemand sie mag und wertschätzt: »Aber ob mir jemand einfach nur Respekt entgegenbringt, das könnte ich nicht mit Sicherheit sagen.« Und nach einigem Nachdenken fügt sie hinzu: »Respekt ist etwas, womit ich mich kaum beschäftige. Er gelangt eigentlich erst in mein Bewusstsein, wenn er fehlt. Wenn ich bemerke, dass jemand mich nicht respektiert.«

Für Miriam Klaas, die sich als Sachbuchautorin mit oft schwierigen psychologischen Themen befasst, bedeutet Respekt »die grundsätzliche Annahme und Wertschätzung eines Menschen.« Die, und hier vertritt sie dieselbe Ansicht wie Richard Sennett, »zum Ausdruck gebracht werden muss«. Und zwar mittels »höflicher Umgangsformen«. Diese grundsätzliche Annahme beschränkt sich für Miriam Klaas nicht auf Menschen, die ihr nahe oder verständlich sind. Allerdings, fügt sie hinzu, »beinhaltet eine grundlegende Akzeptanz auch dessen, was ich als rätselhaft oder irritierend unterschiedlich empfinde, keine vorbehaltlose Zustimmung. Sie schließt aber aus, jemanden herabzusetzen und herablassend zu behandeln, nur weil mir dessen Ansichten, Verhaltensweisen und Wesenszüge fremd sind.«

Für den Sozialpädagogen Thomas Münch heißt Respekt »jemanden so zu achten oder zumindest wahrzunehmen, wie er oder sie ist, und zwar erst mal jede und jeden. Respekt hat mit Vorbehaltlosigkeit zu tun.« Für Alfred Hovestädt von der Caritas im Erzbistum Köln ist Respekt »das Wahrnehmen, dass jeder Mensch von Gott gewollt ist und eine jeweils besondere Würde hat.« Und Bernd Mombauer, auch er Sozialpädagoge, einer der beiden Geschäftsführer des *Kölner Arbeitslosenzentrums* versteht unter Respekt in erster Linie »Achtung vor mir selbst und vor dem anderen. Und das heißt, auch vor dem ›Fremden‹ in mir und dem ›Fremden‹ im anderen.« Respekt vor »fremden Lebenswelten und Lebensentwürfen« sei ihm sehr wichtig, betont er – »alleine schon von meiner Biografie her«. Bernd ist homosexuell und hatte, wie er sagt, selbst »mit Vorurteilen und Stigmatisierung, einschließlich gesellschaftlicher Stigmatisierung« zu tun. Und auch damit, »dass man diese Stigmatisierung verinnerlicht«.

Das Entscheidende an dieser Auffassung von Respekt ist, dass sie kein »trotzdem« beinhaltet. Aus dieser Haltung heraus denkt und sagt man nicht: »Ich respektiere diese Frau, *obwohl* sie als Prostituierte arbeitet. Ich respektiere diesen Mann, *obwohl* er vor sich hin brabbelt und außerdem streng riecht. Ich respektiere diesen Jungen, *obwohl* er die Schule schwänzt und klaut.« Dieses Verständnis von Respekt meint: »Ich respektiere diese Frau, die als Prostituierte arbeitet. Ich respektiere diesen Mann, der vor sich hin brabbelt und schlecht riecht. Ich respektiere diesen Jungen, der die Schule schwänzt und klaut.« Dieser Respekt gilt dem Menschen als solchem, auch wenn er Dinge tut oder auf eine Art lebt, die man nicht nachvollziehen kann, falsch oder abstoßend findet. Er bedeutet jedoch, wie Miriam Klaas sagt, nicht, dass man alles, was jemand tut und jegliches Verhalten respektiert.

Der grundlegende Respekt vor dem Menschen als menschlichem Wesen ist nicht aufzusplitten. Es gibt jedoch gleichzeitig einen Respekt für bestimmte Facetten einer Person, der anderen Facetten dieser Person nicht gelten muss. Man kann – das machen meine Interviewpartnerinnen und -partner deutlich – an einem Menschen, den man liebt und respektiert, bestimmte Aspekte und Verhaltensweisen ablehnen. Und man kann umgekehrt vor einer besonderen Leistung Respekt haben, den Menschen, der diese Leistung erbringt jedoch äußerst fragwürdig finden.

René Föger, der, zusammen mit seinem Vater, einen Gasthof und ein Hotel leitet, die seit Generationen im Besitz der Familie sind, erzählt mit einem liebevollen Lächeln: »Meine Oma zum Beispiel respektiere ich sehr. Die verkündet ihre Werte nicht nur, sondern lebt auch danach, die jammert nie, und wenn sie etwas hat, verschenkt sie es. Dafür bewundere ich sie. Aber natürlich, wenn ich in der Hochsaison gerade viel Arbeit habe, und sie kommt zu mir, weil sie etwas braucht – und wenn sie etwas will, dann muss es sofort sein –, das nervt. Aber«, René zeigt mit den Händen eine imaginäre Messlatte von mehreren Metern an, »da ist sooo viel Respekt, und nur so viel« – er hält Daumen und Zeigefinger ein paar Zentimeter auseinander – »was nervt.«

Ingrid Klemp ist 61 Jahre alt und arbeitet als Redakteurin bei einer großen Sendeanstalt. Mit einem automatischen Respekt vor Autoritäten hat sie nichts am Hut, sie weist jedoch darauf hin, dass »bestimmte Bereiche nicht funktionieren können ohne Hierarchien und ohne Respekt im altmodischen Sinne. Auf einer Intensivstation zum Beispiel kann nur effektiv gearbeitet werden, wenn die

Entscheidungshierarchie, die es da gibt, respektiert wird. Da trifft jemand aufgrund seiner Funktion eine Entscheidung, und ich muss mich daran halten, egal, ob ich den wertschätze oder ob er meiner Vorstellung von Wertschätzung entspricht.«

Sie selbst hat Respekt vor »Leistung, Wissen, Kompetenz, Fähigkeit«. Das muss aber nicht heißen, meint sie, dass sie deshalb auch vor dem ganzen Menschen Respekt hat, der über dieses Wissen oder jene Fähigkeit verfügt: »Ich kann zum Beispiel über jemanden sagen, ›wow, was für eine tolle Leistung, und trotzdem ist er ein mieser Kerl‹.« Andererseits, sagt sie, »gibt es ganz einfache Menschen, vor denen ich Respekt habe, weil sie ganz viel Ausstrahlung haben. Meine Marktfrau zum Beispiel wirkt so rundherum positiv. Sie ist fleißig, bescheiden, freundlich, offen und verfügt über so viel Lebensklugheit. Vor ihr habe ich mehr Respekt als vor jemandem, der fachlich gut aber menschlich eine Niete ist.«

Damit spricht Ingrid Klemp ein Thema an, das auch viele andere meiner Interviewpartnerinnen und -partner als bedeutsam hervorheben: Ihr Respekt kümmert sich nicht darum, auf welcher Sprosse der sozialen Stufenleiter jemand steht und ob er auf dem gesellschaftlichen Schachspiel König oder Bauer ist. Karin Meier zum Beispiel, sagt explizit: »Respekt hat für mich nichts mit Hierarchie zu tun.« Für die Redakteurin einer wissenschaftlichen Fachzeitschrift bedeutet Respekt, dass sie ihr Gegenüber achtet: »Und dabei spielt es keine Rolle, ob es sich um ein Kind oder einen Greis handelt, um einen Schuhputzer oder einen Showstar.« Auch für den promovierten Sozialpädagogen Denis Mukuna ist Respekt »die Achtung, die man jedem Menschen entgegenbringt oder entgegenbringen soll«. Er respektiert »eine Professorin und ein kleines Kind« gleichermaßen. Daneben, sagt er, gibt es für ihn den Respekt im Sinne von Hochachtung »für jemanden, der sich selbst respektiert, denn damit fängt es an. Und für Leute, die etwas geschaffen haben, die etwas leisten.« Allerdings fügt er, der 1982 aus Kongo-Kinshasa nach Deutschland kam und die verschiedensten Formen des Rassismus kennenlernte, hinzu: »Wer sich mir gegenüber respektlos verhält, bekommt auch von mir keinen Respekt mehr.«

Zelal, die im ISS, dem *Netzwerk Interkultureller Sozialer*

*Service*, Deutsch als Zweitsprache unterrichtet, stammt aus einer angesehen Familie im kurdischen Teil der Türkei. Für ihren Vater, erzählt sie mit einem ironischen Lächeln, »war man nur ein Mensch, wenn man studiert hat«. Für sie selbst dagegen bedeutet Respekt, »dass ich Menschen akzeptiere, wie sie sind. Dass ich einen Menschen als Menschen sehe und wertschätze, und ihn nicht nach seinem Bildungsstatus oder seiner Wirtschaftslage beurteile.«

Für Friseurmeisterin Sabine Juchem müssen Menschen »anständig« sein, damit sie sie respektieren kann. Auf meine Frage, was »anständig« für sie bedeutet, antwortet sie: »Freundlich und höflich sein, anderen helfen und nicht auf andere herunterschauen«. Respekt im Sinne von »Ansehen« zollt sie »Menschen, die es durch Arbeit zu etwas gebracht haben, Menschen, die sich sozial engagieren, aber auch zum Beispiel einer Mutter, die ihre Kinder richtig gut erzieht«. Das, findet sie, »verdient große Anerkennung«. Nachdem sie eine Weile nachgedacht hat, sieht sie mich sehr ernst an und fügt hinzu: »Ich habe auch Respekt vor einer Toilettenfrau oder dem Putzmann, den ich neulich zufällig kennengelernt habe. Nur, weil einer Geld hat oder gebildet ist, habe ich keinen Respekt vor ihm. Der muss sich schon auch anständig verhalten. Und auch dann habe ich vor einem Professor nicht mehr Respekt als vor dem Bettler an der Straßenecke, der mir zum Beispiel etwas aufhebt, das mir heruntergefallen ist und überhaupt freundlich zu mir ist. Und von dem ich weiß, dass er schon Schlimmes erlebt hat.«

Als ich vor fast drei Jahren anfing, mich für das Thema Respekt zu interessieren, hatte ich ein paar Vorstellungen darüber im Kopf, welche Menschen zu welcher Art von Respekt neigen, wem er vermutlich wichtig ist, für wen er möglicherweise keine große Rolle spielt, und wer wen warum respektiert. In einigem wurde ich eines Besseren belehrt. In anderem wurde ich bestätigt. Darin zum Beispiel, dass Jugendliche durchaus einen Sinn für Respekt und ein Bedürfnis danach haben. Die Hauptschullehrerin Christel Pönsgen ermöglichte es mir, eine zehnte Klasse zum Thema Respekt zu befragen. Sie stellte mir dafür eine Unterrichtsstunde zur Verfügung, denn sie war sich sicher, dass ihre Schülerinnen und Schüler sich für dieses Thema interessierten und auch einiges dazu zu sagen hätten. Gleichzeitig aber warnte sie mich, ich solle nicht enttäuscht sein, wenn die Kids nach zwanzig Minuten unruhig und unaufmerksam würden. Mehr als eine halbe Stunde, so ihre Erfahrung, könnten sie sich nämlich nicht auf ein Thema konzentrieren.

Die Jungen und Mädchen, die diese Hauptschule besuchen, kommen aus einem armen Stadtteil und zu einem Gutteil aus Migrantenfamilien. Sie machen sich kaum Hoffnungen, je eine Ausbildungsstelle zu bekommen, und viele von ihnen nehmen die Schule deshalb auch nicht besonders ernst. Ich erklärte ihnen, dass ich eine Radiosendung über Respekt mache und gerne wüsste, was Respekt für sie bedeutet und welche Rolle er in ihrem Leben spielt. Und dann arbeiteten wir zwei Stunden konzentriert durch. Irgendwann schellte eine Glocke, und eine andere Lehrerin gesellte sich zu uns. Hinterher begriff ich: Die Glocke hatte zur Pause geläutet, und die andere Lehrerin hatte eigentlich mit ihrer Stunde beginnen wollen. Sich aber freundlicherweise einfach nur dazugesetzt. Respekt, stellte sich im Laufe dieser zwei Stunden heraus, ist ein Thema, das diesen Kids noch mehr bedeutet, als ihre Lehrerin und ich ohnehin bereits angenommen hatten.

Dasselbe wiederholte sich auf einer Abendschule, an der junge Menschen den Realschulabschluss nachholen können. Und ähnliches erlebte ich auch von der anderen Seite des Spektrums her. LizzyNet ist ein Internetportal für Mädchen, das vor allem Gymnasiastinnen viel und gerne nutzen. Rosi Stolz, eine der Online-Redakteurinnen, ermöglichte es mir, Fragen zum Thema Respekt in eines der Foren zu stellen. Vierzehn Userinnen von LizzyNet antworteten, und auch für sie erwies sich Respekt als etwas, das in ihrem Leben eine wichtige Rolle spielt, worüber sie viel nachdenken, und wozu sie viel zu sagen haben. (Mehr zu diesem Thema in Kapitel 11).

Zwei der Vorstellungen, die ich am Anfang meiner Arbeit darüber hatte, was Respekt für wen bedeutet, erwiesen sich als falsch. Ich hatte geglaubt, die meisten, die in meinem Alter und jünger sind, würden mit Respekt nicht mehr die alte, autoritäre Variante verbinden. Doch die erweist sich als erstaunlich haltbar, und nicht nur in der Vorstellung. Es wurden auch die Generationen nach meiner eigenen zum Teil noch dazu erzogen, Erwachsene zum Beispiel alleine deshalb zu respektieren, weil sie erwachsen sind. Diese heute Vierzig- und Dreißigjährigen hatten zwar schon Vorbilder und Vorgaben, die sie ermutigten, anstelle des konventionellen und unhinterfragten einen authentischen und selbstbestimmten Respekt zu entwickeln. Sie haben die alte Variante aber nicht vergessen. Und während die meisten Jugendlichen Respekt mit etwas Positivem und Wünschenswerten verbinden, gibt es unter denen, die ihre Eltern sein könnten (und sind), durchaus noch negative Assoziationen dazu.

»Als Kind hatte man Respekt vor Lehrern und allgemein vor Erwachsenen zu haben. Deswegen ist für mich der Begriff eher negativ besetzt«, sagt Traude Weger, 48 Jahre alt und Musiklehrerin an einem Gymnasium. Sie selbst möchte ihren Schülerinnen und Schülern diese Art Respekt nicht zumuten. Rosi Stolz, die Online-Redakteurin des Mädchen-Portals LizzyNet, ist gleichfalls 48, und auch sie wurde noch im alten Sinne erzogen. Sie hatte Lehrer, erzählt sie, »die geprügelt haben und aufgrund ihrer Stellung Respekt wollten.« Deshalb, sagt die Diplomsozialpädagogin, hat sie heute noch »Schwierigkeiten mit Personen, die aufgrund ihres Alters oder ihrer Stellung erwarten, dass man ihnen Respekt entgegenbringt«. Wobei es, fügt sie hinzu, solche gibt, die diesen formalen Respekt explizit erwarten. Während das bei anderen gar nicht so klar ist: »Ich denke zum Beispiel, dass Polizisten erwarten, dass ich ihnen, nur weil sie Polizisten sind, Respekt erweise. Und ich verhalte mich ihnen gegenüber auch respektvoll. Aber was erwarten sie wirklich von mir? Und was denke ich mir vielleicht nur, dass sie erwarten, weil ich dazu erzogen wurde, dass man Polizisten respektieren muss?«

Ulla Lessmann, Buchautorin und freie Journalistin, ist 57. Sie wuchs in den Fünfziger- und Sechzigerjahren auf, hatte aber dennoch, wie sie erzählt, »Autoritäten gegenüber von Kindheit an keinen automatischen Respekt«. In der Schule wurde denn auch »missbilligend vermerkt«, dass sie »vor bestimmten Lehrerinnen nicht kuschte«. Ulla empfindet ihren Mangel an konventionellem

Respekt im Nachhinein als positiv, obwohl der Grund dafür ein trauriger war: »Mein Vater war Alkoholiker und damit für mich keine Respektsperson.« Ihre Mutter verlangte von den Töchtern nicht, dass sie vor dem Vater dennoch Respekt hatten: »Den hatte er sich ja verwirkt, in der ›Funktion‹ als Vater und als Mensch.« Und daraus schloss Ulla schon als Mädchen, dass sie sich »selber aussuchen konnte, wen ich von den Erwachsenen respektieren will«.

Diese Haltung wirkte ihr ganzes Leben lang nach. Auch später, als Redakteurin, aktive Gewerkschafterin und Netzwerkerin, ließ sich Ulla von der Macht und Position einer Person nicht beeindrucken. Ihr jeweiliges Gegenüber musste sich ihren Respekt verdienen. Durch Integrität zum Beispiel. Diese Haltung, sagt sie mit einem ironischen Lächeln, kam und kommt auch heute nicht immer gut an: »Das war und ist auch schon mal ein Problem, dass ich Leute nicht aufgrund ihrer Funktion respektiere. Sondern mich frage: Haben die eine Ausstrahlung, haben sie soziale oder fachliche Kompetenz?«

Auf meine Frage, ob andere den Respekt vor ihr verloren, weil sie »Alkoholikerkind« war, schüttelt Ulla den Kopf. »Nein«, sagt sie, »das ist mir nie passiert.« Sie lässt sich diese Feststellung noch einmal durch den Kopf gehen. Dann fügt sie hinzu: »Ich nehme an, vor allem deshalb, weil ich das auch nur ausgewählten Menschen erzählt habe.« Sie selbst wiederum hat »wirklich großen Respekt vor trockenen Alkoholikern. Weil ich mir gut vorstellen kann, was das bedeutet. Ich habe überhaupt Respekt davor, wenn jemand auf eine Sucht verzichtet. Ich habe zum Beispiel das Rauchen aufgegeben, da habe ich auch Respekt vor mir selber.«

Gerda Müller, 49 Jahre alt und freie Übersetzerin, unterscheidet zwischen echtem und erzwungenem Respekt. Doch spontan fällt ihr Letzterer zuerst ein. Sie versteht darunter den Respekt, den man vor Ämtern, Behörden, Eltern und Polizisten haben sollte. Wobei, wie sie sagt, diese beiden nicht immer klar voneinander zu trennen sind. Ihre Eltern zum Beispiel respektiert sie auch aus eigener Entscheidung. Zum Gesetz wiederum hat sie ein zwiespältiges Verhältnis: »Es ist dazu da, eingehalten zu werden«, betont sie, »und es ist an und für sich etwas Gutes.« Sie hat es aber, fügt sie hinzu, selbst schon gebrochen, indem sie für den Ausbau ihres Büros Schwarzarbeiter beschäftigte. »Also«, schließt sie daraus, »erkenne ich den erzwungenen Respekt vor dem Gesetz einerseits an, respektiere es dann aber trotzdem nicht immer.«

René Föger ist 32, wuchs also in den Achtzigerjahren auf, doch er lebte als Kind bei den Großeltern in einem Tiroler Hochtal und lernte von ihnen ein Verständnis von Respekt, das noch ganz und gar den alten Regeln entsprach. »Respekt hatte man vor den vier Dorfheiligen zu haben«, erzählt er lachend, »das heißt, vor dem Bürgermeister, dem Arzt, dem Pfarrer und dem Lehrer. Und natürlich vor den Großeltern und überhaupt vor älteren Menschen.« Heute, sagt er, bedeutet Respekt für ihn, »den Menschen mit seinen Werten zu achten und zu schätzen«. Er hat aber auch immer noch »Achtung vor bestimmten Personen und vor Regeln«. – Allerdings nur, wenn sie ihm des Respekts auch würdig erscheinen.

Mithu Sanyal ist 38, sie wuchs in den Siebzigerjahren auf, kann sich aber dennoch gut an den »alten Respekt« erinnern. Von Kindern, sagt sie, wurde er nämlich auch damals noch erwartet, und in der Schule ebenso. Und sie geht davon aus, dass das alte autoritäre Verständnis von Respekt nicht völlig überwunden ist. Andere Interviewpartnerinnen und Interviewpartner im Alter zwischen Dreißig und Sechzig begannen das Gespräch mit mir mit dem Satz: »Ich gehe davon aus, dass Sie nicht den Respekt vor Autoritätspersonen und dergleichen meinen?«

Als ich im Senioren-Wohnhaus Upladin in Opladen eintraf, um die (vorwiegend weiblichen) Mitglieder des Literaturkreises zum Thema Respekt zu interviewen, mussten wir zuallererst ein erstaunliches Missverständnis klären. Die Frauen wollten nämlich nicht so gerne über Respekt reden, sondern lieber über Achtung. Damit erwies sich eine weitere meiner Annahmen als falsch. Die nämlich, dass ältere Menschen den Respekt der »alten Schule« zumindest in Teilen schätzen und vermissen. Doch die alten Damen, die ich hier traf, waren die ersten unter allen meinen Gesprächspartnern, die auf das Wort Respekt fast ausschließlich negativ reagierten. Sie verstehen darunter die autoritäre Variante, mit der sie groß wurden. Und mit der sie, wie sie betonen, schon lange nichts mehr zu tun haben wollen.

Frau Verbowski zum Beispiel erklärt ausdrücklich: »Ich wüsste nicht, dass ich irgendjemandem Respekt entgegenbringe. Ich kann jemanden bewundern, ja. Aber dass ich strammstehe oder dergleichen, das kann ich nicht sagen.« Frau Bezulla meint, sie müsse immer, wenn sie in unserem Gespräch »Respekt« höre, das Wort für sich in »Achtung« übersetzen: »Die ist mir viel geläufiger als Respekt. Respekt ist etwas, das sein muss. Wir sind ja so erzogen worden. Und er ist auch mit Macht verbunden.« Nicht zufällig macht Frau Bezulla, deren Generation vor Amtsinhabern und Würdenträgern automatisch Respekt haben musste, am Beispiel »Amt« deutlich, warum ein Begriff wie Respekt für sie fragwürdig ist. Da ist nämlich, sagt sie, einerseits das Amt und andererseits der Mensch, der dieses Amt innehat: »Und da kann es eine große Diskrepanz geben. Das Amt gebietet Respekt, aber den Menschen dahinter kenne ich ja gar nicht. Ich habe also vor dem Amt Respekt und zeige Respekt, aber in Wirklichkeit steht womöglich ein Mensch dahinter, den ich überhaupt nicht respektieren würde.«

– RESPEKT –

## Intermezzo

Ich schreibe seit Stunden an diesem Kapitel. Beschließe, ich brauche Bewegung und frische Luft. Im Park komme ich an einer Bank vorbei, auf der zwei junge Männer sitzen, beide um die zwanzig, beide in der einen Hand eine Zigarette, in der anderen eine Bierflasche, zwischen sich ein Radio. Der eine trägt eine Baseballkappe, der andere eine Wollmütze. (Da ich ihre Namen nicht kenne, nenne ich sie hier »Baseballkappe« und » Wollmütze«.) Ich bleibe vor ihnen stehen, lächle sie freundlich an und sage: »Darf ich Sie etwas fragen?«

Sie nicken und gucken neugierig.

»Ich schreibe ein Buch über Respekt«, erkläre ich ihnen. »Was ist denn Respekt für Sie? Was fällt Ihnen spontan ein, wenn Sie dieses Wort hören?«

Der eine schiebt sich die Mütze aus der Stirn und kratzt sich nachdenklich am Kopf. Der andere macht schon mal das Radio aus.

»Hm … Respekt …«

»Oder so rum«, biete ich an, »vor wem haben Sie Respekt?«

»Also, Respekt habe ich vor jemand, der – ja, wie soll ich sagen? Der sich aus 'ner blöden Situation irgendwie hochgerappelt hat. Meine Oma zum Beispiel, vor der hab ich Respekt. Dreizehn Kinder, nichts im Portemonnaie, und jetzt ist die reich.« Wollmütze sieht mich herausfordernd an. Ich schaue fragend zurück.

»Na ja, reich … Die hat's zu was gebracht. Und ihre Kinder auch, alle. Meine Mutter ist eine der gebildetsten Frauen, die hier rumlaufen. Die spricht drei Sprachen! Die spricht sogar noch Russisch. Tut ja sonst keiner mehr.«

»Ich habe Respekt vor Älteren«, sagt Baseballkappe. »Klar.«

Ich will wissen, warum das klar ist.

»Ja, weil die halt alt sind. Die haben schon viel erlebt und viel durchgemacht. Da hab ich Respekt vor.«

Ich wende ein, nur alt zu sein, das sei doch kein Verdienst. Ein alter Mensch könne in seinem Leben auch ganz Schreckliches getan haben, oder sich gerade jetzt ganz schrecklich verhalten.

»Ja, aber trotzdem. Der ist eben alt. Und die Alten, die bekommen ja keinen Respekt. Mit denen wird ja total respektlos umgegangen. Da ist es kein Wunder, wenn die schon mal unfreundlich sind.«

Sein Freund nickt. Ich frage ihn: »Haben Sie denn auch Respekt vor jemandem zum Beispiel, der Hartz IV bekommt und ziemlich am Ende ist?«

Er sieht mich an, als habe ich mir einen Scherz mit ihm erlaubt. »Warum soll ich vor dem Respekt haben?«

»Weil er ein Mensch ist?«

»Nur weil er ein Mensch ist?!« Wollmütze schüttelt fassungslos den Kopf. »Menschen sind wir alle, da müsste ich ja vor uns« – er weist auf sich und seinen Freund – »auch Respekt haben. Ich hab doch nicht einfach nur so vor Menschen Respekt!«

Das sieht Baseballkappe ein wenig anders. »Respekt«, sagt er, »das fängt schon damit an, wie mir einer entgegenkommt.« Er steht auf, entfernt sich ein Stück von uns und legt einen kleinen Slapstick hin: Schiebt sich die Mütze tief ins Gesicht, bohrt die Hände in die Hosentaschen und schlurft auf uns zu. Als er bei uns ankommt, schiebt er den Kopf vor, öffnet leicht den Mund, steckt sich die Zunge in die Backe und stiert seinen Freund herausfordernd an. Dann kehrt er in seine normale Haltung zurück und sagt lachend: »Das ist respektlos.«

Wollmütze grinst zustimmend.

»Und das ist respektvoll«, fährt Baseballkappe nun fort: Er geht wieder etwas zurück, kommt dann mit federndem Gang auf uns zu und wirft uns im Vorbeigehen einen freundlichen Blick zu.

»Wieso respektvoll?«, protestiert sein Kumpel, »das ist normal. Das ist einfach normal. Das ist das, was man erwarten kann.«

»Und Respekt ist mehr?«, frage ich nach.

»Nein«, sagte Baseballkappe. »Ja«, sagt Wollmütze. Sie unterhalten sich jetzt mehr miteinander als mit mir. Es geht darum, was man bei anderen voraussetzen kann, und was nicht. Was Respekt, und was »einfach normal« ist. Oder sein sollte. Das Gespräch macht ihnen sichtbar Spaß, sie stehen sich gegenüber, reden mit Händen und Füßen, lebhaft und angeregt.

»Wie merken Sie denn, dass jemand Sie respektiert«, unterbreche ich ihre Diskussion.

Nachdenkliches Schweigen. Dann: »Ja, wenn der so ganz normal mit uns redet. Sich einfach mit uns unterhält.« Verlegener Blick. »So wie Sie grade.«

»Also«, ergänzt Wollmütze, »wenn jemand mit uns reden will, so richtig, ich meine: ernsthaft.«

»Und auch zuhört, also wenn der hören will, was wir sagen«, fällt ihm Baseballkappe ins Wort.

»Haben Sie denn auch schon die Erfahrung gemacht«, frage ich nach, »dass das etwas Gegenseitiges ist? Dass man Respekt im anderen auch hervorrufen kann? Wenn ich zum Beispiel jemanden freundlich anlächle oder respektvoll anspreche, dann lächelt der so gut wie immer freundlich zurück und redet auch respektvoll mit mir.«

Beide nicken. »Ja, unbedingt!«

»Lache, und die Welt lacht mir dir. Weine, und du bist alleine«, sagt Wollmütze, der meinte, er könne Menschen nicht respektieren, nur weil sie Menschen sind. Er blickt dabei zu Boden. Sieht so aus, als wüsste er, wovon er spricht.

## – RESPEKT –

Zurück am Schreibtisch, zurück bei den Protokollen meiner Interviews. »Vor wem haben Sie Respekt? Und warum?«, das waren zwei Fragen, die ich allen meinen Interviewpartnerinnen und -partnern gleich zu Beginn stellte. Und wie schon erwähnt, fiel ihnen dazu sehr viel mehr ein, als zu der Frage, was sie unter Respekt verstehen. Einige nennen bestimmte Personen, vor denen sie Respekt haben. Doch es sind immer Menschen, die sie persönlich kennen und mit denen sie viel zu tun haben: Eltern, Geschwister, Freundinnen oder Freunde, Verwandte, Kolleginnen und Kollegen, der Chef oder die Chefin. Später, im Gespräch über Respekt in der Partnerschaft und Familie, erklären alle, sie hätten natürlich auch Respekt vor der Partnerin oder dem Partner, denn Respekt sei die Grundlage einer funktionierenden Beziehung. Mütter und Väter betonen, sie bemühten sich darum, mit den Kindern auf eine respektvolle Weise umzugehen.

Drei Frauen bringen ihren Respekt vor berühmten Menschen zum Ausdruck: Dorothee Plass, Hanna Krstic und Nicole Hero. Dorothee Plass macht selbst Filme und hat besonderen Respekt vor Buster Keaton und Jeanne Moreau. Vor der Schauspielerin, »weil sie in Würde altert«, und vor dem Stummfilm-Star, weil er, so Dorothee Plass, auf unnachahmliche Weise das Thema Selbstrespekt auf die Leinwand brachte. Hanna Krstic, die *Touch Life*, eine Massagemethode, praktiziert und lehrt und in Bosnien damit

Kriegsopfer behandelte, sagt: »Ich habe Respekt vor Menschen wie zum Beispiel Monika Hauser, der Gründerin von Medica Mondiale. Sie ist nach Bosnien gefahren, hat die Hilfe dort aufgebaut und nach 15 Jahren einen wirklich internationalen Verein auf die Beine gestellt.«

Die medizinische Dokumentationsassistentin Nicole wiederum arbeitet politisch in antifaschistischen Initiativen mit und hat deshalb nicht nur eine theoretisch anerkennende, sondern eine Herzensverbindung zu den historischen Heldinnen und Helden des Widerstands. Und sie hat »den allergrößten Respekt« vor Leopold Trepper, dem jüdisch-kommunistischen Widerstandskämpfer und Chef der »Roten Kapelle«, dessen Memoiren sie gelesen hat. Noch nicht einmal so sehr vor dem, was er im Widerstand geleistet hat, sagt sie, sondern dafür, wie er seine Mitstreiterinnen und Mitstreiter behandelte: »Diese Menschlichkeit in dieser brutalen Zeit. Also nicht nur an die Ziele zu denken, sondern Mensch zu bleiben und andere Menschen noch als Menschen wahrzunehmen. Das finde ich schon sehr beeindruckend.«

Sowohl Dorothee Plass, als auch Hanna Krstic und Nicole haben aufgrund ihres Berufes beziehungsweise ihres politischen Engagements einen inneren »Draht« zu den »Prominenten«, die sie benennen. Als ich sie frage, wen sie sonst noch respektieren, zählen sie, wie andere auch, Menschen auf, mit denen sie persönlich und direkt zu tun haben und die sich auf eine bestimmte Art und Weise verhalten.

Von all den anderen, die ich fragte, gab mir niemand zur Antwort, sie oder er habe Respekt vor einer historischen Figur oder einer Person des öffentlichen Lebens, einem Sportler etwa, einer Politikerin, einem Schauspieler, einer Musikerin oder sonst einem »Promi«. Auch Menschen, die gerne als Vorbilder genannt werden, wie Mutter Teresa zum Beispiel, tauchen in den Antworten nicht auf. Ob er wirklich vor jemandem Respekt habe, sagt ein Interviewpartner, das könne er doch nur wissen, wenn er denjenigen persönlich kenne – und somit auch dessen Verhalten.

Als ich dieses Kapitel gerade vorbereitete und nachlas, was ich an Aussagen gesammelt hatte, lud mich die Redaktion von *Der*

*Abend* auf swr1 zu einem Expertengespräch ein. Zu Beginn der Sendung wurde eine Straßen-Befragung eingespielt. Mehrere Passantinnen und Passanten in der Mannheimer Innenstadt erklärten, vor wem sie Respekt haben. Und auch sie benannten keine einzige bekannte Persönlichkeit. Stattdessen beschrieben sie Verhaltensweisen, die in ihnen Respekt auslösen. »Ich habe Respekt vor Menschen, die anderen helfen«, sagten sie zum Beispiel, »vor Leuten, die in einer Suppenküche arbeiten«, »vor Menschen, die liebevoll mit anderen umgehen«, »vor Managern, die den Mut haben, Fehler einzugestehen«.

Diese Passanten saßen nicht wie meine Gesprächspartnerinnen und Gesprächspartner bei einem Kaffee in einem angenehmen Raum und hatten Zeit zum Nachdenken. Sie saßen auch nicht vor ihrem Computer, um in aller Ruhe meinen Fragebogen auszufüllen. Sie bekamen auf der Straße ein Mikrophon vor die Nase gehalten und eine Frage gestellt, auf die sie sofort und spontan reagieren sollten. Und trotzdem gaben sie dasselbe zur Antwort, wie die Menschen, die ich interviewt hatte. Und bestätigten mir damit etwas, das mir aus meinen eigenen Interviews bereits geläufig war und das auch meiner eigenen Erfahrung und Haltung entspricht:

Es sind nicht in erster Linie Ansehen, Spitzenleistungen, Status oder Macht, die echten Respekt hervorrufen, sondern es sind ethische Haltungen und die ihnen entsprechenden Verhaltensweisen.

Anni, die in René Fögers Hotel seit Jahrzehnten als Kellnerin arbeitet, denkt lange nach, als ich sie frage, vor wem sie Respekt hat. Schließlich sagt sie mit einem leichten Achselzucken: »Vor Älteren. Vor den Eltern.« – »Und abgesehen davon?«, frage ich nach. »Vor wem hast du aus deiner eigenen Entscheidung heraus Respekt, und nicht, weil es sich so gehört?« Sie beharrt darauf, dass sie wirklich, und nicht nur aus Konvention vor Älteren Respekt hat: »Die haben schon so viel Schweres durchgestanden, den Krieg, die Armut früher.« Sie zuckt wieder die Achseln. Ich bohre weiter: »Und sonst?« Erneutes Nachdenken. Dann: »Wenn einer anständig ist. Wenn einer etwas für andere tut. Ich kenne zum Beispiel eine Frau, die kümmert sich um ihre kranke Mutter. Das ist viel Arbeit, das kannst du mir glauben, aber die jammert nie. Da hab ich Respekt.«

Die Gäste am Tisch gegenüber verlangen nach der Rechnung, andere wollen bestellen, Anni hat zu tun. Nach einer ganzen Weile kommt sie wieder zu mir. Und sagt unvermittelt und sehr ernst: »Wenn einer es zu etwas gebracht hat, aber sich nichts darauf einbildet und nicht auf andere herunterschaut. Vor so einem hab ich Respekt.« Anni respektiert die hierarchische Ordnung der ländlichen Gesellschaft, in der sie lebt und aufgewachsen ist. Aber ihr Herzensrespekt gilt denen, die anderen helfen und denen, die sich auf ihre »höhere« Position nichts zugute halten, sie nicht ausnutzen und sich schon gar nicht wichtig damit machen.

Das Alter, das Geschlecht, die Lebensgeschichte, die Erfahrungen, die ein Mensch gemacht hat und der Beruf, den er ausübt, haben Einfluss darauf, was er unter Respekt versteht und wen er warum respektiert. Jugendliche antworten anders als alte Menschen, Männer manchmal anders als Frauen, Migrantinnen und Migranten häufig anders als Deutsche, Hilfebedürftige anders als Helferinnen und Helfer, sozial Ausgegrenzte anders als beruflich Erfolgreiche. Doch egal, wie ihre Lebenssituation sich gestaltet, die meisten empfinden echten und tiefen Respekt vor Frauen und Männern, die in ihrem Verhalten Werte und menschliche Qualitäten zum Ausdruck bringen.

Die Menschen, vor denen sie Respekt haben, verfügen über:

- Aufrichtigkeit, Authentizität, Integrität;
- Mitgefühl, sie setzen sich für andere ein;
- Achtsamkeit und Freundlichkeit im Umgang;
- sie meistern einen Schicksalsschlag oder eine Krankheit;
- sie können Fehler zugeben und über sich selbst lachen;
- sie nehmen den anderen ernst, hören ihm zu;
- sie nehmen den anderen so, wie er ist, wollen ihn nicht umerziehen;
- sie verhalten sich anderen gegenüber respektvoll;
- sie zeigen Zivilcourage und engagieren sich sozial;
- sie respektieren Grenzen und die Privatsphäre des anderen.

# Ernst nehmen
## und ernst genommen werden

Wie zeigt man, dass man vor jemandem Respekt hat? Auf diese Frage bekam ich viele ähnlich lautende Antworten. Mehrere sagten zum Beispiel, sie äußerten ihren Respekt mittels Freundlichkeit, Offenheit und indem sie den anderen ernst nähmen. Für die 85-jährige Lilo Horn, die viele Jahre Dekanatsleiterin der Katholischen Frauengemeinschaft Deutschland war, heißt das, »dass ich die Ansichten des Menschen, der neben mir lebt oder mit dem ich arbeite, respektiere, auch wenn ich sie nicht für gut befinde. Aber er sieht sie ja in einem anderen Licht als ich.« Diese Offenheit, hat sie erfahren, »ist sehr wichtig, denn man hat ja nicht immer recht. Und der andere fühlt sich respektiert, wenn ich sage, ich höre mir das an, und wir können darüber reden.« Und apropos reden, fügt sie hinzu: »Ich bin sehr verschwiegen, wenn man mir etwas anvertraut. Auch das ist eine Form von Respekt.«

Der 26-jährige Francesco Pinto ist Elektromechaniker-Meister. Wenn »Not am Mann« ist, hilft er aber auch schon mal im italienischen Restaurant seiner Eltern aus. Auf die Frage, wie er jemandem zeigt, dass er Respekt vor ihm hat, antwortete er knapp: »Ich respektiere, was er macht und habe Verständnis für ihn.« Francesco ist nicht so sehr ein Mann der großen Worte. Man kann ihm aber, wenn er im Restaurant arbeitet, dabei zusehen, wie er mit den Gästen umgeht. Sein Respekt äußert sich in der höflichen Zurückhaltung, mit der er die Bestellung aufnimmt, ebenso wie in der Leichtigkeit, mit der er auf Bemerkungen und Scherze der Stammgäste eingeht. Er hat ein Gespür dafür, ob jemand Aufmerksamkeit und Beratung braucht oder lieber in Ruhe gelassen werden möchte, und wirkt dabei sehr selbstbewusst. Dieses Verhalten hat Francesco sich von klein auf von seinen Eltern, Anita und Franco Pinto, abgeschaut. Ich habe die beiden mehrmals gefragt, wie sie den Respekt ihren Gästen gegenüber ausdrücken. Sie hatten bloß nie Zeit, zu antworten, denn ihr Restaurant ist immer voll. Und das liegt nicht nur an der Küche, sondern auch an dem Umgangston, der hier vorherrscht.

Die Gefängnispfarrerin Eva Schaaf versucht, den Gefangenen ihren Respekt in Form von Höflichkeit zu zeigen. Das beinhaltet für sie, dass sie sich bei ihnen entschuldigt, »wenn ich mich zum Beispiel im Ton vergriffen habe, was bei meinem Temperament durchaus schon mal vorkommen kann«. Auch Thomas Münch, der lange als Sozialpädagoge arbeitete und inzwischen als Professor an der Fachhochschule Düsseldorf Sozialpädagoginnen und -pädagogen ausbildet, sagt, er drücke seinen Respekt durch Höflichkeit aus. Er beschreibt sich als einen »Freund von ganz traditioneller Höflichkeit. Zu meinem Selbstverständnis, auch professionell, gehört: höflich und zugewandt zu Menschen zu sein.« Für die Autorin Ulla Lessmann ist Respekt mehr als Höflichkeit. Höflich, sagt sie, ist sie jedem gegenüber. Respekt hat für sie »einen höheren Stellenwert. Da gucke ich erst mal, ob die Person meinen Respekt verdient. So, wie ich mir den Respekt anderer Leute verdienen muss.« Wenn sie jemanden respektiert, zeigt sie das durch ein Verhalten, das »über Höflichkeit hinausgeht: durch größeres Interesse, mehr Achtung. Ich lasse mich mehr auf den anderen ein, respektiere aber auch seine Grenzen.« Und auch für die Sozialpädagogin Monika Reisinger drückt sich Respekt unter anderem in »angemessener Distanz« aus.

Martina Domke arbeitet mit Flüchtlingen. Respektvolles Verhalten ist für sie »eine Grundlage für Kommunikation«. Wie es sich ausdrückt, meint sie, »ist schwer zu beschreiben. Klar ist, dass mein Gegenüber es spürt. Es beinhaltet: die andere Person ernst nehmen, freundlich sein, ihr Raum lassen. Wenn jemand zum Beispiel körperlich, von seinem Auftreten her eher distanziert ist, das so zu akzeptieren.« Sie denkt eine Weile nach und sagt dann: »Respekt heißt für mich auch, dass ich nicht alles auf mich selbst bezogen interpretiere. Dass ich mich nicht ins Zentrum der Welt setze, mich nicht so wichtig nehme.« In der letzten Teamsitzung mit ihren Kolleginnen, erzählt sie, wurde ihr plötzlich klar: »Wir sind eine Gruppe von zehn Frauen aus verschiedenen Ländern, jede mit ihrer Lebensgeschichte, ihrer Lebenserfahrung, ihren Hindernissen, Fähigkeiten, ihrer Persönlichkeit und Power – im Grund sind das zehn Universen. Und es erfordert Respekt voreinander, um gut miteinander umgehen und arbeiten zu können. Respekt heißt dann für mich auch, das überhaupt zu erkennen.«

Für die Autorin Mithu M. Sanyal bedeutet ein respektvoller Umgang mit anderen, Wertschätzung auszudrücken. »Man muss nicht«, wie sie lachend sagt, »die ganze Zeit Komplimente machen«, wobei sie es durchaus wichtig findet, andere zu loben. Wertschätzung heißt für sie vor allem: »Fragen zu stellen, Interesse zu signalisieren und nicht in erster Linie meine eigene Meinung zum Ausdruck zu bringen.« Sie zeigt ihren Respekt für andere auch bewusst durch ihre Körperhaltung, durch Blicke und Gesten: »Eine der großen Errungenschaften des Feminismus«, erzählt sie, waren für sie »die Studien über Körpersprache, die meine Wahrnehmung schärften: Wem wird zugehört? Auf wen wird sich bezogen? Zwischen welchen Personen finden welche Blickkontakte statt?« Seither ist es ihr wichtig, entsprechende Signale »möglichst gerecht zu verteilen«. Im Zusammenhang ihrer Arbeit bedeutet Respekt für die Journalistin und Buchautorin: »Ich benenne meine Quellen. Ich versuche immer, klarzumachen, wo ich etwas herhabe, wer die Vorarbeit geleistet hat. Ich denke mir ja nicht alles selber aus.«

Rita Stark, die ein Schreibbüro betreibt, sagt: »Respekt beruht auf Gegenseitigkeit und auf Ehrlichkeit. Bin ich zu meinem Gegenüber respektvoll und echt, kommt das auch so zurück.« Die Musikerin Sabine Frohndorf signalisiert, dass sie jemanden respektiert »durch Fragen stellen, dem anderen Zeit lassen, räumlichen Abstand halten, freundlich gucken«. Ulrike Rolf, Beraterin für Informationstechnologien, zeigt ihren Respekt »durch wohlwollende Worte, zustimmende Gesten und gute Nachrede«. Und auch für die Historikerin Hélène Naval ist Wertschätzung zu zeigen eine Art, anderen ihren Respekt auszudrücken. Und zwar, »indem ich sie lobe oder empfehle oder ihnen mal was schenke, sie bekoche«. Wie Mithu geht Hélène respektvoll mit ihren Quellen um. Sie eignet sich keine Gedanken und Erkenntnisse von anderen an und überprüft jede Information, bevor sie sie weitergibt. Das sind die Grundregeln des wissenschaftlichen und auch des (seriösen) journalistischen Arbeitens. »Es ist aber immer erfreulich«, meint Hélène mit einem spöttischen Lächeln, »wenn sich mal wieder jemand daran hält.«

Ich fragte meine Interviewpartnerinnen und -partner auch, woran sie merken, dass jemand ihnen mit Respekt begegnet. Diese Frage stimmte viele von ihnen nachdenklich. Nur wenige antworteten spontan darauf. Das wiederum brachte nun mich ins Grübeln. Heißt das, fragte ich mich, dass wir im Alltag nicht bewusst darauf achten, ob uns jemand respektiert? Dass wir es auf einer unbewussten Ebene zwar wahrnehmen, aber nicht so ohne weiteres sagen können, was diese Wahrnehmung auslöst? Oder nehmen wir schneller, bewusster und genauer wahr, dass – und wie – uns jemand den Respekt verweigert? Ich höre, ohne dass ich danach frage, immer wieder Geschichten darüber, wie jemand mal wieder respektlos behandelt wurde. Die Kassiererin im Supermarkt war unfreundlich, der Kellner kam ewig nicht, um die Bestellung aufzunehmen, die Verkäuferin in der Boutique war sich zu gut, um etwas aus dem Lager zu holen, der Handwerker kam schon wieder eine Stunde zu spät, der Liebste hat den Geburtstag vergessen, die Kollegin äußerte sich abfällig, der Chef hörte mal wieder nicht zu, und und und. Negative Verhaltensweisen fallen offenbar mehr auf (und manchmal mehr ins Gewicht) als die positiven Signale und Reaktionen, die wir gleichfalls bekommen.

Dennoch fanden meine Interviewpartnerinnen und -partner auch auf diese Frage Antworten. Die Autorin Miriam Klaas zum Beispiel fühlt sich respektiert, »wenn Menschen mir Vertrauen entgegenbringen, wenn sie mich einbeziehen in ihr Leben, ohne mich zu funktionalisieren, wenn sie ebenso an mir Interesse zeigen, wie sie meines voraussetzen«. Bei Unbekannten merkt sie es »atmosphärisch«, ob sie ihr »offen und vorbehaltlos« – sprich: mit Respekt begegnen. Dorothee Plass erkennt, dass sie respektiert wird, »an dem Maß, in dem ich einbezogen werde, in einem Seminar zum Beispiel oder einer Gruppensituation«. Sie erkennt Respekt auch daran, »dass und wie meine Meinung gehört wird, und dass man sich nicht mit ersten Urteilen über mich zufrieden gibt«.

Dass respektiert werden bedeutet, ernst genommen, gehört und anerkannt zu werden, ist immer wieder Thema, für alt und jung, und unabhängig davon, wie erfolgreich jemand in seinem Beruf ist oder nicht. Die Angst, nicht ernst genommen oder gar verlacht zu werden, plagt Jugendliche ganz besonders. Die Gymnasiastin »Auro« schreibt in ihrer Antwort auf den Fragebogen, den ich in ein Forum von LizzyNet gestellt habe: Damit sie sich von Erwachsenen respektiert fühlt, »müssen sie mich wie einen Gleichgestellten behandeln, und nicht wie ein Kind, das noch nicht weiß, wovon es redet«. Auch der 26-jährige Francesco Pinto sagt, er fühlt sich respektiert, wenn andere ihn gleichberechtigt behandeln und »vernünftig« mit ihm umgehen.

Aber selbst für den sehr viel älteren emeritierten Universitätsprofessor Georg Fülberth ist die Anerkennung von Gleichwertigkeit durch einen anderen – »dass für uns beide gleiche Regeln gelten, und dass seiner Meinung nach auch ich diesen Regeln gerecht werde« – ein Kriterium dafür, ob dieser Mensch ihm mit Respekt begegnet. Karin Meier, die für eine wissenschaftliche Fachzeitschrift arbeitet, in der ein hoher Anpassungsdruck an die »Corporate Identity« herrscht, sagt, damit sie sich von anderen respektiert fühlen kann, »müssen sie mich sehen, so wie ich bin und mir vor allem zuhören. Sie dürfen mich nicht verändern wollen, nur weil sie mich anders haben wollen.« Edda Sommer, die in einem großen Medienunternehmen beschäftigt ist, wünscht sich gleichfalls, »dass man mich mit meinen Fähigkeiten sieht und die akzeptiert. Und nicht dauernd versucht, mich ›umzuerziehen‹.« Für die Psychologin Anna bedeutet respektiert werden: »Die Person behandelt mich gleichwertig und nimmt mich mit meinen Schwächen und Stärken an.«

Das impliziert ein Interesse, das über reine Höflichkeit hinausgeht. Oder, wie die Lektorin und Übersetzerin Kirsten Lehmann es ausdrückt: »Dass sich jemand für mich, das Wie und Warum meines Handelns, für meine Überlegungen und Empfindungen interessiert, dass er oder sie nachfragt, zuhört – und sich an das, was ich von mir erzählt habe, erinnert!« Die Polizistin Nicole Metzinger betont, dass das Interesse erkennbar echt sein muss: »Menschen, die mich respektieren, begegnen mir höflich und ohne Angst oder einen Seitenblick. Sie haben eine offene Körperhaltung und sind mit dem ganzen Körper ›ganz Ohr‹.« Auch Rita Stark achtet nicht nur auf Worte, sondern zugleich auf gestische, mimische Signale und auf Blicke: »Eine Person, die mich respektiert, wirkt offen, sie kann mir in die Augen sehen.« Der Sozialpädagoge und Suchttherapeut Gert Levy sagt, er spürt es körperlich, ob eine Klientin, ein Klient Respekt vor ihm hat. Und: »Die Person verhält sich offen zu mir, hält die notwendige Distanz, bleibt im Gespräch beim Thema und so ›im Kontakt‹.«

Die überwiegende Mehrheit meiner Interviewpartnerinnen und -partner respektiert einen Menschen aufgrund seines Verhaltens und nicht aufgrund seiner Position oder Funktion. Das heißt jedoch nicht, dass der Respekt vor Funktions- und Würdenträgern völlig außer Mode gekommen ist. Ulla Lessmann zum Beispiel sagt klipp und klar: »Den meisten Respekt habe ich in Funktionen bekommen.« Ulla war unter anderem stellvertretende Landesvorsitzende des Verbandes Deutscher Schriftsteller, Vorsitzende des Ausschusses für Kulturpolitik der IG Medien Nordrhein Westfalen und ist derzeit Präsidentin der »Mörderischen Schwestern«, des Netzwerkes deutschsprachiger Krimiautorinnen. Sie ist aber auch eine erfolgreiche Journalistin und Autorin von Kriminalromanen und Satiren. Ich hätte eher angenommen, dass sie vor allem dafür und für ihre menschlichen Qualitäten Respekt bekommt, und sie wird ganz gewiss dafür respektiert. »Aber«, betont sie auf meinen ungläubigen Blick hin noch einmal, »mir begegnet häufig Respekt für die Funktion. Das ist in unserer Gesellschaft so.«

Sabine Juchem ist Friseur-Meisterin, sie führt mit ihrer Kollegin Angelika Kader zusammen einen Salon in der Kölner Innenstadt und unterrichtet an der Berufsschule für das Friseurhandwerk. Ihre Freundinnen und Freunde wissen ihre Intelligenz und Kreativität zu schätzen, und das gilt auch für viele Kundinnen und Kunden. Dass Letztere sie respektieren, merkt sie daran, »dass sie mit mir reden und zwar von gleich zu gleich«. Sie hat aber, sagt sie lachend, auch Kundinnen und Kunden, »die Friseurinnen für geistig minderbemittelt halten. Die mir im Gespräch zu verstehen geben, dass ich für sie Klein-Doofie bin. Oder die gar nicht mit mir reden.« Gleichzeitig erlebt sie, dass diese Geringschätzung ihrer Person die Anerkennung ihrer fachlichen Kompetenz nicht ausschließt: »Es gibt Kunden, die sind sehr zufrieden mit meiner Leistung als Friseurin und sagen das auch. Aber sonst schauen sie auf mich herunter. Ich bin für die nicht gleichwertig, und sie trauen mir auch nicht zu, dass ich intelligent sein könnte – weil ich Friseurin bin.«

Elvis, der »Berber«, ist der Einzige, der mir, bevor er auf meine eigentliche Frage antwortet, erst einmal erzählt, woran er erkennt, dass jemand ihn *nicht* respektiert. »Oft«, sagt er, »ist der Respekt nur gespielt. Das merkt man daran, wie die Leute gucken, da gleitet dann der Blick verschämt weg. Viele gucken weg. Auch wenn sie dir ein paar Cent in die Hand drücken, sie sehen dich nicht an. Das ist für mich respektlos. Aber«, fügt er lachend hinzu, »nach 26 Jahren auf der Platte habe ich Menschenkenntnis. Wenn ich bei einem merke, der hat was gegen Obdachlose, spreche ich den schon gar nicht an.« Nachdem ich mehrmals nachfrage, berichtet Elvis schließlich von den positiven Erfahrungen, die er auch macht. Er arbeitet stundenweise im Gulliver, der »Überlebensstation für Wohnungslose« hinter dem Kölner Hauptbahnhof, und das trägt nicht nur zu seiner Selbstachtung bei, sondern bringt ihm auch den Respekt von »Kollegen«, sprich: anderen Obdachlosen ein. Und auch »Normalbürger« begegnen ihm, der mit seinem Cowboy-Look und Elvis-Presley-Styling zu einer stadtbekannt Figur geworden ist, mit Achtung. »Es gibt Leute«, erzählt er, »die haben vielleicht erst mal keinen Respekt vor Obdachlosen, vor mir aber wohl. Ich höre oft ein ›Hallo Elvis!‹, sogar von Geschäftsleuten. Sogar von der Bundespolizei!« Er vermutet, dass das vor allem daran liegt, dass er saubere Kleidung trägt, nie schmutzig oder gar verwahrlost aussieht und immer höflich ist: »Das macht es manchem leichter, einen auch mal anzusprechen.«

Außer Elvis sagen nur noch Ellen und Georg von sich aus: »Ob jemand vor mir Respekt hat, das hängt auch von meinem eigenen Verhalten ab.« Wie Elvis sind sie Menschen, die am Rande der Gesellschaft leben oder lebten. Menschen, die von anderen verachtet werden und sich Anerkennung mühsam erringen müssen. Beide kümmerten sich in ihrem »alten« Leben nicht darum, was »Normalos« von ihnen hielten, entscheidend – und überlebensnotwendig – war für sie vor allem der Respekt, der ihnen innerhalb der »Szene« gezollt wurde.

Die 42-jährige Ellen verbindet Respektiertwerden mit Gemochtwerden. Und gemocht wurde sie früher, als Junkie, »nicht von allzu vielen«. »Warum das so war«, sagt sie mit einem selbstironischen Lächeln, »das hat natürlich auch mit mir zu tun, also damit, wie ich aufgetreten bin. Ich bin schon ziemlich dominant. Und früher war ich mehr als jetzt in manchen Sachen gnadenlos.« Mittlerweile aber, seit sie clean ist und wieder in ihrem Beruf arbeitet, wird sie von vielen respektiert – und gemocht. Auf die Frage, woran sie das erkennt, antwortet sie nach längerem Nachdenken: »Man schätzt mich und auch das, was ich tue, was ich sage, man fragt mich um Rat.« An ihrem Arbeitsplatz, in der Küche eines sozialen Projekts, fühlt sie sich respektiert, »wenn die sich nicht einmischen. Dann weiß ich, dass sie mit dem, was ich tue und entscheide, zufrieden sind, und dann weiß ich auch, dass das geschätzt und respektiert wird. Und ich kriege natürlich auch mal ein positives Feedback.«

Als ich Georg, der lange Zeit als Einbrecher »arbeitete«, frage: »Woran merkst du, dass dich jemand respektiert?«, verfällt er erst einmal in Schweigen. Und dann sagt er: »Wie Menschen mir begegnen, liegt mehr an mir, an dem, wie ich zu ihnen bin. Ich versuche, mich so zu verhalten, dass ich akzeptiert werde. Auch von Leuten, die ganz anders drauf sind als ich. Ich werde zum Beispiel in meinem Viertel, wo ich seit zehn Jahren wohne, inzwischen freundlich gegrüßt, ich bin da jetzt der nette junge Mann von nebenan.« Ich frage ihn, wie es ihm gelang, diese Anerkennung zu erreichen. Schließlich hatte er oft genug Besuch von der Polizei gehabt, war im Gefängnis gewesen, und all das war den Nachbarn nicht verborgen geblieben. »Man muss heute davon ausgehen, dass die Leute erst mal misstrauisch sind«, meint er. »Aber man sollte sich die Mühe geben, seinen Mitmenschen verständlich zu machen, dass man eigentlich okay ist. Man muss einen Weg finden, die Isolation zu durchbrechen. Ich bin freundlich. Ich tue keinem was Böses. Ich biete Leuten auch an, ihnen zu helfen.« An einem »Dankeschön«, einem Lächeln oder anerkennenden Nicken merkt Georg, dass sein Bemühen wahrgenommen und anerkannt wird. Das freut ihn nicht nur, sondern hebt auch sein Selbstwertgefühl. Was wiederum zur Folge hat, dass es ihm immer leichter fällt, anderen freundlich, offen und respektvoll zu begegnen.

## Intermezzo: Praxisbesuch

Gestern musste ich zum Orthopäden. Ich meldete mich an, gab meine Karte und die Überweisung ab, und dann beschied mir die Sprechstundenhilfe: »Sie dürfen dann im Wartezimmer Platz nehmen.« Ich verkniff mir den Impuls, zu fragen: »Warum ›dürfen‹?« Ich habe schon in der einen oder anderen Praxis versucht, darauf eine Antwort zu bekommen, erntete aber nur verständnisloses Schweigen. Ich weiß nicht, woher diese Floskel kommt und warum sie zu Beginn des zweiten Jahrtausends nach unserer Zeitrechnung so weit verbreitet ist. So stelle ich mir eher Schönbrunn vor hundert Jahren vor: Bürgerin hat Audienz beim kaiserlichen Hofmarschall. Kommt ins Vorzimmer des Vorzimmers, wo ihr ein Lakei mitteilt: »Sie dürfen dann hier warten.« Zum Arzt komme ich allerdings nicht als Bittstellerin, ganz davon abgesehen, dass die K&K-Monarchie meines Wissens bereits untergegangen ist. Zum Glück sagen die Mitarbeiterinnen meiner wichtigsten Ärztinnen: »Wenn Sie dann bitte im Wartezimmer Platz nehmen«. Oder auch: »Sie können schon mal im Wartezimmer Platz nehmen.« Und ich frage mich, ob ihre Wortwahl und ihr höflich-freundlicher Tonfall mit dem grundsätzlich respektvollen Klima in diesen Praxen zu tun haben.

*»Herr Doktor, ich habe beim Holzhacken zwei Finger verloren!«* – *»Schweigen Sie! Die Diagnose stelle immer noch ich!«*
Noch einer gefällig?

*Der Oberarzt zum Professor:* »*Der Simulant von Station 52 ist gestern gestorben.*« *Der Professor:* »*Na, jetzt übertreibt er aber!*« Ärztewitze gibt es anscheinend ohne Ende. Ich gab bei Google »arzt-witze« ein und erhielt 151 000 Treffer. Das heißt: 151 000 Sites. Wovon alleine der Link »ArztWitze« 235 Witze enthält. Ich habe ein paar Sites angeklickt und die Witze überflogen. Im Wesentlichen gibt es zwei Sorten: Die einen machen sich über die Patienten lustig, die anderen über die Ärzte. Die Qualität der einen wie der anderen ist sehr unterschiedlich. Eines allerdings haben sie alle gemeinsam: Der Arzt verhält sich immer respektlos gegenüber der Patientin oder dem Patienten.

Menschen, die zum Arzt gehen, möchten jedoch respektiert – und das heißt: ernst genommen werden. Viele artikulieren das inzwischen auch. Die gesellschaftlichen Veränderungen, die durch die politischen und sozialen Bewegungen der Sechziger- und Siebzigerjahre initiiert wurden, hatten Auswirkungen auf das Selbstverständnis von Medizinern und Patienten. Ich selbst zum Beispiel habe – als Kassenpatientin – sowohl eine Hausärztin als auch Fachärztinnen und -ärzte, die mir ihre Diagnosen verständlich erklären, mich über Behandlungen und Medikamente aufklären, auf meine Fragen antworten und Entscheidungen mit mir zusammen treffen. Das dauert, und ich nehme dafür etwas längere Wartezeiten in Kauf, denn ich kenne den – positiven – Grund dafür. Ich habe aber auch schon andere Erfahrungen gemacht, bei Fachärzten, mit denen ich vorher nie zu tun hatte, in deren Wartezimmern ich absurd lange herumsaß, und die sich benahmen wie die sprichwörtlichen »Götter in Weiß«, die von »mündigen Patienten« noch nie gehört haben. Zu solchen Ärzten gehe ich einfach nicht mehr hin.

Es gibt sie durchaus noch, die Mediziner und Medizinerinnen, die sich für unfehlbare Autoritäten halten, die ihren Patienten sagen, was sie zu tun haben, ohne irgendetwas zu erklären, geschweige denn, sich die Ängste und Bedürfnisse der Patienten anhören zu wollen. Und es gibt auch noch Patientinnen und Patienten, die sich das gefallen lassen. Weil sie denken, es müsse so sein. Dem Arzt dürfe man nicht widersprechen. Und weil viele, wenn sie zum Arzt gehen, ohnehin verunsichert und verängstigt sind, vor allem, wenn sie befürchten, an einer schweren Krankheit zu leiden oder die entsprechende Diagnose bereits erhalten haben. Skandale wie der um »Fangprämien«, die Krankenhäuser an Ärzte für Überweisungen bezahlen, Bücher und Presseberichte, die über die Zusammenarbeit von Ärzten mit der Pharmaindustrie, über Behandlungsfehler und »Kunstfehler« bei Operationen berichten, erschüttern das Vertrauen vieler Menschen stets aufs Neue. Doch die Hoffnung, der eigene Arzt wüsste schon, was er tut, auch wenn man es selber nicht versteht, ist offenbar größer. Und vielleicht auch die Angst, Nachfragen oder gar kritische Nachfragen könnten den Arzt, die Ärztin verärgern und negative Folgen für einen selbst haben.

Hier lebt er noch, der alte Respekt – vor »Respektspersonen«, nicht hinterfragbaren Autoritäten, und aus schierer Angst. Diese Art von Respekt hat nichts mit der Achtung zu tun, die man einem erfahrenen Arzt, einer guten Ärztin entgegenbringt, der oder die einen achtsam, kompetent und freundlich untersucht, berät und behandelt. Solche Ärztinnen und Ärzte verhalten sich auf eine Art, die eine Basis für grundlegendes Vertrauen schafft. Man weiß, dass sie einen als Patientin, als Patienten respektieren. Und auch wenn sie einmal etwas nicht sofort erklären oder sich unverständlich äußern, zweifelt man nicht an ihrer grundsätzlichen Haltung. Denn man ahnt, es kann an Zeitmangel und Überarbeitung liegen oder auch daran, dass sie an diesem Tag schon eine ganze Reihe anstrengender und fordernder Patienten hatten und deshalb etwas gereizt sind. Es gibt Patienten, denen es kein Arzt recht machen kann und die zwar verlangen, dass der Arzt sie respektiert, selbst aber dem Arzt keinerlei Respekt entgegenbringen.

Dass ich bisher mit vielen Ärzten gut zurechtkam, hat vielleicht auch damit zu tun, dass sie den Respekt, den ich ihrer Kompetenz und Erfahrung zolle (wenn ich den Eindruck von Kompetenz und Erfahrung gewinne) und das Vertrauen, das ich ihnen deshalb schenke, spüren. Dass ich mir aber den »Luxus« erlaube, Ärztinnen und Ärzte kritisch zu beurteilen und, sollte mein Urteil negativ ausfallen, zu wechseln, liegt daran, dass ich das nötige Selbstbewusstsein dafür habe. Es sind die »mündigen« Patientinnen und Patienten, die sich inzwischen ihre Ärztinnen und Ärzte aussuchen, die sich über verschiedene Behandlungsmöglichkeiten, Therapien und Medikamente genau informieren, die mit dem Arzt oder der Ärztin darüber sprechen und eventuell auch eine zweite oder dritte Meinung einholen. Diese Patientinnen und Patienten sind in der Mehrheit gebildet, sie verfügen oft auch über ein gewisses Einkommen und sind nicht selten privat versichert. Menschen, die weder einen höheren Schulabschluss noch einen gut bezahlten Beruf haben, werden seltener in Entscheidungen über ihre Behandlung einbezogen und öfter in kürzestmöglicher Zeit abgefertigt. Ärztinnen und Ärzte wiederum klagen über den enormen Zeitdruck, unter dem sie stehen, seit der Verwaltungsaufwand für sie ständig zunimmt und ihnen immer weniger Zeit für die Patienten lässt.

Ich fragte Freundinnen und Bekannte aus allen Schichten und sozialen Zusammenhängen, wie respektvoll ihre Ärztin, ihr Arzt mit ihnen umgehen – oder nicht. Ein Ergebnis dieser formlosen Umfrage bestätigt meine eigene Erfahrung: Je selbstbewusster jemand auftritt, desto eher hat sie oder er offenbar eine Chance, ernst genommen und respektvoll behandelt zu werden. Einerseits. Andererseits gibt es Ärzte, die auf ein solches Auftreten geradezu allergisch reagieren. Ärztinnen und Ärzte wiederum erkennen schnell, ob jemand nur meint, er wüsste alles besser. »Patienten, die stundenlang im Internet recherchieren und mir dann bei der Visite von vornherein erklären, was für eine Erkrankung sie haben und wie sie behandelt werden müssen, sind schon, nun ja … schwierig«, sagte mir ein Facharzt, bemüht, sich höflich auszudrücken.

Das schiere Gegenteil davon war meine Mutter. Sie hatte kein Abitur, Internet war für sie ein Fremdwort, aber sie hatte Vertrauen zu ihrem Hausarzt, zu den Ärzten in der Klinik und zu den Krankenschwestern und Pflegern, mit denen sie zu tun hatte. Sie behielt ihre freundliche Art auch in den schwersten Situationen bei und galt stets als »das Sonnenscheinchen der Station«. Und sie hatte nie Grund, sich zu beklagen. Die behandelnden Ärzte erklärten ihr jeden Schritt, den sie unternahmen, und das Pflegepersonal schaute immer wieder bei ihr vorbei, obwohl (oder weil) sie nie klingelte.

Es wäre allerdings naiv, daraus zu schließen, dass es in der

Beziehung zwischen Arzt und Patient vor allem auf das Verhalten des Patienten oder der Patientin ankäme. Standesdünkel, Überforderung oder beides zusammen führen gerade in Kliniken dazu, dass frisch Operierte vernachlässigt, nicht oder sogar falsch therapiert werden; dass die Visite zur »Wie-geht-es-uns-denn-heute?-Na-das-sieht-doch-gut-aus«-Farce wird; dass Kranke, die auf andere angewiesen sind, wie unmündige Kinder behandelt werden. Renate, eine Freundin, die ich nach ihren Erfahrungen als Privatpatientin befragte, wurde vor einiger Zeit operiert. Sie teilte das Zimmer mit einer gleichfalls frisch operierten Frau und ist immer noch schockiert über das Verhalten eines der Ärzte im Krankenhaus: »Während mein Urologe sehr nett, zugewandt und auskunftsbereit war«, erzählt sie, »erlebte ich ihren Chirurgen als arrogant und mit Chefarztallüren, von denen ich dachte, sie gehörten längst der Vergangenheit an.« Ihre Bettnachbarin hatte eine schwere Darmoperation hinter sich. Tagsüber, so Renate, ging es ihr relativ gut. Nachts jedoch, berichtet Renate weiter, »musste die arme Frau sich permanent übergeben und hatte Schmerzen. Bei der morgendlichen Visite sah sich der Chirurg die Narbe an – ›entwickelt sich prächtig!‹ – und erklärte alles andere als ›normal‹. Er ging auf die eher schüchternen Fragen meiner Nachbarin nicht ein, kümmerte sich nicht um ihre Nöte, prüfte nicht die Medikation, sondern entschwebte mit wehenden Rockschößen. Weil sie chefarztgläubig oder zurückhaltend oder gut erzogen war, protestierte sie nicht, obwohl ich sie dazu ermuntert hatte. In der zweiten Nacht fanden dann die erfahrene Nachtschwester und die diensthabende Internistin heraus, dass der Medikamentenmix, den die Frau für die Nacht erhielt, unverträglich war.«

Die sehr unterschiedlichen Antworten, die ich auf meine mündlichen Fragen und eine Mail-Umfrage bekam, ergeben im Grunde: Alles ist möglich. Man kann Hartz IV-Empfänger sein und eine Ärztin haben, die einen respektvoll und kompetent behandelt, man kann privat versichert sein und sich nur ausgenommen fühlen – und alle Varianten dazwischen. Es antworten jedoch mehr Frauen und Männer, sie fühlten sich von ihrem Arzt, ihrer Ärztin nicht respektiert als umgekehrt. Und einige vermuten, dass ihr sozialer oder ihr Versicherten-Status Einfluss auf die Behandlung nehmen. Ingrid zum Beispiel schreibt: »Bei Ärzten spiele ich meinen Doktortitel (auf den ich sonst keinen Wert lege) schamlos aus – das verschafft mir nach meinem Eindruck vor allem schon am Empfangstresen Respekt – ich könnte ja Ärztin sein. Der Arzt selbst unterstellt mir dann eher, dass ich verstehe, was er mir erklären will, und respektiert meine Nachfragen. Zumindest empfinde ich das so. Vielleicht tue ich da dem einen oder anderen Unrecht, weil er sich sonst nicht anders verhielte – aber ich probiere es gar nicht erst aus.« Und sie vermutet, sie habe es dank ihres Doktortitels »auch leichter, die sogenannten IGEL-Leistungen abzuwehren, die vor allem privat Versicherten gerne aufgeschwatzt werden.«

Auch Martin ist privat versichert und macht deshalb, wie er schreibt, »die Erfahrung, dass ich in den Wartezimmern meistens nur relativ kurz warten muss. Sobald ich es erwähne, so mein Gefühl, geht ein Ruck durch Ärzte und Praxishelferinnen, und ich werde zuvorkommender behandelt: schneller, aufmerksamer, länger. Das geht so weit, dass ich im Endeffekt den Eindruck habe, die Ärzte sind nur nett zu mir und zeigen nur Respekt, weil sie bei mir mehr abrechnen können. Und das tun sie auch. Ich habe viele Ärzte gewechselt, weil sie mir unsinnige Behandlungspakete verkaufen wollten. Hautärzte und Zahnärzte sind besonders schlimm. Bei den wenigsten habe ich da echten Respekt gespürt, sondern leider meistens nur die Dollarzeichen in den Augen. Während der Behandlung selbst waren viele Ärzte dann schlampig. Ich habe schon erlebt, dass ich dabeisitzen durfte, wenn ein Arzt mit einem Kumpel am Telefon sein Golfwochenende plante. Als er schließlich auflegte, erklärte er mir, ich sollte am besten meinen ganzen Unterkiefer neu machen lassen.« Will er nach derlei Vorschlägen wissen, warum der Arzt das für nötig hält, schreibt Martin weiter, »stellen sie auf stur und fühlen sich in ihrer Berufsehre beleidigt. Eine echte Begründung bekam ich selten. Allerdings«, fügt er hinzu, »diese Erfahrung habe ich nur mit Fachärzten gemacht. Mein Hausarzt verdient am wenigsten an mir, ist aber am freundlichsten und nimmt sich die meiste Zeit.«

Tina, die aufgrund einer chronischen Erkrankung viel und häufig mit Ärzten zu tun hat, fällt spontan ein Arzt ein, der sie mit den Worten »Was kann ich für Sie tun?« begrüßte. Sie hätte am liebsten geantwortet: »Ähm, ein Kaffee wäre nicht schlecht! Und mehr Geld verdienen möchte ich auch.« Diese Frage, erzählt sie, irritierte sie sehr: »Ich möchte von einem Arzt etwas anderes hören als von einer Verkäuferin in einer Boutique. Ich möchte als Mensch und nicht als Einkommensquelle gesehen werden – und in der Umkehrung meint das: als Patientin, und nicht am Ende des Quartals als Gefahr für das Budget! Ärzte übernehmen zunehmend eine Dienstleistungsmentalität und damit eine floskelhafte Höflichkeit, die als Respekt wahrgenommen werden soll. Das ist aber eine Mogelpackung. Respekt ohne Höflichkeit ist schwierig herzustellen, aber Höflichkeit ohne Respekt ist ganz einfach zu produzieren.«

Hanna, die wie Tina Kassenpatientin ist, macht sowohl positive als auch negative Erfahrungen mit Ärzten. Von ihrem Zahnarzt fühlt sie sich respektiert, denn »er nimmt sich Zeit, sich nach meinem privatem Befinden zu erkundigen, was mir das Gefühl vermittelt, dass er mich als ganzen Menschen und nicht nur als Zahn wahrnimmt. Er salbt meine Mundwinkel ein, für den Fall, dass sie während der Behandlung austrocknen, teilt mir bei jedem Schritt mit, was er gerade tut, und schaltet das ›Scheinwerfer-Licht‹ aus, sobald es nicht mehr gebraucht wird. Und seine Praxis ist auch noch so gut organisiert, dass keine Wartezeiten entstehen.« Genauso begeistert äußert Hanna sich über ihre Gynäkologin: »Sie begrüßt mich immer so offen und warmherzig, dass ich denke, sie freut sich, mich zu sehen, und interessiert sich für mein Wohlergehen – völlig gleichgültig, wie voll das Wartezimmer ist. Sie lässt mich nie unbekleidet warten oder irgendwo sitzen und klärt mich in jeder Situation darüber auf, was sie gerade tut. Sie hat Verständnis und Mitgefühl bei Ängsten. Und wenn ein ambulanter operativer Eingriff notwendig ist, vereinbart sie einen neuen Termin dafür. Das heißt, sie macht keinen Eingriff, bevor ich mich nicht darauf einstellen konnte.«

Bei ihrer Hausärztin dagegen vermisst Hanna den respektvollen Umgang, den sie vom Zahnarzt und der Gynäkologin gewohnt ist: »Sie schaut mir nie direkt ins Gesicht und nuschelt manchmal vor sich hin, während sie auf ihre Unterlagen oder in den Computer schaut. Ihr Händedruck ist gleichgültig, und ich komme mir vor wie ein Gegenstand, der zügig woanders hingeschoben werden soll. Wäre die Praxis nicht in der Nachbarschaft, und hätte ich nicht selbst die fachliche Kompetenz zu wissen, was ich von ihr brauche, würde ich sie nicht aufsuchen.« Hanna nimmt diese Ärztin, von der sie sich nicht ernst genommen fühlt, auch selbst nicht ernst. Sie nutzt sie nur »für gezielte Überweisungen«, würde sich ihr aber »im Notfall nicht anvertrauen«.

Was Hanna bei ihrer Gynäkologin als Zeichen von Respekt wahrnimmt – dass sie von ihr nicht nackt oder halbnackt sitzen gelassen wird, erlebte Ruth bei einer Orthopädin genau umgekehrt: Nach dem ersten Gespräch mit der Ärztin wurde sie in einen Umkleideraum geschickt und sollte den Oberkörper freimachen. Was sie auch tat. Sie rechnete allerdings nicht damit, dass sie eine halbe Stunde lang so in der Kabine würde warten müssen. Als die Ärztin endlich kam, entschuldigte sie sich für die lange Wartezeit, Ruth war etwas besänftigt. Nun sollte ihr Brustkorb geröntgt werden: »Ich wurde in ein dunkles Kabuff gebracht«, erzählt sie, »und nachdem die Aufnahme gemacht war, verschwand die Sprechstundenhilfe mit dem Satz: ›Warten Sie hier, die Ärztin kommt gleich.‹« Ruth fühlte sich erneut »sitzen gelassen und auf ein totes Gleis abgestellt, ohne zu wissen, was als Nächstes kommt – und wann!« Die Luft im Röntgenraum war stickig, Ruth wütend, also verließ sie das »Kabuff« und wartete auf dem Flur auf die Ärztin. »Irgendwann«, berichtet sie weiter, »trafen sich dort zwei Sprechstundenhilfen. Da fragte doch tatsächlich die eine die andere: ›Was macht *die* denn hier?‹ – Sie meinte mich damit.« Als die Ärztin schließlich wieder auftauchte, entschuldigte sie sich erneut. Ruth ließ sich abermals besänftigen, obwohl die wiederholte Respektlosigkeit, die sie in dieser Praxis erfahren hatte, ihr zu schaffen machte. »Es blieb«, sagt sie, »ein übler Nachgeschmack: Es soll ja auch zwischen Ärzten und ihren Helferinnen so etwas wie das Spiel ›böser Bulle – guter Bulle‹ geben … oder«, überlegt sie, »hat die Ärztin es bisher versäumt, ihren Angestellten zu vermitteln, wie sie ihre Patienten behandelt wissen möchte?«

Kirsten sagt lakonisch: »Ich kann mich an keinen Arztbesuch erinnern, bei dem ich rausgekommen wäre und gedacht hätte: ›Wow, hier habe ich mal erlebt, wie es aussieht, wenn Fachkompetenz und Achtsamkeit dem Menschen gegenüber zusammenkommen!‹« Sie kann sich allerdings, fügt sie hinzu, auch nicht über wirkliche Respektlosigkeit beschweren. Zumindest nicht ihr selbst gegenüber. Als sie jedoch vor ein paar Jahren ihre Mutter zu einem Kardiologen begleitete, erschrak sie über dessen Kälte und seinen Mangel an Respekt der alten Frau gegenüber.

Auch Jo machte mit Fachärzten, vor allem an Kliniken, die Erfahrung: »Respekt vor dem Patienten? So etwas kennen die nicht.« Seine Tochter leidet an einer komplizierten und lebensbedrohlichen Krankheit, und das hieß für die Familie lange Zeit, von einem Spezialisten zum nächsten zu laufen. Deren »Nicht-Respekt«, so Jo, »äußert sich darin, dass sie nicht hören können oder wollen, was der Patient oder ein Angehöriger ihnen mitteilt.« Er ist heute noch fassungslos über einen Arzt, der diagnostizierte, seine Tochter müsse sich einer schwierigen Operation unterziehen. Es ging um einen lebensgefährlichen Eingriff, aber dieser Arzt, erzählt Jo, bemühte sich nicht, dem Kind verständlich zu machen, was mit ihm geschehen sollte und warum. »Er erklärte stattdessen lapidar: ›Das müssen wir korrigieren.‹« Von solchen Ärzte, sagt Jo, »wird der Patient als eine ›Sache‹ gesehen, deren Gefühle niemanden interessieren. Und diese ›Sache‹ sollte auf keinen Fall Fragen stellen oder gar nachfragen!«

Mara vertraute sich in einer psychisch belastenden Situation ihrem Hausarzt an. Der empfahl ihr eine Psychotherapeutin, die sie auch aufsuchte. »Ich hatte keine Erfahrung mit Therapeuten und Therapien«, schreibt sie in ihrer Mail, »aber ich war aufgeregt und willens, mein Problem vor ihr auszubreiten. Ich habe also kein Blatt vor den Mund genommen und munter drauflosgeredet. Und nachdem ich ihr in einem 30-minütigen Monolog von meinem Problem berichtet hatte, sagte sie zu mir: ›Ihr Leben hört sich an wie ein schlechter Film.‹ Das hat mich damals derart umgehauen, dass ich die Praxis mehr oder weniger sprachlos verlassen habe und natürlich auch nie mehr hingegangen bin.« Sie habe eine Weile gebraucht, berichtet Mara weiter, »um zu kapieren, dass sie einfach die falsche Gesprächspartnerin für mich war. Aber das hätte sie mir von sich aus sagen können. Mich mit diesen Worten zu entlassen war unprofessionell und respektlos!« Später fand Mara eine Therapeutin, die ihr »dank ihrer offenen, freundlichen und sehr professionellen Arbeit sehr geholfen hat, meine Balance wiederzufinden«. Von dieser Frau fühlte sie sich respektiert: »Sie hat mir zugehört, mich aber auch kritisch hinterfragt, mich ein bisschen an der Hand genommen, aber auch ganz alleine machen lassen.«

Ulla schreibt mir in ihrer »Ärzte-und-Respekt-Mail«: »Ich bin eine schwierige Patientin« – und beendet den Satz mit dem lachenden Smiley. Sie fährt aber dann wieder ernsthaft fort: »Wenn ich zu lange warten muss, gehe ich, weil ich das respektlos finde.« Ende der Siebzigerjahre, erzählt sie weiter, wollte sie die Pille nicht mehr nehmen und mit ihrem Frauenarzt über »ein Diaphragma oder Ähnliches sprechen. Da sagte er: ›Jetzt kommen Sie mit diesem feministischen Blödsinn daher!‹ Da war ich natürlich auch weg, denn das war respektlos.« Respektvoll findet Ulla ihre Ärztin, denn: »Sie respektiert meine Ansichten und hört mich an. Ich habe zum Beispiel bislang eine Mammografie aus bestimmten Gründen abgelehnt, meine Ärztin respektiert das und versucht nicht, mich zu überreden.«

Wenn Gert bemerkt, dass ein Arzt sich respektlos verhält, geht auch er. Er fühlte und fühlt sich aber – von Ausnahmen abgesehen – fast immer respektiert. Denn seine Ärztinnen und Ärzte, listet er auf, »hören mir zu, wenn ich etwas sage. Sie nehmen meine Ängste ernst. Sie achten auch meine Hypochondrie. Sie reden mit mir ein klares Deutsch und nicht etwa Fachchinesisch. Und wenn ich trotzdem nicht verstanden habe, was mit mir los ist, dann antworten sie mir auf meine Nachfragen.«

Da wir zum Teil dieselben Ärztinnen haben, kann ich seine Einschätzung unterschreiben. Und das ist noch nicht alles: Gert, der unter anderem mit Heroinabhängigen arbeitet, hat schon häufig Klientinnen und Klienten zu ihnen geschickt. Menschen also, die nicht immer gute Erfahrungen mit Ärzten machen. Menschen, die manche Ärzte nicht im Wartezimmer haben möchten, da sie »normale« Patienten abschrecken könnten. Menschen, vor denen sich manche Ärzte sogar fürchten. Bei unserer Zahnärztin und unserer Hausärztin aber werden sie genauso gut und respektvoll behandelt wie alle anderen. Ärztinnen und Ärzte, die im Patienten einen vollwertigen Menschen sehen und nicht einen Fall, »einen Zahn«, wie Hanna sagt, oder ein erkranktes Organ, zeichnen sich vermutlich durch eine Haltung des grundsätzlichen Respekts vor dem Menschen aus. Und dieser Respekt ist für sie nicht teilbar in Kasse oder privat, arm oder reich, Junkie oder Normalbürger.

Das muss nicht heißen, dass sie mit allen gleich gut klarkommen. »Mit manchen kann ich einfach nicht«, gestand mir meine Hausärztin. »Es gibt Patienten, die sind ohnehin problematisch, und wenn die mir auch noch deutlich zeigen, dass sie keinen Respekt vor mir haben, wird es schwierig. Da kommt es schon vor, dass ich ihnen vorschlage, sich an einen Kollegen zu wenden.« Ansonsten verfügt sie über genügend Professionalität, um auch solche Menschen kompetent zu behandeln. Zu dem aber, sagt sie, was über die Professionalität hinausgeht, wie Mitgefühl und echtes Interesse zum Beispiel, ist sie in solchen Fällen nur eingeschränkt oder auch gar nicht imstande.

Ellen, die als ehemaliger Junkie unterschiedliche Erfahrungen mit Ärzten machte, hätte durchaus Verständnis für sie. »Es gibt schon Ärzte«, schreibt sie mir in ihrer Mail zum Thema »Ärzte und Respekt«, die »Menschen aus sozial schwachem Milieu auch so behandeln. Das kann man aber nicht verallgemeinern. Ich erlebe auch oft Ärzte und Sprechstundenhilfen, die einfach total überfordert sind. Und es gibt auch viele Patienten, die der Meinung sind, dass die Welt sich ausschließlich um sie drehen muss. Dementsprechend respektlos verhalten sie sich den Ärzten und dem Pflegepersonal gegenüber.«

Als ich dieses Kapitel längst abgeschlossen hatte, musste Rita ins Krankenhaus. Sie hatte eine seltene Krankheit, die fast immer tödlich endet. Operationen glücken nur in Ausnahmefällen, doch Rita hatte immerhin das Glück, dass es in Köln einen der wenigen Spezialisten für diese Krankheit gibt. Und die OP gelang. Aus der

Reha schrieb mir Rita dann folgende Zeilen: »Ich habe Respekt vor Menschen, die anderen Mut machen können. Ich habe Respekt vor Menschen, die anderen ihr Leben wiedergeben können. Ich habe Respekt vor menschlichen Menschen. Ich habe besonderen Respekt vor meinem Chirurgen, der alles drei in sich vereinigt.«

## – RESPEKT –

Ob beim Arzt, im Beruf, im Freundeskreis oder im Supermarkt, es sind fast immer dieselben Gründe, warum Menschen sich respektiert oder nicht respektiert fühlen. Respekt geht für viele über Höflichkeit und reine Freundlichkeit hinaus, drückt sich aber – unter anderem – in Form von Freundlichkeit und Höflichkeit aus. Und er kann auch ohne Worte vermittelt und wahrgenommen werden: anhand der Körperhaltung, von Gesten und vor allem Blicken.

Respektiert fühlen sich meine Interviewpartnerinnen und -partner, wenn jemand

- ihnen offen, ehrlich und freundlich begegnet;
- ihnen zuhört, sie ernst nimmt;
- sie anerkennt und wertschätzt;
- sie als Gleichwertige behandelt;
- ihnen vertraut;
- Interesse an ihnen, ihrer Arbeit und ihren Ansichten zeigt;
- sie in ein Geschehen oder eine Gruppe einbezieht;
- ihre Grenzen respektiert;
- sie sein lässt, wie sie sind und nicht versucht, sie »umzuerziehen«.

Und auf diese Weise drücken sie auch selbst ihren Respekt anderen gegenüber aus.

# Zwischenspiel: Von Autofahrern, Manieren und akademischen Titeln

Ich spaziere mal wieder durch den Park, um auf neue Gedanken zu kommen. Es ist ein sonniger Tag im späten August, der Spielplatz ist gerappelt voll mit Kindern, die vor Vergnügen jauchzen, ihre Mütter und auch einige Väter sitzen auf den Bänken und unterhalten sich, die gesamt Szenerie wirkt unglaublich relaxed. Ein kleiner schwarzgelockter Junge läuft alleine los, barfuß über den Gehweg, die Steine scheinen ihm nichts auszumachen, Neugier und Abenteuerlust sind größer. Seine Mutter sieht ihm etwas ängstlich hinterher, holt ihn aber nicht zurück. Der Junge marschiert leicht schwankend – er geht offensichtlich noch nicht allzu lange selbständig ohne Mamas Hilfe – auf die große Wiese zu. Hier sitzen immer ein paar obdachlose Männer bei ihrem Bier zusammen. Der Kleine landet genau zwischen ihnen, zu ihrer großen Freude. »Ups«, sagt einer freundlich und streckt vorsichtshalber die Hand aus, für den Fall, dass der Dreikäsehoch das Gleichgewicht verlieren sollte. Der hält sich aber stolz aufrecht und zeigt lachend seine vier Zähne. Er strahlt die Männer an, sie strahlen den Jungen an, ich strahle sie alle zusammen an, und sie strahlen zurück.

Ich habe das Lächeln noch immer im Gesicht, als ich an einer älteren, verhärmt wirkenden Frau vorbeikomme, die böse vor sich hin starrt. Aber vielleicht ist sie gar nicht böse, sondern verzieht das Gesicht, weil sie Schmerzen hat? Oder sie ist traurig? Woher will ich das wissen? Ich gebe ihr von meiner guten Laune ab, lächle sie an – und nach einem kurzen Zögern lächelt sie zurück. Wir nicken uns freundlich zu, und ich gehe glücklich und zufrieden weiter. Eine junge Frau kommt mir entgegen, im Kinderwagen, den sie schiebt, sitzt ein Mädchen mit Downsyndrom. Die Kleine guckt mich an und gluckst vergnügt. Mein Lächeln wird noch breiter, ich lache den beiden entgegen, die Mutter lächelt mir zu, als wären wir alte Bekannte. Der ganze Park vibriert vor gegenseitiger

Freundlichkeit und, ja, gegenseitigem Respekt. Es kann so einfach sein …

Ich kenne auch andere Tage. Wenn ich zum Beispiel morgens mit dem Rad über die Innere Kanalstraße fahre, eine Rennstrecke für die Autos, trotz der Starenkästen. Ich weiß, dass ich an jeder Ampel erst mal nach links gucken muss, bevor ich weiterfahre, denn es ist mir schon oft genug passiert, dass Autofahrer rechts abgebogen sind, ohne auf den Radweg zu achten. Ich fluche dann vor mich hin, wütend über so viel Rücksichtslosigkeit und Leichtsinn auf Kosten anderer. Wenn mir dann noch ein Cabrio-Fahrer, der mit mindestens siebzig Sachen von hinten angerauscht kommt, den Stinkefinger zeigt, weil ich ihn – zu meiner aber auch seiner Sicherheit – angeklingelt habe, dann weiß ich mal wieder: Bestimmte Autofahrer leben und fahren nach dem Motto »Platz da, nu komm icke!« Respekt vor anderen Verkehrsteilnehmern und deren Rechten? – Fehlanzeige!

Das Problem ist: Je mehr ich mich in meine Wut hineinsteigere, desto rücksichtsloser werde ich selber. Ich überhole eine andere Radfahrerin, obwohl der Radweg an dieser Stelle viel zu schmal dafür ist. Aber die Lady fährt mir zu langsam. Soll sie doch spazieren gehen, was muss die hier rumbummeln! Die hat wohl keine Termine! Als ich auf die nächste Ampel zurase, springt sie auf Rot um. Kein Grund anzuhalten, ich bin doch gerade in Schwung, und diese Bummlerin hat mich schon zu lange aufgehalten. Und so weiter. Ich unterscheide mich kaum noch von den ach so respektlosen Autorfahrern, über die ich mich ärgere. Aber respektlos sind halt immer die andern.

Was ist das überhaupt, »respektlos«? Ist es ein Mangel an guten Manieren, oder überhaupt an Manieren? Aber was sind Manieren? Früher hatte der Herr aufzustehen, wenn eine Dame den Raum betrat oder verließ. Wer tut das heute noch? Und wer vermisst es? Ich sicher nicht, und es hat sich auch noch keine meiner Freundinnen darüber beklagt. Gute Manieren gerade zwischen den Geschlechtern hatten und haben viel zu tun mit der Vorstellung, Männer wären stark und Beschützer und Frauen schwach und des Schutzes bedürftig. Eine amerikanische Feministin erwiderte einmal auf die

Frage eines Mannes, ob er ihr den Koffer tragen dürfe: »Gerne, solange ich deshalb nicht weniger Gehalt bekomme.« Gute Manieren und das damit verbundene respektvolle Verhalten entsprechen der Gesellschaft, die sie hervorbringt und einfordert. Sie haben noch niemanden davon abgehalten, andere zu unterdrücken, zu schikanieren, zu quälen oder auch zu töten. Und sie sehen in jeder Epoche oder sogar Generation anders aus.

Es gibt, jenseits von starren Benimm-Regeln, eine einfache Höflichkeit, die aus ein paar ganz und gar nicht aufwendigen Grundregeln besteht: andere nicht zu unterbrechen und nicht anzuschreien; zu grüßen; bitte zu sagen, wenn man etwas möchte; sich zu bedanken, wenn einem jemand geholfen, einen Gefallen erwiesen oder etwas geschenkt hat. Kommt dazu noch ein freundlicher Blick, ein Lächeln, eine verbindliche Geste, kann der andere sich respektiert fühlen. Diese Höflichkeit ist unabhängig von Schichtzugehörigkeit, Alter, Geschlecht und Ländergrenzen, sie ist zeitlos, und jedes Kind kann sie lernen.

Die Respektlosigkeit, mit der manche Kinder Erwachsene und andere Kinder plagen, hat weniger mit einem Mangel an Manieren zu tun als damit, dass sie vielleicht unglücklich und verunsichert sind, dass sie überfordert oder gelangweilt sind und dass sie nicht gelernt haben, die Bedürfnisse anderer Menschen wahrzunehmen und zu respektieren. Die Frage, warum so viele Kinder mit Psychopharmaka gefüttert werden, an ADHS erkranken, aggressiv, computersüchtig und lerngestört sind, beschäftigt Psychologinnen und Pädagogen seit längerem. Es kann an allem Möglichen liegen, vom Leistungsdruck, der schon auf Grundschüler ausgeübt wird, über das Abdriften in virtuelle Welten, bis hin zur erzieherischen Verunsicherung vieler Eltern, die wiederum die unterschiedlichsten Ursachen hat.

Kinder wollen auch Grenzen austesten, und das können sie nicht, wenn sie sich ständig respektvoll verhalten. Sie müssen erst einmal herausfinden, wo die Grenzen verlaufen und warum es sinnvoll sein könnte, sie zu respektieren. Jugendliche wollen provozieren, nicht alle, aber viele, ich wollte das in dem Alter auch. Und ich habe mich gefreut, wenn es mir gelang. Die Schimpftiraden à la »So eine wie dich sollte man vergasen!«, die eine bestimmte Art von Mitbürgerinnen und Mitbürgern dann auf mich losließen, bestätigten mich in meiner Weltsicht. Wenn ich heute Punks sehe, die ostentativ auf den Boden spucken, dann finde ich das nicht gerade appetitlich, aber ich weiß, dass hinter diesem Verhalten Verzweiflung, Wut, das Bedürfnis nach Abgrenzung und eine sehr sensible Seele stecken können.

Respektlosigkeit braucht jemanden, der sich auf eine bestimmte Art verhält, und jemanden, der dieses Verhalten als respektlos empfindet. Doch das Empfinden muss nicht mit der Absicht übereinstimmen, das Verhalten lässt nicht immer auf den Charakter schließen. Wenn zum Beispiel Kinder in der Straßenbahn sich mit ihren schweren Schulranzen auf den Sitzplatz plumpsen lassen und dann, erschöpft und manchmal auch leicht überdreht, miteinander herumalbern, ohne auf die anderen Fahrgäste zu achten, dann tun sie das nicht aus Respektlosigkeit, sondern weil sie nach dem stundenlangen Stillsitzen und Aufmerksam-sein-Müssen ein Ventil brauchen. Die alte Frau aber, die Schmerzen im Bein hat und sich danach sehnt, sich hinsetzen zu können, empfindet diese Kinder möglicherweise als vollkommen respektlos: Keines kommt auf die Idee, mir seinen Platz anzubieten!

Oder eine andere Situation, gleichfalls täglich zu beobachten: Junge Leute in der Straßenbahn legen die Füße auf dem gegenüberliegenden Sitz ab. Das kann zur Folge haben, dass derjenige, der diesen Sitz anschließend benutzt, Schmutzspuren auf der Kleidung davon trägt. Das ist de facto rücksichtslos. Muss es aber notgedrungen auch heißen, dass die jungen Leute respektlos sind? Sie denken vielleicht einfach nicht nach, sie versuchen, cool zu wirken, sie machen nach, was andere ihnen vormachen. Ich saß einmal in der Bahn neben einem jungen Mädchen, das die Füße auf der Bank hatte und eine weiße Jeans trug. Ich sagte – freundlich und höflich – zu ihr: »Guck mal, auf der Bank ist jetzt der Straßenschmutz von deinen Schuhen. Stell dir mal vor, du setzt sich da mit deiner hellen Jeans drauf.« Sie erschrak richtiggehend. Nahm die Füße sofort herunter und wirkte verlegen. Sie war ein nettes Mädchen, sie hatte sich hübsch gemacht, vielleicht für eine Party, und sie war möglicherweise auch aufgeregt. Böse gemeint hat sie es jedenfalls nicht, es war ihr noch nicht einmal bewusst, dass ihr Verhalten rücksichtslos war. Und als es ihr bewusst wurde, hat sie sich dafür geschämt.

Wäre sie nicht alleine gewesen, sondern mit ihrer Clique zusammen, wäre sie vielleicht genauso erschrocken, hätte sich aber nicht getraut, es zu zeigen. Sie hätte die Füße vielleicht auf der Sitzbank gelassen und mich ignoriert. Die Meinung der Peergroup ist wichtiger als die einer dahergelaufenen Erwachsenen. Aber dasselbe Mädchen kann einer alten Frau im Supermarkt die Tür aufhalten. Und dasselbe junge Mädchen kümmert sich vielleicht zu Hause um die jüngeren Geschwister. Ich weiß es nicht. Ich kenne sie nicht. Und deshalb muss ich ihr nicht gleich unterstellen, sie wäre grundsätzlich respektlos.

Ich weiß aus eigener Erfahrung auch, dass man sich respektlos oder scheinbar respektlos verhalten kann, ohne es zu wollen. Deshalb bemühe ich mich, anderen nicht sofort Respektlosigkeit zu unterstellen, sondern mich zu fragen, warum sie sich so benehmen. Und ich weiß, wie leicht man sich manchmal umgekehrt, wenn einem selbst etwas widerfährt, das man für respektlos hält, zu Zorn und Selbstgerechtigkeit verführen lässt, die Situation damit eskaliert und sich und anderen schadet. Wenn ich zum Beispiel als Radfahrerin einem unachtsamen Autofahrer nur Schlechtes unterstelle und sofort wütend werde, dann laufe ich Gefahr, mich selber respektlos zu verhalten – und das auch noch gegen Menschen, die mit dem ärgerlichen Vorfall gar nichts zu tun haben. Die Frage nach den Gründen für sein Verhalten dagegen führt zu einer Verzögerung, und diese kurze Pause entschärft die Situation. Ich kann mich entspannen und muss auf mein respektloses oder scheinbar respektloses Gegenüber gar nicht oder zumindest nicht aggressiv reagieren. Er hätte mich beinahe geschnitten? Na gut, aber letztlich ist mir nichts passiert. Vielleicht ist er ja selber erschrocken und passt beim nächsten Mal besser auf. Mir selbst fällt es auch leichter, mir einen Fehler einzugestehen, wenn ich nicht dafür beschimpft werde.

Im Kölner Stadtanzeiger erschien mitten im Sommerloch ein

Artikel mit dem Titel »Unterm Strich zähl ich« – ein Lamento darüber, wie rücksichtslos, egoistisch und respektlos unsere Mitmenschen sich verhalten. Kaum ein anderer Artikel provozierte so viele Zuschriften von Leserinnen und Lesern. Und diese Leserbriefe waren durchaus kontrovers. Erst wurden vor allem die zustimmenden abgedruckt. »Ethik, Werte, Moral, Respekt sind einem Teil der Gesellschaft abhandengekommen«, beklagt ein Herr aus Kerpen. Welchen Teil der Gesellschaft er im Visier hat, macht er auch gleich klar – den unteren: »Offensichtlich halb blinde mit Sonnenbrillen behaftete Mütter« und »Macho-Väter«, die einem »den Stinkefinger zeigen«. Und deren Nachwuchs natürlich, der wenigstens in der Schule »zu wohlfeilen Bürgern erzogen« werde sollte.

In diesem Ton äußerten sich viele. Aber es gab auch Briefe wie den einer Leserin aus Köln. Sie stellt nicht in Abrede, dass es rücksichtslose, respektlose und egoistische Menschen gibt, und sie hat selbst entsprechende Erfahrungen gemacht. Aber, schreibt sie dann, man kann dem etwas anderes entgegensetzen, als sich in der Opferrolle zu gefallen: »Ich bedanke mich als Radfahrerin bei Autofahrern, die sich besonders umsichtig verhalten, oder bei Hundebesitzern, die ihre Tiere anleinen. Ein Dankeschön tut mir nicht weh, vermeintliche Rechte hin oder her. In Kassenschlangen bricht mir kein Stein aus der Krone, wenn ich Leute vorlasse.« Und ein Leser aus Köln schrieb: »Ich gehe am Stock. Aber ich scheine eine rühmliche Ausnahme zu sein. In der U-Bahn bietet mir ein junger Mann sofort seinen Platz an, ein junges Mädchen geht für mich durch die ganze Bahn und entwertet mein Ticket, weil das nahe Kästchen außer Betrieb ist. Überall treffe ich auf freundliche, hilfsbereite Menschen. Ich bedanke mich mit einem Lächeln. Man lächelt zurück – und die Welt ist in Ordnung.«

Was diese beiden beschreiben, kenne ich aus eigener Erfahrung und Anschauung. Wenn ich anderen offen und freundlich begegne, bekomme ich fast immer Freundlichkeit zurück. Schwieriger sind die anonymen Begegnungen, in denen jeder in sich selbst versunken und auf die eigenen Bedürfnisse fixiert ist, und sich sagt: Ich habe diesen Parkplatz zuerst gesehen, also hole ich mir den jetzt auch, koste es, was es wolle! Ich habe Grün, also gebe ich Gas und mache dem Fußgänger Beine, der jetzt noch schnell über die Straße laufen will. Ich muss diese Bahn unbedingt kriegen, also Ellenbogen raus, keinen angucken und mich durch die Masse kämpfen! In solchen Situationen kennt man den anderen nicht, man sieht ihn noch nicht einmal richtig, es gibt keinen Blickkontakt, keinen Austausch von Worten. Solche Szenen laufen verbissen und, von Schimpfwörtern abgesehen, stumm ab. Anders gesagt: Man bezieht sich nicht auf einen konkreten Menschen, sondern auf einen abstrakten Gegner und Konkurrenten. Man nimmt gar nicht wahr, wie man sich verhält, und wenn es einem hinterher bewusst wird, ist es einem vielleicht sogar peinlich und unangenehm.

Und natürlich gibt es die Egoisten und Egoistinnen, die durch ihr Verhalten klarmachen: »Du bist erst dran, wenn ich versorgt bin!« Und da sind auch noch die Wichtigtuer, die nur vor der eigenen Meinung Respekt haben, und all diejenigen, die sich grundsätzlich, oder jedenfalls häufig, anderen gegenüber aggressiv verhalten, egal, ob der andere eine abstrakte Größe für sie ist oder ein ganz realer Mensch, der sie vielleicht sogar höflich anspricht. In einem ganz alltäglichen und weitgefassten Sinne ist das Verhalten dieser unangenehmen Zeitgenossinnen und Zeitgenossen respektlos. Doch echte Respektlosigkeit richtet sich gezielt gegen ganz bestimmte Menschen.

Zu echter Respektlosigkeit gehören eine Haltung und die Absicht, diese Haltung zum Ausdruck zu bringen. Wer andere für weniger wert als sich selbst erachtet, weil sie eine andere Herkunft, Hautfarbe, Religion, ein anderes Geschlecht, eine andere soziale Stellung und berufliche Position haben, weil sie weniger angesehen, weniger begabt, weniger eloquent, weniger vermögend, weniger fit, weniger gesund, weniger flexibel, weniger schön, weil sie schwächer, langsamer, hilfloser, älter oder jünger sind, der oder die wird sich ihnen gegenüber respektlos verhalten. Diese Haltung kommt im Verhalten zum Ausdruck und bedient sich des Verhaltens. Wenn ich jemanden des Respekts nicht für wert erachte, wenn ich jemanden bewusst herabsetzen und verletzen will, dann ist mein Verhalten, auch wenn ich versuche, es zu kaschieren, respektlos. Und während nicht jedes unfreundliche und rücksichtslose

Verhalten von sich aus schon respektlos sein muss, geht Respektlosigkeit umgekehrt manchmal mit besten Manieren einher. Höflichkeit kann auch kalt, arrogant und verletzend sein.

Viele Menschen, mit denen ich sprach, erzählten, ihre Chefs ließen es ihnen oder allen Mitarbeitern gegenüber an Respekt fehlen. Da gibt es den Vorgesetzten, der nie lobt, aber gerne kritisiert und in Besprechungen einen Ton anschlägt, der als arrogant und herabsetzend empfunden wird. Da ist die Abteilungsleiterin, die eine Mitarbeiterin spüren lässt, dass sie kein Abitur hat, und nicht bemerkt, dass diese Mitarbeiterin mit ausländischen Vertragspartnern in ebenso perfektem Englisch wie Spanisch verhandelt. Da ist der Redaktionsleiter, der sich vor anderen über eine Praktikantin lustig macht und die junge Frau immer wieder ins Messer laufen lässt.

Arroganz und Egozentrik verbinden sich gerne in einer Person und äußern sich in Form von gezielten Respektlosigkeiten. Da beide, Arroganz wie Egozentrik, oft auf Unsicherheit zurückgehen, haben Menschen, die andere herablassend bis verächtlich behandeln und weder deren Person noch Arbeit respektieren, oft den Eindruck, andere würden ihnen selbst nicht genügend Respekt erweisen. Menschen, die sich, aus welchen Gründen auch immer, sehr wichtig nehmen und nur solchen Leuten respektvoll begegnen, die ihnen an Macht und Ansehen überlegen sind, klagen häufig, es gäbe heutzutage keinen Respekt mehr. Sie können sich endlos darüber ergehen, wer sich wieder wo und wie respektlos benommen hat. Und sie fließen geradezu über vor Respektlosigkeit all denen gegenüber, die nicht ihrem Lebensstil, ihrer Ästhetik oder ihren Moralvorstellungen entsprechen. Respektlos sind immer die anderen.

Ich beobachtete einmal eine interessante Situation im Redaktionssekretariat eines großen Senders: Eine freie Autorin brauchte sofort und unbedingt einen mehrstündigen Studiotermin, um einen aufwendigen aktuellen Beitrag zu produzieren. Sie erklärte der Redaktionssekretärin, warum sie so spät dran war, entschuldigte sich dafür, obwohl es nicht ihre Schuld war, und bat sie, »mal wieder zu zaubern«. Im Sender war nichts mehr zu machen, alle Studios waren ausgebucht. Die Redaktionssekretärin versuchte ihr

Bestes, aber auch das Zaubern klappte nicht. Sie konnte das Problem meiner Kollegin trotzdem lösen, indem sie ihr kurzerhand ein Studio außer Haus buchte. Die bedankte sich aus ganzem Herzen dafür, und auch für den Aufwand, den die Sekretärin ihretwegen betrieben hatte. Darauf erwiderte sie ihr mit einem leicht maliziösen Lächeln: »Ach, wissen Sie, für manche geht immer was.«

Ein paar Tage später lief mir eine andere Kollegin über den Weg, aufgeregt und wutentbrannt. Als ich fragte, was los sei, beschwerte sie sich über genau diese Sekretärin. »Ich habe ihr gesagt«, tobte sie, »dass ich noch diese Woche Studiozeit brauche. Und dann erklärt die mir, es ist kein Studio mehr frei. Das kann doch nicht wahr sein! Wir können als Autoren doch wohl ein bisschen mehr Respekt für unsere Arbeit erwarten!« Ich habe die Kollegin nicht gefragt, ob sie die Arbeit der Sekretärin respektiert. Ob sie weiß, dass die Frau seit Jahrzehnten beim Sender und hochkompetent ist, und dass allen, die direkt mit ihr zu tun haben, vor dem Tag graut, an dem sie in Rente geht.

Stattdessen habe ich die Redaktionssekretärin gefragt, wie Autorinnen und Autoren mit ihr umgehen. »Die meisten sind klasse«, antwortete sie, »mit denen kommt man gut aus. Die wissen auch, dass wir hier nicht Däumchen drehen. Es gibt sogar welche, die stehen in der Tür und fragen erst mal, ob sie reinkommen können.« Ich fasste mich innerlich an der Nase. Das tue ich nämlich nicht. »Die sind auch nicht eingebildet«, fuhr sie fort, »die meisten zumindest. Und dann gibt es welche, aber das sind wirklich die Ausnahmen, da hat man das Gefühl, die halten einen für ihre Privatsekretärin. Die schlagen einen Ton an ...« Sie verdrehte lachend die Augen. »Und es muss alles immer von jetzt auf gleich gehen. Komischerweise dauert es bei denen dann aber oft grade länger ...«

Sie ist leider noch immer nicht ausgestorben, und manchmal habe ich den Eindruck, sie erblüht gerade wieder neu: die Arroganz derer, die einen Studienabschluss, eine bestimmte Position oder einen gesellschaftlich angesehenen Beruf haben und deshalb glauben, sie seien anderen überlegen, diese anderen müssten ihnen Respekt erweisen, sie selbst aber müssten die anderen nicht respektieren. Als im Sommer letzten Jahres bekannt wurde, dass hunderte, wenn nicht tausende Doktortitel in diesem Land käuflich erworben wurden von Leuten, die sich die Dissertation von anderen schreiben oder sich von ihnen dabei »helfen« hatten lassen, war die Aufregung groß. Kaum eine Zeitung, die das Thema nicht von einem renommierten Akademiker kommentieren ließ. Die Erklärungen, die die echten Doktoren für das Phänomen lieferten, liefen stets darauf hinaus, dass ein Doktortitel zu höherem Einkommen und höherem Prestige führt und manche Stellen ohne den Dr. phil., Dr. jur. oder was auch immer gar nicht zu haben sind.

Meine Hausärztin hat keinen Doktortitel und ist trotzdem eine ausgezeichnete Ärztin. Ihre Patientinnen und Patienten wissen das. Es soll aber Menschen geben, die sich von einem Arzt oder einer Ärztin ohne den Dr. med. vor dem Namen nicht behandeln lassen möchten. Nun könnte man einwenden, der Arztberuf – oder sollte ich besser sagen, der Ärztestand? – sei untrennbar mit dem Titel verbunden. Man sage ja immer »Herr Doktor« zum Arzt, und da könne man wohl erwarten, dass er einer sei. Aber auch Rechtsanwältinnen und Notare, Steuerberater und Betriebswirtinnen, PR-Agentinnen und Marketingberater, Hühnerzüchter, Salesmanagerinnen und sogar Journalisten lassen sich den Doktor auf Visitenkarte und Briefpapier drucken und setzen ihn sich in ihrem Mailabsender vor den Namen. Sie tun das nicht alle aus Eitelkeit oder Titelsucht. Sie wissen nur, dass sie dank des Titels (fast) immer respektabler erscheinen und im Ansehen steigen. Dass sie damit oft genug eine schnellere oder überhaupt eine Antwort, eine Information oder einen Termin erhalten. Und diejenigen, die den Akademikern an Fachwissen, Kompetenz und Erfahrung in nichts nachstehen oder ihnen sogar überlegen sind, machen nicht selten die Erfahrung: Für die Beförderung, für die Einladung zur Fachkonferenz, für die größere Anerkennung in Behörden fehlt ihnen der Titel. Die Historikerin Hélène Naval sagte mir, dass sie an der Universität von manchen Leuten nicht für voll genommen wird, weil sie keinen akademischen Titel hat. Und das trotz all ihrer Publikationen und ihrer öffentlichen Anerkennung als Expertin in ihrem Fachgebiet. Wir haben zwar, damals, Ende der Sechzigerjahre, den »Muff von tausend Jahren« aus den Talaren gebürstet.

Wir haben aber den unhinterfragten Respekt vor den Talaren selbst nicht abgeschafft.

Als ich mich neulich bei einer Freundin über den Titelwahn, der allenthalben grassiert, lustig machte, meinte sie, die nicht studiert hat: »Aber wenn einer ein Doktor ist, dann hat er dafür doch etwas geleistet. Der hat jahrelang studiert und eine Doktorarbeit geschrieben und was weiß ich noch alles. Das muss man doch anerkennen.« Sie habe noch nie verstanden, fügte sie hinzu, warum ich meinen Doktortitel verschweigen würde. Ich sagte ihr, dass ich das gar nicht tue, sondern ihn genau wie andere ab und zu taktisch einsetze. Weil er mir manchmal die Arbeit erleichtert. Ich finde es nur fragwürdig, dass das nötig ist. Dass ich mit den zwei Buchstaben vor dem Namen mancherorts weiterkomme als eine titellose Kollegin, die mindestens genauso kompetent ist wie ich. Dass ich mehr von einem bestimmten Respekt und den damit verbundenen Privilegien bekomme als sie. Denn diese Art von Respekt ist mit Privilegien verbunden. Und schafft zweierlei Maß.

Es stimmt, dass man für einen Doktortitel etwas leisten muss. Man muss studiert, einmal im Leben selbständig geforscht und die Ergebnisse dieser Forschung zu Papier gebracht haben. Ein Studienkollege von mir hat über »Das Tier bei Musil« promoviert. Ein völlig legitimes Thema. Was er heute macht, und ob diese Doktorarbeit beruflich für ihn noch relevant ist, weiß ich nicht. Ich kenne genügend Leute, die nach der Promotion nie wieder einen Fachartikel gelesen, geschweige denn eine Weiterbildung gemacht haben. Die völlig fachfremd arbeiten und in ihrem Beruf gut sind oder auch nicht, aber mit dem Thema ihrer Promotion hat das alles nichts zu tun.

Meine Freundin Martina Domke hat nicht studiert. Sie arbeitete viele Jahre lang bei Rechtsanwälten, die auf Asylrecht spezialisiert sind, und erwarb sich im Laufe der Zeit ein Fachwissen, das an das der Anwälte heranreichte. Ihre Chefs wussten das und wussten es zu schätzen. Offiziell jedoch war Martina nichts, sie hatte gerade mal das Abitur. Sie war noch nicht einmal Anwaltsgehilfin, denn dafür hatte sie keine Lehre gemacht. Eines Tages beschloss sie, doch noch eine offizielle Ausbildung zu machen, und zwar zur

Sozialarbeiterin mit Schwerpunkt Migration. Heute leitet sie den »Fachdienst Migration« bei einem großen sozialen Träger. Unzählige Menschen verdanken ihrer fachlichen Kompetenz und ihrem Engagement die Anerkennung im Asylverfahren oder die Legalisierung ihres Aufenthalts, und einige verdanken ihr im ganz wörtlichen Sinne das Leben. Einen akademischen Titel hat sie noch immer nicht. Und erfreulicherweise braucht sie auch keinen, denn in Fachkreisen hat sie sich auch so einen Namen gemacht und die ihr zustehende Anerkennung gefunden. Die Arbeit, die sie im Laufe ihres Lebens geleistet, und die Erfolge, die sie erreicht hat, halte ich für wertvoller als so manche Doktorarbeit, einschließlich meiner eigenen.

Ich komme aus Österreich, dem Land der Titelsucht. Hier werden auch die Gemahlinnen der Herren Doktoren als »Frau Doktor« angesprochen. Am Tag nach meiner Promotion ging ich in die Bäckerei, um mir Semmeln zum Frühstück zu holen. Ich sah aus wie immer, trug Jeans, irgendeinen Pulli und eine Lederjacke, und war zudem noch ungeschminkt und ziemlich verschlafen, denn ich hatte am Vortag ordentlich gefeiert. Direkt hinter mir kam die Gattin des Internisten aus dem Nachbarhaus herein – im Pelzmantel. Die Bäckerin wandte sich sofort ihr zu: »Frau Doktor, was darf es sein?« Als die »Frau Doktor« alles hatte, was sie brauchte, kam ich an die Reihe: »Das Fräulein?« Diese Titulierung, und dann auch noch ohne ein »Sie wünschen?«, ist so ziemlich das Abfälligste, was einer Wiener Bäckerin einfallen kann. Ich musste lachen, denn es war einfach komisch. Die Bäckerin schüttelte verärgert den Kopf und knallte mir die Tüte mit den Semmeln auf den Verkaufstresen. Vermutlich fand sie mich sehr respektlos.

# Beim besten Willen nicht

Als ich meine Interviewpartnerinnen und -partner fragte, vor wem oder wovor sie Respekt haben, stellte sich heraus, dass sie Menschen nicht aufgrund von Begabung, Höchstleistungen, Bekanntheit, Machtstellung, Position etc. respektieren, sondern aufgrund ihres Verhaltens. Auf die gegenteilige Frage – vor wem sie keinen Respekt haben – ergab sich dasselbe: Die gesellschaftliche und soziale Stellung, Religionszugehörigkeit, Geschlecht oder Alter sind für sie kein Grund, jemanden nicht zu respektieren. Ein Mensch muss sich auf eine ganz bestimmte Art und Weise verhalten, damit sie keinen Respekt vor ihm haben. Sie verweigern ihren Respekt auch Personen, die sie nicht unbedingt persönlich kennen, wie Rassisten, Nazis, Vergewaltigern, Männern, die Kinder missbrauchen, Menschenhändlern, Diktatoren. Doch viele nennen zuerst Verhaltensweisen, mit denen sie in ihrem Leben direkte Erfahrungen machten oder gerade machen, und die ihnen bei Menschen in ihrer privaten, beruflichen, nachbarschaftlichen oder sonstigen Umgebung begegnen.

Keinen Respekt haben die Menschen, mit denen ich für dieses Buch gesprochen habe, vor Personen, die

- nicht authentisch, nicht integer und unehrlich sind;
- anderen schaden, ihnen Gewalt antun, sie quälen oder unterdrücken;
- egoistisch sind und egoistisch handeln;
- andere verachten und herabwürdigen;
- arrogant, angeberisch und dünkelhaft sind;
- Macht missbrauchen und andere manipulieren;
- sich in ihr Schicksal ergeben, anstatt sich aus dem Sumpf zu ziehen.

Wie schon bei der Frage, wen sie warum respektieren, spielt auch hier das Alter meiner Interviewpartnerinnen und -partner eine gewisse Rolle. Viele Jugendliche zum Beispiel respektieren Menschen nicht, die Vorurteile haben, intolerant sind oder andere diskriminieren. »Und Leute, die auf ihrem Standpunkt beharren, ohne die Meinung anderer auch nur in Betracht zu ziehen«, wie »Miss-Marie«, eine der Userinnen des Internetportals für Mädchen, LizzyNet, schreibt. All das passiert Jugendlichen selbst, sie haben aber auch ein feines Gespür dafür, wenn es anderen widerfährt. Mädchen vor allem können und wollen niemanden respektieren, der gewalttätig ist. »Generell«, schreibt »Auro«, eine andere Nutzerin von LizzyNet, »respektiere ich ein Verhalten nicht, das andere Menschen verletzt, ob physisch, psychisch oder wie auch immer.« Sie fügt allerdings hinzu: »Eine ganze Person nicht zu respektieren, fällt mir schwer, weil ich der Meinung bin, dass jeder Mensch seine guten Seiten hat – wie auch seine schlechten. Und die guten Seiten, auch wenn sie noch so klein sind, haben den Respekt verdient, dass man wenigstens versucht, sie kennenzulernen.«

Frauen und Männer, die schon ein paar Jahrzehnte länger gelebt haben, sagen häufig, wie die 69-jährige Übersetzerin Marie Kindermann: »Ich habe keinen Respekt vor Menschen, die sich aufblasen und bei denen ich durch Lebenserfahrung zu erkennen meine, dass hinter ihrem Verhalten nur warme Luft steckt. Mehr Schein als Sein halt.« Georg Fülberth, emeritierter Universitätsprofessor, ist ein Jahr älter als Marie Kindermann und hat keinen Respekt vor »Menschen, die moralisieren und die dabei propagierten Maßstäbe für sich selbst nicht gelten lassen«. Die 51-jährige Autorin Ruth Sopher kann Leute nicht respektieren, »bei denen eine zu große Diskrepanz zwischen dem, was sie sagen, und dem, was sie tun, liegt«. Und mein 86-jähriger Vater hat keinen Respekt »vor Leuten, die sich einbilden, sie wären mehr als andere«. Die, fügt er hinzu, »haben es aber meistens auch nötig. Das habe ich in meinem Leben immer wieder erlebt: Je weiter einer das Maul aufreißt, desto weniger steckt dahinter.«

Ulla Lessmann ist 57, Autorin, und seit vielen Jahren politisch und gewerkschaftlich aktiv. Als ich sie frage, vor wem sie keinen Respekt hat, antwortet sie spontan: »Vor Leuten, die behaupten: ›Letztlich ist jeder käuflich.‹« Diesen Satz höre sie in letzter Zeit häufig, gerade auch von Leuten unserer Generation. »Er bedeutet vermutlich, dass sie selbst inzwischen käuflich sind«, mutmaße ich. Ulla denkt einen Moment nach und stimmt mir dann zu. »Ich habe auch keinen Respekt«, sagt sie, »vor Renegaten und Opportunisten«. Ich will wissen, was genau sie unter »Renegaten« versteht, denn diesen Begriff verbindet man leicht mit dem Wortschatz dogmatischer Kommunisten. Nein, winkt Ulla ab, es gehe ihr nicht darum, dass jemand im Laufe des Lebens seine politische Meinung ändert. Mit »Renegaten« meine sie »Altachtundsechziger zum Beispiel, die jetzt behaupten, sie hätten alles, aber auch alles falsch gemacht, und die damit nicht nur sich selbst meinen, sondern auch alle anderen. Und«, fügt sie hinzu, »die damit auch noch Geld verdienen wollen.«

Viele meiner Interviewpartnerinnen und -partner jenseits der dreißig sagen, angesichts von Unehrlichkeit, Heuchelei, zweierlei Maß vergehe ihnen der Respekt. Die 60-jährige Autorin Miriam Klaas bemerkt zwar: »Menschen haben ja oft auch die Gegenseite ihrer hervorstechenden Charakterzüge in sich. Insofern passiert es kaum, dass ich Menschen überhaupt nicht respektieren kann.« Dann aber zählt sie Eigenschaften auf, durch die ihr Respekt geschmälert wird: »Unaufrichtigkeit, Rücksichtslosigkeit, Grausamkeit, Angeberei, Machtgebaren und Rechthaberei, pures Vorteilsdenken, Opportunismus, Dünkel und überdurchschnittliche Bequemlichkeit.«

Stärker noch als das Alter bestimmen private und berufliche Erfahrungen, Wertvorstellungen und das persönliche Umfeld, wen beziehungsweise welches Verhalten jemand nicht respektieren kann und will. Hätte ich jedoch meine Interviewpartnerinnen und -partner gefragt, ob sie Menschen den Respekt verweigern, die anderen mit Absicht psychisch oder physisch schaden, sie hätten vermutlich alle »ja, natürlich!« geantwortet. Einige kamen auch ungefragt darauf zu sprechen, und mehrere von ihnen arbeiten mit Menschen, die Gewalt, Ausgrenzung und Herabsetzung ausgesetzt sind, oder haben selbst Erfahrung damit gemacht.

Die Filmemacherin und Kunstpädagogin Dorothee Plass arbeitet an einer Schule für lernbehinderte Kinder, die häufig auch sozial benachteiligt sind. Dorothee verweigert ihren Respekt ausdrücklich »Menschen, die andere süffisant und mit Wohlbehagen quälen und demütigen, die mich und andere benutzen, die ganz bewusst sich über andere stellen«. Mechtild Bierther, die vor ihrer Pensionierung als Lehrerin an einer Hauptschule unterrichtete, die damals noch »Sonderschule« hieß, sagt: »Ich habe gar keinen Respekt vor Menschen, die andere quälen zum Beispiel. Das kann ich nicht begreifen und versuche es auch gar nicht.« Anna kennt als Psychologin die vielen Traumata, unter denen Menschen leiden. Und sie empfindet keinerlei Respekt vor »Leuten, die unterdrücken, die aus Vorsatz anderen schaden, die andere verletzen, die Lust haben, andere zu quälen, die unehrlich zu sich und anderen sind, die sich im Selbstmitleid baden, andere manipulieren und subtil Macht ausüben«. Rainer Spitz, der körperlich behindert ist und deshalb immer mal wieder schief angesehen wird, hat keinen Respekt »vor Leuten, die auf andere herabblicken«. Zelal, die in der Türkei politisch aktiv war, gefangen genommen und gefoltert wurde und heute in Deutschland mit Migranten arbeitet, sagt gleichfalls klipp und klar: »Ich habe keinen Respekt vor Leuten, die Menschen verachten.«

Ellen, die als Kind misshandelt und sexuell missbraucht wurde, wuchs in Heimen auf, riss immer wieder aus und war, wie sie sagt, »ein wildes Kind und ziemlich gewalttätig«. Aber, schränkt sie ein, »ich bin niemals auf Schwächere losgegangen«. Selbst in ihrer schlimmsten Zeit als Junkie, betont sie, »habe ich keine alte Frau überfallen oder einen alten Mann oder sonstwie hilflose Leute. Das kam für mich nicht infrage.« Und somit hat sie auch »keinen Respekt vor Menschen, die absolut gewalttätig sind, gegenüber allen, die keine Unterschiede mehr machen. Die ne Oma, ein Kleinkind oder was weiß ich, einfach plattmachen.« Dass Jugendliche heute »auf einen, der am Boden liegt, noch draufspringen«, kann sie nicht nachvollziehen. So etwas, da ist sie sich sicher, »haben wir zu meiner Zeit nicht gemacht. Und vor so etwas kann man ja wohl auch keinen Respekt haben.«

Eva Schaaf ist Pfarrerin und respektiert, wie sie sagt, aus theologischer Sicht jeden als »Kind Gottes«. In ihrer Arbeit im Gefängnis ist sie aber gelegentlich mit Menschen konfrontiert, die sie in diesem Selbstverständnis überfordern. Sie kann zum Beispiel »Männern keinen Respekt zeigen, die Frauen und Kinder misshandelt und vergewaltigt haben«. Ihr Kontakt zu solchen Männern, sagt sie, »bleibt schon auch mal auf der formellen Ebene hängen. Die rationale Unterscheidung zwischen Tat und Täter hilft da emotional nicht automatisch weiter.« Auch ihr, gesteht sie, sind »Gefühle von Ekel, Hass, Abwehr nicht unbekannt. Wenn mich solche Gefühle überwältigen, und ich mich nicht auf die individuelle Geschichte einlassen kann, die ja eine Schuldverstrickung in den meisten Fällen verständlich macht, dann breche ich den seelsorgerischen Kontakt ab.« Sie bietet dem Gefangenen dann an, dass ein männlicher Kollege seine seelsorgerische Betreuung übernimmt. Eva Schaaf findet das pragmatisch gesehen durchaus vernünftig. Dass sie aber trotz ihrer christlichen Grundüberzeugung bestimmte Menschen aufgrund ihrer Taten nicht respektieren kann, erlebt sie als »Scheitern«.

Viele meiner Interviewpartnerinnen und -partner haben keinen Respekt vor Menschen, die arrogant sind, sich selbst für etwas Besseres halten und andere herabsetzen und verächtlich machen. Rita Stark zum Beispiel, die ein Schreibbüro leitet und seit langem die Interviews für meine Bücher transkribiert, kann »beim besten Willen keinen Respekt vor Menschen haben, die sich über andere auf deren Kosten lustig machen, die andere in die Pfanne hauen, die sofort merken: Der ist schwächer als ich, dem ›halte ich jetzt mal den Hals zu‹«. Der Journalist Martin Stümper hat keinen Respekt vor »Menschen, die auf Kosten anderer Erfolg haben beziehungsweise Karriere machen«. Und vor »arroganten Schnöseln, die vermeintlich niedriger gestellte Menschen wie Menschen zweiter Klasse behandeln.«

»Es gibt Menschen, da löst sich mein Respekt in Luft auf«, sagt Martina Domke, Leiterin des »Fachdienstes Migration« eines großen sozialen Trägers. Sie meint damit Menschen, die sich durch »unsoziales Verhalten, Bereicherung auf Kosten anderer, Arroganz und Egozentrik« auszeichnen. Wobei für sie, fügt sie hinzu, in dieser Negativ-Liste Arroganz an erster Stelle steht: »Respekt ist für mich der zentrale Punkt im Umgang mit anderen, und arrogante Personen haben keinen Respekt vor anderen. Sie ignorieren die Persönlichkeit, die Situation, die Bedürfnisse der anderen Person und setzen sich selbst absolut in den Mittelpunkt. Respekt bedeutet für mich auch, dass man sich einen Raum teilt, arrogante Menschen aber beanspruchen den Raum für sich allein.«

Die Historikerin Hélène Naval verweigert den Respekt »Leuten, die alles kalt lässt; Menschen, die Schlechtes aufdecken könnten und es nicht tun; Frauen, die Männer erziehen und unterstützen, die ihnen und anderen Frauen schaden«. Sie hat aber auch keinen Respekt »vor Gescheiterten, die nur einen kleinen Schritt gehen müssten und ihn nicht gehen«. Rosi Stolz, die LizzyNet, das Internetportal für Mädchen redaktionell betreut, nennt auf die Frage, vor wem sie keinen Respekt hat, als Erstes: »Nazis, Neonazis, Vergewaltiger, Menschen, die Kinder quälen, die mit Kinderpornografie handeln, die in ihrem Handeln keinerlei Moral an den Tag legen.« Dann aber sagt auch sie, sie könne außerdem Menschen nicht respektieren, »die sich aufgegeben haben, die keine Verantwortung für sich selbst übernehmen und sich dadurch immer als Opfer sehen«. Sie würde sich allerdings wünschen, dass solche Menschen »einen Funken Respekt für sich selbst empfänden, um sich wieder aufrichten zu können«.

Elvis, der seit Jahrzehnten als »Berber« durch die Lande zieht und nun schon seit längerem in Köln »Platte macht«, zögerte eine Weile, ehe er meine Frage »Vor wem haben Sie keinen Respekt?« beantwortete. Dann sagte er, immer noch nachdenklich: »Es gibt welche, die sich wirklich gehen lassen, denen ihr Leben scheinbar egal ist. Da kommt schon eine kleine Verachtung auf.« Elvis bezeichnet sich zwar selbst als Berber – also als einen Menschen, der aus eigener Entscheidung auf Wanderschaft ist, er respektiert aber auch »Kollegen«, die nicht freiwillig oder nicht erklärtermaßen freiwillig auf der Straße gelandet sind. Er weiß aus eigener Erfahrung, wie schwer das Leben als Obdachloser ist und wie häufig man auf Ablehnung und Verachtung stößt. Trotzdem sagt er, jeder würde schließlich die Einrichtungen kennen, in denen man sich und seine Klamotten waschen kann. Es müsse also keiner völlig verwahrlost herumlaufen. Und denen, die sich noch nicht so gut auskennen, würde er gerne erklären, wo sie welche Art von Unterstützung finden.

Das Unverständnis für Menschen, die »sich gehen lassen«, die sich selbst zerstören oder sich nicht gegen ihre Zerstörung durch andere wehren, ist weit verbreitet – und damit auch der Mangel an Respekt vor ihnen. Wenn man selbst keinen Kontakt zu solchen Menschen hat, ihre persönliche Geschichte ebenso wenig kennt, wie die Bedingungen, unter denen sie vielleicht groß geworden sind, wenn man ihnen nur auf der Straße begegnet oder in der Zeitung etwas über sie liest, dann kann man ihr Verhalten vermutlich nicht nachvollziehen. Umgekehrt haben aber auch häufig diejenigen keinen Respekt vor ihnen, die sich selbst in einer vergleichbaren Situation befanden – und daraus befreien konnten.

Als Aktivistinnen der neuen Frauenbewegung Ende der Siebzigerjahre die ersten Häuser für geschlagene Frauen einrichteten, wurden sie immer wieder mit einem erschreckenden Phänomen konfrontiert: Viele der misshandelten Frauen, die in den Häusern Schutz und Zuflucht fanden, kehrten nach einiger Zeit zu ihren Männern zurück. Und das nicht nur einmal, sondern mehrmals hintereinander. Anfangs herrschten Fassungslosigkeit und auch Enttäuschung vor. Doch je mehr Wissen feministische Psychologinnen und Sozialarbeiterinnen sich über frühkindliche Traumatisierung und erlernte Hilflosigkeit aneigneten, desto besser verstanden sie, warum die Frauen sich so verhielten. Es machte sie wütend und traurig und manchmal auch bitter, aber sie »revanchierten« sich nicht, indem sie den Frauen den grundlegenden Respekt entzogen. Und sie stießen mit dieser Haltung, auch innerhalb der Frauenbewegung, manchmal auf wenig Verständnis.

»Um der Hoffnungslosen willen ist uns Hoffnung gegeben«, schrieb Walter Benjamin. Ich habe nie ganz begriffen, was er damit meinte, aber das Zitat hat es mir immer schon angetan. Ich lese es so, dass niemand jemals völlig aufgegeben werden darf, auch wenn er oder sie für sich selbst keine Hoffnung mehr hat. Ich kenne allerdings nur wenige, die sich von »hoffnungslosen Fällen« nicht abwenden und ihnen den Respekt nicht verweigern. Die diese Menschen mit derselben Höflichkeit ansprechen wie Ihresgleichen. Die sie ansprechen, als *wären* sie Ihresgleichen. Diese wenigen sind Menschen mit einem tiefen und am Sozialen orientierten Glauben, wie zum Beispiel die legendäre Schwester Alexa, die in Köln über Jahrzehnte hinweg Ansprechpartnerin für Obdachlose war. Und es sind vor allem Sozialarbeiterinnen und Sozialarbeiter, die im sogenannten »niedrigschwelligen« Bereich arbeiten. Das heißt: Das Ziel ihrer Arbeit besteht nicht in erster Linie darin, Menschen zum Ausstieg aus einer elenden Situation zu verhelfen, sondern in dem, was man *harm reduction* nennt: die Verminderung von Leid. Konkret heißt das zum Beispiel: Obdachlose und Drogenabhängige direkt auf der Straße medizinisch zu versorgen. Den Frauen auf dem illegalen Drogenstrich und jugendlichen Strichern Kondome und saubere Spritzen anzubieten. Den Menschen zu vermitteln: Wenn ihr möchtet, dass wir euch beraten oder an eine Hilfeeinrichtung vermitteln, dann tun wir das sehr gerne, aber ihr könnt uns jederzeit ansprechen, auch ohne Beratung in Anspruch zu nehmen. Wir respektieren euch, wie ihr seid.

In den mangelnden Respekt vor den »Hoffnungslosen« mischen sich meist auch Verachtung und Ekel. Ein freundlicher Bettler, der, einen Kaffeebecher in der Hand, auf der Straße steht, wird eher respektiert (und bekommt auch eher ein paar Euro) als einer, der auf dem Boden liegt, verwahrlost und offensichtlich betrunken ist. Auch wohlmeinende und hilfsbereite Menschen wünschen sich ein gewisses Maß an Selbstachtung beim anderen. Sie möchten auch erkennen können, dass da zumindest der Ansatz eines Willens zur Verbesserung der eigenen Lage vorhanden ist. Und ein Funken Hoffnung. Menschen, die von anderen aufgegeben wurden, werden von einigen dennoch respektiert. Menschen, die sich selbst aufgegeben haben, verlieren auch den Respekt fast aller anderen.

Wie Respekt gegenüber Menschen am Rande der Gesellschaft allgemein und den »hoffnungslosen Fällen« unter ihnen im Besonderen aussehen kann, davon handelt Kapitel 18. Es gibt jedoch auch Menschen, denen es materiell an nichts mangelt, die keine traumatisierende Kindheit hatten und die sich dennoch aus einer schwierigen Situation weder selbst befreien, noch helfen lassen wollen. Menschen, die den Anschein erwecken, sie seien nur glücklich, wenn sie jammern können, denen keine Form von Unterstützung recht oder genug ist, die für andere keinerlei Mitgefühl aufbringen, dafür aber umso mehr Mitleid mit sich selbst haben. Fast jede und jeder scheint so jemanden zu kennen. Alle möglichen Leute, mit denen ich, egal ob in einem langen Interview oder in einem kurzen Gespräch zwischen Tür und Angel, über Respekt redete, sagten mir: »Ich habe keinen Respekt vor Leuten, die sich im Selbstmitleid suhlen.« – »Ich habe keinen Respekt vor Leuten, die glauben, sie seien die einzigen auf der Welt, denen es nicht gutgeht.« Und: »Ich habe keinen Respekt vor Leuten, die meinen, die ganze Station müsste sich nur um sie kümmern«.

Rosi Stolz nannte mir als Beispiel für jemanden, den sie nicht respektieren kann, weil er »sich aufgibt«, eine alte Frau, die sie kennenlernte, als sie ihre kranke Mutter im Pflegeheim besuchte: »Diese alte Dame lief mit der Haltung herum, ›ich kann ja eh nichts machen, das Schicksal hat mir zu sehr zugesetzt!‹ Das sind Leute, die fühlen sich immer als Opfer. Es ist vor allem dieses Beharren auf dem Opferstatus, das mir jeglichen Respekt unmöglich macht, das Jammern, und immer andere dafür verantwortlich machen, wie es einem geht.« Nachdem Rosi ihren Ärger losgeworden ist, schweigt sie eine Weile und denkt nach. Und sagt schließlich selbstkritisch: »Ob ich vor jemandem Respekt habe oder nicht, hängt allerdings von meiner eigenen Perspektive und Erfahrung ab, davon, was ich persönlich kenne – oder nicht. Also zum Beispiel davon, ob für mich selbst etwas mit Anstrengung verbunden ist oder ob es mir leichtfällt. Wenn etwas für mich ganz selbstverständlich ist, kann ich vielleicht gar nicht erkennen, dass es für andere durchaus mit Anstrengung verbunden ist. Und ich kann dann diese Anstrengung auch nicht würdigen.«

Ich fragte meine Interviewpartnerinnen und -partner auch, wie sie auf die Menschen reagieren, vor denen sie keinen Respekt haben. Die meisten sagen, sie ziehen sich vor solchen Leuten zurück. »Das mag feige sein«, schreibt Übersetzerin Marie Kindermann,

»aber ich brauche zum Dialog ein gewisses Maß an Respekt.« Die Psychologin Anna sagt: »Ich gehe diesen Menschen aus dem Weg. Ich werde dann auch ungerecht, oder ich schütze mich, indem ich sie nicht an mich heranlasse, das heißt, ich bleibe auf der intellektuellen Ebene und lasse keine Gefühle zu.« Der Bibliothekar Rainer Spitz versucht, seine Zeit »mit solchen Menschen nicht zu vergeuden«, und auch Ulla Lessmann ist ihre Zeit für derlei Zeitgenossinnen und Zeitgenossen zu schade: »Die interessieren mich nicht.« Ein wenig selbstkritisch merkt sie an, es komme vor, dass sie dann auch arrogant reagiert.

Arrogant kann auch Dorothee Plass werden und früher, erzählt sie, »wurde ich scharf mit Worten. Ich habe solchen Leute keine Chance gegeben.« Die Sozialpädagogin Monika Reisinger bemerkt, dass sie, wenn sie jemanden nicht respektiert, weder offen noch freundlich ist. Der Sozialpädagoge und Suchttherapeut Gert Levy, der »keinen Respekt vor Nazis, Rassisten und Sexisten« hat, erzählt: »Ich versteife mich in der Körperhaltung. Ich signalisiere Aggression und Abwehr. Ich werde lauter beziehungsweise wird mein Tonfall schneidend. Ich kann aber auch verstummen. Das wirkt dann bedrohlich, habe ich mir sagen lassen. Wenn meine Klienten sich ausländerfeindlich oder frauenfeindlich äußern, spreche ich sie darauf an und mache ihnen klar, dass ich das nicht dulde.«

Die Historikerin Hélène Naval geht auf Distanz zu Menschen, die sie persönlich kennt und nicht respektiert. Was Nazis, Sexisten und dergleichen betrifft, nimmt sie Stellung: »Wenn ich es für sinnvoll erachte, schon mal durch einen Leserbrief, ich gehe auf Demos gegen Rechtsradikale, und ich sage Männern die Meinung.« Martina Domke würde Leute, die sich ihren Respekt verspielen, »am liebsten mit Verachtung strafen«, ist jedoch, wie sie bedauernd feststellt, »meistens zu wütend dazu«. Letztlich, sagt sie, »meide ich den Kontakt beziehungsweise breche ihn ab. Höflich kann ich gegenüber solchen Personen vielleicht weiterhin sein, aber nicht mehr respektvoll.« Das gilt für sie »auch, wenn ich diese Personen weiterhin ernst nehme oder nehmen muss, weil sie Macht haben. Zu Respekt gehört für mich, dass man sich um die gleiche Augenhöhe bemüht, so gut es geht. Und bei Personen, die andere verachten und sich selbst in den Mittelpunkt stellen, geht das nicht.«

Einige meiner Interviewpartnerinnen und -partner halten erst einmal jedem zugute, dass hinter seinem abstoßenden Verhalten vielleicht Gründe stecken, von denen sie nichts wissen. Und bemühen sich deshalb, eventuelle Hintergründe für das entsprechende Verhalten zumindest zu bedenken. Ingrid Klemp, die sich als Redakteurin häufig auch mit schwierigen Themen beschäftigt, sagt, ihr bleibe selbst für Menschen, vor denen sie keinen Respekt haben könne, dennoch »ein Rest von Respekt übrig, in dem Sinne, dass ich mich frage: ›Wie ist derjenige dazu gekommen, so etwas zu tun?‹« Und sie geht davon aus, dass es »auch bei einem Kriminellen irgendwo in seinem Leben sicher Bereiche gibt, in denen er sich integer verhält.« Die Lektorin und Übersetzerin Kirsten Lehmann sagt sehr dezidiert, sie habe keinen Respekt vor »Zugedröhnten und Betrunkenen«. Und fügt dann erklärend hinzu: »Ein Onkel von mir war Vollalkoholiker, und den konnte ich schon als Kind nicht ernst nehmen.« Nachdem sie eine Weile nachgedacht hat, meint sie schließlich: »Verlorener Respekt kann zu Mitleid oder zu Verachtung werden. Zu Verachtung wird er, wenn ich und andere über lange Zeit hinweg von dieser Person verletzt wurden. Man kann aber jemanden, den man nicht respektiert, trotzdem mögen. Wärme für ihn empfinden. Lieben wäre etwas anderes, es ist eher Mitleid.«

Hanna Krstic, die in Bosnien mit Kriegsopfern arbeitete, erzählt, sie wusste oft nicht, was die (wenigen) Männer, die sie mit ihrer Massagemethode behandelte, im Krieg gemacht hatten: »Das waren alles in allem gebrochene Männer. Und da waren auch zwei, drei dabei, die waren sehr aggressiv, und jetzt im Nachhinein denke ich, die waren einfach traumatisiert. Vielleicht sogar durch die eigenen Taten. Ich weiß es nicht. Aber ich glaube, wenn ich denen nicht mit Respekt begegnet wäre, hätte ich sie nicht massieren können.« Ich frage sie, wie sie zu dieser großzügigen Haltung kommt. Und sie antwortet: »Ich habe das Gefühl, wenn ich vorgefertigte Meinungen habe, die ich mit Sicherheit auch habe, dann bin ich so zu. Ich kriege dann nicht so viel mit. Und deswegen übe ich mich in Offenheit. Und weil ich merke: Wenn ich Menschen respektiere, egal welche Vergangenheit sie haben oder aus welcher sozialen Schicht sie kommen, dann begegnen die mir auch anders. Und dann kann ich auch ganz anders mit denen arbeiten. Da bin ich mir sicher, dass das so ist. Dass die sich mir dann anders zeigen, als wenn ich diesen Respekt nicht hätte.«

Die Filmemacherin und Kunstpädagogin Dorothee Plass lernte in einem langwierigen Entwicklungsprozess, dass man jemanden, vor dessen Einstellungen man keinen Respekt hat, für anderes durchaus respektieren kann. Man muss »nur die Offenheit haben«, dieses andere sehen zu können. Ihr Vater, erzählt sie, war »sehr konservativ, er hatte ganz andere politische Ansichten als ich. Bei uns zu Hause gab es keine Widerworte, aber ich habe mich oft mit ihm gestritten. Irgendwann habe ich begriffen: So hat er sich in seiner Rolle als Familienvater gegeben. Er hatte aber auch freiere Ansichten. Die habe ich bloß als Jugendliche im Streit nicht mitbekommen. Und er hat sie mir auch nicht mitgeteilt.« Mittlerweile weiß Dorothee mehr über die Geschichte ihres Vaters, »wie und warum er so geworden ist, wie er war«. Und sie kann sehen, »wie er versucht hat, trotz dieser Erfahrungen und auch trotz seiner Alkoholkrankheit eine Familie zu schaffen und zu meistern«.

Die Polizistin Nicole Metzinger begegnet täglich Menschen, vor denen andere keinen Respekt haben. Sie aber weiß häufig, welche Geschichten und Erfahrungen hinter deren Verhalten stecken und dass auch Kriminelle nicht zu hundert Prozent kriminell sind, sondern ihre Kinder lieben, den Nachbarn helfen und die alten Eltern versorgen können. Und außerdem, fügt sie hinzu, »erntet man immer das, was man sät. Also lieber erst mal freundlich sein. Das macht auch viel mehr Freude!« Nicole hat aber auch schon böse Erfahrungen gemacht mit Menschen, die ihr den Respekt verweigerten. Und die sie nun »beim besten Willen auch nicht respektieren« kann. Trotzdem, sagt sie, verhält sie sich ihnen gegenüber respektvoll »im Sinne von normal«. Denn, erklärt sie gelassen, »es bringt nichts, sich im Hass zu suhlen. Das bringt mir nur selber schlechte Gefühle. Ich weiß, dass solche Menschen nicht glücklich sind und sich selber ihr Glück verbauen. Sie brauchen das Unglück anderer, damit sie sich selber besser fühlen können. Das ist aber eine Form von Glücksgefühl, die nicht lange anhält und schon gar nicht von Dauer ist.«

Ich habe für dieses Buch keine Menschen interviewt, die (erkennbar) frauenfeindlich, rassistisch, ausländerfeindlich oder antisemitisch sind. Ich habe auch niemanden interviewt, der andere foltert, Macht missbraucht, Kriege anzettelt, auf Kosten anderer Profit macht. Ich habe auch keinen Banker interviewt, der sich Millionen-Boni auszahlen lässt, obwohl seine Bank nur dank staatlicher Kredite noch am Leben ist. Ich habe aber lange Gespräche mit Menschen geführt, vor denen viele andere Menschen keinen Respekt haben, weil sie Straftaten begehen, sich prostituieren, abhängig von harten Drogen sind. Und ich habe mit Jugendlichen gesprochen, die sich in mancher Hinsicht auf eine Art verhalten, die keinen Respekt verdient. Intensive Gespräche entwickeln eine Eigendynamik, und so habe ich meine Interviewpartnerinnen und -partner, die selbst nur von wenigen respektiert werden, oft nicht explizit gefragt, vor wem sie wiederum keinen Respekt haben. Ellen jedoch habe ich die Frage gestellt, und sie hat mir ausführlich darauf geantwortet.

Ellen war dreißig Jahre lang drogenabhängig. Sie ist seit drei Jahren clean, arbeitet als Köchin und macht neben dem Beruf auch noch eine Ausbildung. Sie ist eine Frau, die Schwächeren beisteht und sie, wenn nötig, gegen Stärkere verteidigt. Deshalb war ich ziemlich fassungslos, als sie mir im Interview sagte: »Was ich gar nicht respektieren kann, sind absolut schwache Menschen. Also, die in meinen Augen schwach sind, wohlgemerkt. Die sich nicht durchsetzen können.« Ich bat sie, mir das genauer zu erklären, und sie erwiderte, ihr Vater sei so ein Mensch gewesen: »Der konnte sich meiner Mutter gegenüber nicht durchsetzen, der hat keine Position bezogen, hat nur gesoffen, seine Arbeitsstellen gewechselt und ist jedes Mal vor Konflikten abgehauen. Und das fand ich so was von schwach und erbärmlich.«

Dieser Vater hat Ellen von klein auf geschlagen und, seit sie acht Jahre alt war, auch sexuell missbraucht. Mit zwölf riss sie von zu Hause aus und versuchte fortan, ihr Leben selbst zu bestimmen.

Immer wieder auch gegen Menschen wie ihren Vater. »Ich sehe solche Leute, die sich nicht durchsetzen können, als Gefahr«, sagt sie, »mein Vater war nur mir gegenüber stark, und zwar solange ich noch so klein war, dass ich mich nicht wehren konnte.« Aufgrund dieser Erfahrung erkennt sie rasch, wenn jemand ähnlich »gestrickt« ist und meidet schwache Menschen, die sich auf Kosten anderer stark fühlen möchten: »Die vergreifen sich an noch Schwächeren, um sich selbst aufzuwerten, um da selbst mal so ein bisschen Selbstwertgefühl oder was auch immer aufzubauen. Es ist ja nicht wirklich ein gesundes Selbstwertgefühl, was sie sich da aufbauen. Aber sie haben zumindest die Einbildung davon. Sie wollen der Stärkere sein.«

Wir haben das Thema längst abgehakt, da kommt Ellen noch einmal darauf zurück. Liefert eine Art Nachbetrachtung aus selbstkritischer Sicht: Sie sei im Laufe ihres Junkielebens vielen begegnet, erzählt sie, die keinen Respekt vor sich selbst hatten, die sich schwach fühlten und es real auch waren. »Aber nach außen hin haben die Stärke demonstriert, von wegen, ›mir kann keiner was!‹« Und dann fügt sie hinzu: »Ein bisschen spiegele ich mich da wider, weißt du: einen auf stark und unbesiegbar machen. Aber nicht viel dahinter. So war ich ja früher mal ziemlich krass unterwegs, bis ich das irgendwann begriffen habe.« Sie begriff es, als sie sich im Rahmen einer Therapie mit sich selbst auseinandersetzte. Heute ist sie so stark und selbstbewusst, dass sie sogar Schwächen zugeben kann. Schwache, die sich auf Kosten noch Schwächerer ausleben und stark machen, verachtet sie aber immer noch. »Das wirst du nicht mehr erleben, dass ich vor so einem noch mal Respekt habe«, meint sie mit einem Lächeln auf den Lippen und Härte im Blick.

# Liebe ist …

Respekt in der Partnerschaft ist das Fundament«, sagt Marie Kindermann, 69 Jahre alt. Und auch der 26-jährige Francesco Pinto ist der Ansicht: »Man muss schon Respekt vor einander haben, sonst klappt es nicht.« In diesem einen Punkt sind fast alle meiner Interviewpartnerinnen und -partner, unabhängig von Alter, Geschlecht, Herkunft, sozialer Situation und sexueller Orientierung einer Meinung: Ohne Respekt geht in einer Beziehung gar nichts. Dem stimmt auch Kirsten Lehmann zu, sie betont aber, dass Vertrauen, Zuneigung, Ehrlichkeit und Empathie gleichfalls von großer Bedeutung sind. Respekt kommt ihrer Erfahrung nach »vor allem in Konflikten zum Tragen – dann, wenn er vermisst wird beziehungsweise sich als Bedürfnis bemerkbar macht«.

Auch Hartwig Hansen, Paartherapeut und Autor des Buches »Respekt – Der Schlüssel zur Partnerschaft« erlebt in seiner Praxis, dass Paare Respekt erst thematisieren, wenn einer von beiden ihn vermisst – oder beide an einem Mangel an Respekt leiden. Und selbst dann, schreibt er, ist eher er es, der das Wort in die Runde wirft – von der es dann dankbar aufgegriffen wird. Gleichwohl lautet die Quintessenz seines Buches: »Ohne Respekt ist alles nichts!« Ich selbst habe in den Interviews und auch in meinem Fragebogen das Thema Respekt in der Partnerschaft erst angesprochen, nachdem ich meine Interviewpartnerinnen und -partner bereits gefragt hatte, was Respekt für sie bedeutet, wie sie ihn definieren und so weiter. Sie waren also bereits im Thema »drin«, als wir zu dem Punkt Partnerschaft kamen. Ich habe sie auch nicht gefragt: »Was ist wichtig für das Funktionieren einer Partnerschaft?« – ohne das Wort »Respekt« zu erwähnen. Hätte ich die Frage so gestellt, hätten vielleicht einige ähnlich wie Kirsten Lehmann geantwortet. Und es kommt natürlich auch hier darauf an, was jemand unter Respekt versteht. Traude Weger, die mit diesem

Begriff spontan den alten, autoritätsgebunden Respekt verbindet, schrieb mir, für sie spiele Respekt *nur* »im Sinne von Achtung« eine Rolle in der Partnerschaft.

Auch Erich Fromm verwendet »Achtung« anstelle von Respekt. »Achtung«, schreibt er in *Die Kunst des Liebens*, »hat nichts mit Furcht und nichts mit Ehrfurcht zu tun« – mit Begriffen also, die in den Fünfzigerjahren[3] mit Respekt assoziiert wurden. Sie bezeichnet für Fromm, »die Fähigkeit, jemanden so zu sehen, wie er ist«. Sie »bezieht sich darauf, dass man ein echtes Interesse daran hat, dass der andere wachsen und sich entfalten kann. (...) Wenn ich den anderen wirklich liebe, fühle ich mich eins mit ihm, aber so, wie er wirklich ist, und nicht, wie ich ihn als Objekt zu meinem Gebrauch benötige.«

Ein großer Teil meiner Interviewpartnerinnen und -partner sieht das ähnlich. Auf die Frage: »Wie drückt sich gegenseitiger Respekt in der Partnerschaft aus?«, antworten viele: indem man den geliebten Menschen so sein lässt, wie er ist und nicht versucht, ihn »umzumodeln«. Insgesamt äußert sich eine respektvolle Haltung in der Beziehung für sie darin, dass man

- einander ernst nimmt und zuhört
- die Autonomie des Partners, der Partnerin achtet, ihr oder ihm Raum lässt und seine oder ihre Grenzen wahrt
- einander vertraut und ehrlich zueinander ist
- sich beim anderen entschuldigt, wenn man sich falsch verhalten hat, und einander verzeiht
- sich als Gleichwertige auf Augenhöhe begegnet
- sich Aufmerksamkeit und Aufmerksamkeiten schenkt
- gemeinsam nach der Lösung von Problemen sucht.

Sie beschreiben Respekt und den Ausdruck von Respekt in Beziehungen also nicht viel anders, als sie Respekt und den Ausdruck von Respekt insgesamt definieren. Doch während es häu-

---

3 »Die Kunst des Liebens« erschien 1956.

fig gelingt, sich gegenüber Freundinnen, Kollegen, Bekannten und Zufallsbekanntschaften in diesem Sinne respektvoll zu verhalten, sieht das in der Partnerschaft oft anders aus. Jenseits der moralphilosophischen Sentenzen und auch jenseits ernst gemeinter Absichtserklärungen bleibt der Respekt häufig auf der Strecke. Niemanden verletzen wir so leicht und so schnell wie unsere Liebsten.

Ich respektiere zum Beispiel meinen Mann zutiefst. Und zwar im Sinne von grundlegender Achtung seiner Person und seiner Bedürfnisse, als auch im Sinne von Hochachtung vor seiner Arbeit, seiner Kunst als Musiker und seiner Bewältigung schwieriger Lebenserfahrungen. Und trotzdem verhalte ich mich ihm gegenüber häufig respektlos – auch wenn ich das nicht gerne zugebe.

Da ist zum Beispiel das ewige Thema Hausarbeit. Ich bin nicht nur Feministin, sondern auch die Tochter einer Mutter, die lieber ihren Beruf ausgeübt hätte, als die Familie zu versorgen. Wenn meiner Mutter wieder einmal alles zu viel wurde, weil alles an ihr hängen blieb und weder mein Vater noch meine Schwester, geschweige denn ich auch nur einen Finger in Richtung Hausarbeit rührten, dann schrie sie uns verzweifelt an: »Ich bin doch nicht euer Dienstmädchen!« Und da meine Mutter aus einer italienischen Migrantenfamilie stammte, konnte sie in solchen Situationen sehr laut und sehr heftig werden. Völlig zu Recht, wie ich das retrospektiv sehe.

Das Problem ist: Ich habe sowohl das Temperament von ihr geerbt, als auch den Widerwillen, alleine für den Haushalt verantwortlich zu sein. Letzteres wäre ganz und gar kein Problem, denn es ist schließlich höchste Zeit, dass zumindest berufstätige Paare sich die Hausarbeit teilen. Und mit teilen meine ich genau das, und nicht, dass der Mann »seiner« Frau bei der Hausarbeit hilft. Das Problem liegt darin, dass mein Mann im Gegensatz zu fast 90 Prozent[4] seiner Geschlechtsgenossen den Haushalt tatsäch-

---

4 Laut wiederholter Umfrageergebnisse der Zeitschrift *Brigitte*

lich mit mir teilt. Ich habe also objektiv keinen Grund, mich als das »Dienstmädchen« zu fühlen und deswegen auszuflippen.

Warum ich es trotzdem tue? Weil mein Mann die Sachen *anders* macht als ich. Weil seine Schmutztoleranz um einiges höher ist als meine. Weil er manches einfach nicht *sieht*. Weil ich also de facto mehr mache als er. Das finde ich zumindest, wenn ich wütend bin. Wenn ich nicht wütend bin, sehe ich all das, was er tatsächlich – und perfekt – im Haushalt erledigt. Dann kann ich sogar erkennen, dass die Art, wie ich mich verhalte, wenn ich den »Ich-bin-hier-doch-nicht-das-Dienstmädchen«-Film abspule, respektlos ist. Wenn ich aber nach einem langen Arbeitstag nach Hause komme, erst mal den Küchentisch sauber wischen muss, bevor ich etwas darauf ablegen kann, und dann auch noch der Schwamm, den ich dafür verwenden möchte, nass und voller Essensreste ist, dann – ja, dann finde ich meinen Mann so respektlos, dass ich laut schreien könnte (und es manchmal auch tue). Er wiederum, der gleichfalls müde nach Hause gekommen ist, versteht nicht, was jetzt schon wieder los ist, fühlt sich missachtet, missverstanden und nicht respektiert. Er hat sich doch bloß ein paar Stullen geschmiert und hinterher sogar das Messer abgewaschen! Gut, er hat nicht daran gedacht, auch noch den Tisch abzuwischen und den Schwamm sauber zu machen. Aber davon geht die Welt doch nicht unter! Das ist doch kein Grund, sich aufzuregen. Oder?

Das sind Banalitäten, wir können beide darüber lachen, und unsere Beziehung wird dadurch nicht beeinträchtigt. Es gibt gravierendere Unterschiede zwischen uns, mit denen wir zurechtkommen müssen. Ich bin zum Beispiel eher ungeduldig, und wenn ich es eilig habe, kann ich auch hektisch werden. Worauf mein eher ruhiger Mann mit Verlangsamung reagiert. Was wiederum mein »italienisches Temperament« zum Vorschein bringt (um es freundlich auszudrücken …). Im Laufe einer langen Partnerschaft lernt man zu akzeptieren und zu respektieren, dass der andere in einigem einfach anders ist. Sofern es in der Beziehung einen grundlegenden gegenseitigen Respekt gibt. Grundlegender gegenseitiger Respekt verhindert nach meiner Erfahrung Konflikte nicht. Er kann sie aber aushalten und zugleich verhindern, dass im Streit die

Grenze zur ernsthaften Verletzung überschritten wird. Dieser grundlegende Respekt ist jedoch keine Absichtserklärung, er muss gelernt und gelebt werden. Immer wieder. Und das ist nicht immer so einfach, wie es klingt.

»Ich bin ich, und du bist du« lautet eine von Martin Buber übernommene Grundregel in der Gestalttherapie. Für Paare übersetzt bedeutet das: Mein Partner hat seit seiner Kindheit andere Erfahrungen gemacht und andere Verhaltensweisen entwickelt als ich. Er sieht Dinge anders, hat andere Vorlieben und Abneigungen und reagiert auch auf Konflikte anders als ich selbst. »Deine Welt ist anders als meine«, nennt das der Paartherapeut Hartwig Hansen. Und nur, wer diese Tatsache anerkennt und ständig mittdenkt, schreibt er, hat die Chance, eine von gegenseitigem Respekt geprägte Beziehung zu führen. Er weiß allerdings auch aus eigener Erfahrung, dass das »enorm schwer« ist, »vor allem im Zustand der Bedürfnisbefriedigungs-Unterzuckerung, wenn ich vernagelt bin und nur noch meinen Weg als den allein richtigen im Tunnelblick habe. Und wenn dann der Tunnelblick meiner Frau dazu kommt, geht nicht mehr viel.«

Als ich Dorothee Plass frage, was Respekt in der Partnerschaft für sie bedeutet, antwortet sie mit einem selbstironischen Lachen: »Dass ich am anderen nicht *alles* verändern will.« Sie kennt ihre Grenzen. Versucht aber, sie so weit es ihr möglich ist, auszudehnen. Allerdings sagt sie: »Die Dinge, die mir wichtig sind, müssen ihren Platz haben können.« Sie wäre zum Beispiel nicht bereit, auf Grund ihrer Beziehung Freundschaften mit anderen Menschen einzuschränken oder ihre Interessen aufzugeben. Und so, wie sie ihre eigenen Freundschaften und Interessen weiterpflegt, findet sie es richtig und wichtig, »wenn der Partner genau dasselbe tut«. Als ich sie bitte, zu beschreiben, wie sie ihrem Partner im Alltag zeigt, dass sie ihn respektiert, denkt Dorothee eine Weile nach. Dann sagt sie: »Streiten ist da ein wichtiger Punkt. Ich kann sehr übertreiben, wenn ich etwas durchsetzen will. Es fällt mir auch hinterher noch schwer, davon runterzugehen. Aber wenn mir das gelingt, wenn mir bewusst wird, dass ich im Grunde ja möchte, dass er zum Beispiel die Kindererziehung auf seine Art macht, und ich ihm das auch zugestehen kann, dann erlebe ich mich als respekt-voll.«

Auf meine Frage, woran sie erkennt, dass ihr Partner sie respek-tiert, antwortet Dorothee: »Er unterstützt mich. Er ermöglicht mir zum Beispiel, regelmäßig zum Training zu gehen, indem er sich dann um unseren Sohn kümmert. Er kann sich darüber freuen, dass ich Dinge mache, die mir etwas bringen, er freut sich mit über meine Erfolge. Und er entschuldigt sich, wenn wir zum Beispiel Streit hatten, und er das Gefühl hat, er habe sich unangemessen verhalten.« Auch Sabine Frohndorf zeigt ihrem Partner, dass sie ihn respektiert, unter anderem dadurch, dass sie sich entschuldigt, »wenn etwas nicht richtig gelaufen ist«. Und umgekehrt, fügt sie hinzu, »indem ich ihm verzeihe, wenn es Grund dazu gibt«. Gerda Müller dagegen sagt selbstkritisch: »Leider bin ich nicht stark ge-nug, mich bei ihm zu entschuldigen, wenn ich ihn verletzt habe. Ich schweige und übergehe es. Das ist ein Fehler.« Sie hofft aber: »Wenn man sich wirklich gut versteht, erkennt man auch in diesem wortlosen Verhalten die Entschuldigung des anderen und respek-tiert diese ›Ausdrucksform‹.«

Für Ruth Sopher drückt sich Respekt darin aus, »dass Partner sich gegenseitig so annehmen, wie sie sind. Und das wiederum ist auf das innigste verbunden mit gegenseitigem Vertrauen, gegen-seitiger Offenheit und Ehrlichkeit.« Praktisch heißt das für sie: »Ich respektiere die Entscheidungen meiner Partnerin – und die Auswirkungen, die sie auf unser Leben haben. Ich respektiere ihren Geist, ich arbeite hart daran, Verhaltensweisen aufzugeben, die sie verärgern oder verletzten, und ich bemühe mich, mich ihres Vertrauens würdig zu erweisen.« Den Respekt wiederum, den ihre Partnerin ihr in der Beziehung entgegenbringt, erkennt sie daran, »dass sie meine Entscheidungen respektiert – und die Auswirkun-gen, die sie auf unser Leben haben, dass sie meine Aktivitäten ernst nimmt, mir vertraut und ehrlich zu mir ist«.

Auch für Nicole Metzinger hat Respekt »viel mit Vertrauen und Ehrlichkeit zu tun«, und wenn sie das von ihrem Partner nicht erwarten kann, sagt sie, »dann kann die Beziehung nicht funktio-nieren«. Ihr Partner sollte auch »gewisse Grenzen erkennen und einhalten«. Umgekehrt zeigt sie dem Partner ihren Respekt, »indem ich ihm das gebe, was ich selbst von ihm erwarte: Ich vertraue und bin ehrlich. Ich akzeptiere Grenzen, und ich bin immer für ein Gespräch bereit.« Zu einer respektvollen Beziehung gehört für Nicole ebenso, dass jeder »Raum hat, seinen Gefühlen Ausdruck zu verleihen. Es ist normal, dass nicht jeder die Dinge gleich sieht, und es muss die Möglichkeit geben, darüber zu reden.« Es fällt niemandem leicht, andere Meinungen zu akzeptieren, meint sie, aber: »Es ist möglich.« Das gilt, betont sie, auch für unterschiedliche Interessensschwerpunkte: »Ich habe andere Prioritäten als mein Partner, aber ich respektiere seine Prioritäten.« An dieser Stelle muss sie dann doch über sich selbst lachen und fügt hinzu: »Na ja, ich arbeite daran …«

Walter, der Mann meiner Schwester Gerda Müller, ist blind. Umso wichtiger, meint sie, ist der grundlegende Respekt, den sie füreinander empfinden. Konkret bedeutet das für sie – und zwar für beide Seiten: »Den Partner als ebenbürtig mit allen Stärken und Schwächen zu respektieren. Auf den Fehlern des anderen nicht ständig herumzuhacken, seinen Freiraum, sein Recht, sich zurückzuziehen oder sich mit Freunden zu treffen, zu respektieren. Und die Bereitschaft, Kompromisse zu schließen.« Gerda zeigt ihrem Mann, dass sie ihn respektiert, indem sie ihm das Gefühl gibt, »dass er trotz seiner Behinderung für mich vollwertig ist, und ich mich auch manchmal bei ihm fallen lassen kann, wenn ich schwach bin. Und, indem ich ihn zu Anstrengungen herausfordere, die er sich selbst nicht zutraut.« Während sie gleichzeitig Hobbys aufgibt oder einschränkt, »die er nicht mitmachen kann«. Er wiederum, erzählt sie, »zeigt mir seinen Respekt, indem er mir ›blind‹ vertraut, meine Schwächen akzeptiert, für mich da ist, wenn ich ihn brauche, mich lobt, wenn ich etwas besser gemacht habe als er – Kochen zum Beispiel. Und indem er mich für mein Verhalten und auch Fehlverhalten vor anderen nicht kritisiert.«

Miriam Klaas zeigt ihrem Partner, dass sie ihn respektiert, »indem ich für ihn da bin und auf ihn eingehe, ohne dass wir uns gegenseitig vereinnahmen. Ich respektiere seine Freiheit, sein Eigenleben, wie ich auch Unabhängigkeit und Autonomie beanspruche nach dem Motto: Nähe braucht Distanz.« Respekt in der Beziehung heißt aber auch für sie, aus Rücksicht auf den Partner bei eigenen Wünschen notfalls Abstriche zu machen – und zwar »ohne dies zu thematisieren«. Umgekehrt spürt Miriam den Respekt, den ihr Partner ihr erweist, nicht zuletzt – wie sie schreibt – »durch seine Ehrerbietung, so altmodisch das Wort ist. Er drückt Respekt durch Höflichkeitsgesten aus, durch seine sorgfältige Sprache, indem er mir Gehör schenkt, und auch durch gelegentliche kleine Mitbringsel.«

Für Anna wiederum bedeutet Respekt in der Partnerschaft vor allem, dass »beide Partner sich als gleichwertig erleben. Ein Partner, der sich klein macht oder der die Macht haben will, geht für mich nicht. Ich möchte schwach sein können oder stark und das auch meinem Partner zugestehen, ohne dass dadurch das Gleichwertige zwischen uns zerstört wird.« Und Mithu M. Sanyal erzählt begeistert: »Ich lebe gerade die respektvollste Beziehung meines Lebens. Das drückt sich zum Beispiel darin aus, in welcher Form ich und mein Partner uns auf die Kreativität des anderen beziehen – und uns gegenseitig unterstützen. Oft gibt es bei Paaren die Rollenverteilung: Kreativer hier – Versorger da. Mein Partner ist Musiker, er steht auf der Bühne, er verweist aber eben auch auf meine Arbeit.«

Es gibt Klischees, die gelegentlich zutreffen. Das Klischee zum Beispiel, dass Frauen häufiger, intensiver und differenzierter über ihre Beziehungen nachdenken. Die Männer, die ich befragte, sagten alle, Respekt spiele in der Partnerschaft eine sehr wichtige Rolle. Punkt. Wenn ich wissen wollte, wie sie ihren Respekt der Partnerin gegenüber ausdrücken, taten sie sich schwer, konkrete Antworten zu geben. Meine Gesprächspartnerinnen wissen sehr viel genauer, wie sie selbst und ihr Partner Respekt in der Beziehung zum Ausdruck bringen – und können es auch beschreiben. Wobei einige vielleicht eher ihre Idealvorstellung und ihren Anspruch darstellen, als den banalen Alltag. Zumindest vermute ich das, denn ich könnte perfekte Antworten zu diesem Thema liefern, weiß aber, dass neben dem hehren Anspruch und dem sehnlichen Wunsch, mich tatsächlich so zu verhalten, die manchmal weniger

edle Realität existiert. Und deshalb fragte ich meine Interviewpartnerinnen und -partner auch: »Wie drückt sich Respektlosigkeit in
eurer Beziehung aus?«

Die Männer, denen ich diese Frage stellte, reagierten erschrocken bis abweisend und in jedem Fall einsilbig. Nach dem Motto:
»Ich bin nicht respektlos zu ihr! Und wenn, dann sicher nicht
mit Absicht.« Georg Fülberth gesteht: »Dies geschieht wohl unbewusst, und ich muss es mir durch sie bewusst machen lassen.«
Reiner Spitz betont, dass er sich, »sobald es mir bewusst ist oder
bewusst gemacht wurde«, bei seiner Partnerin entschuldigt. Mein
Mann, den ich bei einem Abendspaziergang fragte, was für ihn
Respekt in der Partnerschaft bedeutet, sagte gleichfalls: »Ich glaube nicht, dass ich mich respektlos verhalte. Wenn das denn doch
der Fall ist, dann entschuldige ich mich.« Wichtig ist ihm, fügte er
nach einer Weile hinzu, »immer wieder auszuloten, wo unsere jeweiligen Grenzen im Respektverhalten sind, und wie momentan
unsere Bedürfnisse aussehen«.

Damit spricht er etwas Wichtiges an: Das »Respektverhalten«
der Menschen ist unterschiedlich, und ihre Grenzen sind es auch.
Ich neige zum Beispiel dazu, laut und gelegentlich auch ausfallend
zu werden, meine das aber ganz und gar nicht respektlos. Während
dieses Verhalten auf meinen Mann – und nicht nur auf ihn – extrem
respektlos wirkt. Er dagegen verstummt bei Konflikten, zieht sich
zurück und reagiert nicht mehr, was auch immer ich sage oder tue.
Was nun ich wiederum als massive Respektlosigkeit empfinde, obwohl er es nicht so meint. Beide überschreiten wir gelegentlich
noch die Grenze dessen, was der andere erträgt. Wir haben aber
beide im Laufe unserer Beziehung gelernt, die Grenze des anderen mehr und mehr zu respektieren. Selbst wenn es uns in der
akuten »Bedürfnisbefriedigungs-Unterzuckerung« nicht immer
perfekt gelingt. Was jedoch immer funktioniert, ist, dass wir uns
danach beieinander entschuldigen – und einander verzeihen.

Auch mit Marie Kindermann »gehen mitunter die Emotionen
durch«, wie sie gesteht, und dann verhält sie sich ihrem Partner
gegenüber respektlos. Ihr Gegenmittel: »Drüber sprechen. Durchaus auch in gehobenem Tonfall …« Miriam Klaas schreibt: »Ich

werde laut. Früher schrie ich meinen Mann manchmal an. Heute kommt es vor, dass ich ein Gespräch abrupt beende.« Für Dorothee Plass besteht ihr respektloses Verhalten vor allem darin, dass sie »aufbrausend und verletzend« wird. Nicole Metzinger gibt erst einmal zu bedenken: »Im Grunde ist es häufig ein Missverständnis aufgrund der üblichen Kommunikationsprobleme zwischen Frauen und Männern.« Dann fährt sie fort: »Ich sage meistens gar nichts Konkretes. Aber bei ihm breitet sich durch den Verlauf eines Gespräches ein Gefühl der Unzulänglichkeit aus. Und heute war ich respektlos, weil ich mich durch sein Verhalten dazu habe verleiten lassen, etwas sehr Unschönes zu sagen.«

Ich bin also nicht die Einzige, die laut wird und durch Worte verletzt. Und ich bin auch nicht die Einzige, die keine Probleme damit hat, das zuzugeben. Alle Frauen, die ich befragte, haben offenbar die Fähigkeit und Bereitschaft zu Selbsterkenntnis und Selbstkritik. Und sie halten auch mit Verhaltensweisen nicht hinter dem Berg, die sie selbst ablehnen. Dabei machen sie sich aber auch bewusst, was dieses Verhalten in ihnen auslöst, sie geben sich also nicht mehr die alleinige Schuld – so wie es früher von Frauen erwartet und häufig auch praktiziert wurde. Interessanterweise nimmt dieses Wort auch gar keine von ihnen in den Mund. Sie sprechen oder schreiben von Aktionen und Reaktionen, von Verhaltensweisen und Einsichten, weisen aber weder sich selbst noch dem Partner »Schuld« zu. Vielleicht liegt das daran, dass sie fast alle in einer glücklichen Beziehung leben, die von grundlegendem gegenseitigen Respekt geprägt ist und ihnen die innere Freiheit gibt, kritisch und selbstkritisch über Respektlosigkeiten in dieser Beziehung nachzudenken.

Ulrike Rolf erzählt, sie kann es nicht leiden, wenn ihre Partnerin sich über Dinge äußert, von denen sie – Ulrikes Meinung nach – nichts oder nicht genug versteht, »oder über die sie nicht genügend nachgedacht hat. Ich verliere dann den Respekt vor ihr und korrigiere sie. Ich kann nicht einfach drüber hinweggehen und werde unfreundlich.« Wenn Hélène Naval sich respektlos verhält, sieht sie »nur mich selbst«. Auch Kirsten Lehmann berichtet: »Ich setze mich dann durch, ziehe ›einfach meinen Stiefel durch‹ und setze mich über ihre Wünsche, Ängste, Grenzen hinweg.« Rita Stark beschreibt sich als »zickig«, wenn sie respektlos zu ihrem Partner ist, und konkretisiert diese Aussage so: »Ich würdige sein Tun nicht und stelle mich in den Vordergrund.« Wenn Anna ihren Partner respektlos behandelt, dann, sagt sie, »höre ich ihm nicht richtig zu, übergehe seine Gefühle und nehme sie nicht ernst. Ich verletzte ihn mit Vorsatz.« Monika Reisinger zählt geradezu gnadenlos auf, wie sie sich ihrem Partner gegenüber respektlos verhält: »Ich mische mich in persönliche Dinge ein, die mich nichts angehen. Ich bin egozentrisch und achte nicht auf die Bedürfnisse meines Liebsten. Ich verfüge über sein Eigentum ohne ihn zu fragen. Ich erzähle Dritten vertrauliche Dinge.«

So selbstkritisch diese Frauen ihren gelegentlichen Mangel an Respekt sehen, so klar erkennen und benennen sie auch das respektlose Verhalten des Partners oder der Partnerin. Während die Männer, die ich befragte, beteuerten, ihre Partnerin würde sich niemals respektlos verhalten. Aus eigener Erfahrung und aufgrund der Antworten, die ich von meinen Interviewpartnerinnen dazu erhielt, gehe ich davon aus, dass diese Aussage nicht wirklich der Realität entspricht.

Miriam Klaas empfindet es als respektlos, wenn ihr Partner sie unterbricht und wenn er versucht, sie zu bevormunden. »Aus seiner Sicht«, schreibt sie, »geschieht das aus Fürsorge, aber dahinter stecken Dominanz und der Anspruch, es besser zu wissen.« Gerda Müller findet es respektlos, wenn ihr Mann »aus Angst um mich – und dadurch um sich selbst – meine berufliche Karriere einschränken will und mich unter Druck setzt, zum Beispiel berufliche Reisen in politisch gefährliche Länder nicht zu unternehmen. Und«, fügt sie hinzu, »ich finde es respektlos, dass er, wenn ich beruflich im Ausland bin, versucht, mir ein schlechtes Gewissen zu machen, weil ich ihn allein gelassen habe.« Dies alles, relativiert sie aber sofort, »hat mit seiner Behinderung zu tun«. Er ist in einem Ausmaß verletzlich und von ihr abhängig, wie es für andere Beziehungen nicht gilt.

Dorothee Plass beschreibt das respektlose Verhalten ihres Partners als »aufbrausend und verletzend. Und er fällt dann Pauschalurteile. Das«, fügt sie mit einem selbstironischen Lächeln hinzu, »haben wir allerdings gemeinsam.« Darüber hinaus lässt er es an Respekt fehlen, »wenn er mir die ganze Arbeit überlässt, wenn er von sich aus nicht darüber nachdenkt, wie wir uns Aufgaben teilen könnten, und überhaupt keine Verantwortung übernimmt. Er macht dann zwar alles, was ich ihm sozusagen auftrage, aber er kommt nicht von selbst darauf, es zu tun.«

Hélène Naval findet ihren Partner respektlos, »wenn er meine Situation nicht sieht oder wenn er gerade keine eigene Arbeit hat und in meiner mitmischen will. Und wenn er unzuverlässig ist, und sei es, dass er mich ›nur‹ warten lässt.« Nicole vermisst den Respekt ihres Partners, »wenn er einfach seinen Kopf durchsetzen will und nicht darüber nachdenkt, dass sein Verhalten Konsequenzen für mich hat. Wenn ich etwas für ihn erledigen soll, und er meine Terminplanung nicht akzeptiert, sondern so lange rumnörgelt und mich nötigt, bis ich es sofort mache. Das«, sagt sie, »gipfelt häufig in Streit.« Gleich mehrere Frauen finden es respektlos, wenn ihr Partner ihnen auf Fragen nicht antwortet oder einfach nicht mit ihnen spricht. Diese Form der Kommunikationsverweigerung bezeichnet Rita Stark ironisch als »die Höchststrafe«.

Ulrike Rolf fühlt sich respektlos behandelt, wenn ihre Partnerin sie nicht ernst nimmt und sich nicht für das interessiert, was sie gerade beschäftigt. Kisten Lehmann antwortet auf die Frage, wie sich respektloses Verhalten ihrer Partnerin ausdrückt, erst einmal: »Da fällt mir jetzt gar kein Beispiel ein.« Dann aber wird sie doch fündig: »Sie nimmt manchmal, obwohl wir oft darüber reden, bestimmte Bedürfnisse von mir nicht aktiv wahr, selbst wenn es nur ganz kleine Dinge sind.«

Nur wenige antworten wie Anna: »Er verletzt mich bewusst, in dem er meine Schwächen ausnutzt und versucht, mich kleinzumachen.« Sabine Frohndorf weicht in die indirekte Rede aus: »Körperliche und seelische Übergriffe«, sagt sie, »würden von Respektlosigkeit zeugen.« Und Miriam Klaas, die heute in einer neuen und glücklichen Beziehung lebt, erzählt vom respektlosen Verhalten ihres Exmannes: »In unserer Trennungsphase versuchte er, mich durch Entwertungen in Schach zu halten. Sein Machtspiel zielte auf meine maximale Verunsicherung: indem er durch massive Täuschungsmanöver meine Wahrnehmung infrage stellte, mir Fähigkeiten absprach, mir Dinge unterstellte, mir in allem signalisierte: Du kommst ohne mich nie zurecht! Es war ein verzweifelter Versuch, mich an sich zu binden. Aber seine Respektlosigkeit nahm mir den Atem.« Heute allerdings, fügt sie hinzu, »frage ich mich, warum ich damals innerlich so angreifbar war. Denn je stärker ich wieder wurde, desto mehr gab er seine Entwertungen auf.«

Die Frauen und Männer, die ich zum Thema Respekt in der Partnerschaft interviewte, leben meines Wissens derzeit alle in einer glücklichen Beziehung, in der keiner den anderen verachtet, missbraucht, seelisch oder körperlich misshandelt. (Ich schreibe »meines Wissens«, denn ich bin mit derlei Behauptungen vorsichtig geworden, seit mir eine Frau, die ich als engagierte Linke und Feministin kannte, eröffnete, dass ihr Mann sie seit vielen Jahren schlägt, dass sie seit ebenso vielen Jahren überlegt, ihn zu verlassen – und es bis heute nicht geschafft hat.) Mir ist jedoch bewusst, dass es unzählige Ehen und andere Partnerschaften gibt, in denen Gewalt, Missachtung und Entwertung zum Alltag gehören. In diesen Beziehungen gab es entweder von Anfang an keinen gegenseitigen Respekt, oder er hat sich im Laufe der Zeit aufgelöst. Paartherapeut Hartwig Hansen berichtet in seinem Buch *Respekt – der Schlüssel zur Partnerschaft*, dass viele Paare als Grund für ihre Trennung angeben: »Ich habe den Respekt vor meinem Partner verloren«. Oder: »Ich habe mich einfach nicht mehr respektiert gefühlt.«

Die Häuser für geschlagene Frauen sind dreißig Jahre nach ihrer Gründung so voll wie eh und je. Die Scheidungsrate ist gleichbleibend hoch, und immer noch werden zwei Drittel der Scheidungen von Frauen eingereicht. Wenn 14-jährige Jungen es »cool« finden, die Freundin zu ohrfeigen, und 13-jährige Mädchen auf dem Schulhof von gleichaltrigen Jungs aufgefordert werden, ihnen »einen zu blasen«, dann ist es mit dem Respekt zwischen Männern und Frauen nicht weit her. Jungen, die von klein auf erleben, dass der Vater der Alleinherrscher in der Familie ist und seine Frau nach Belieben misshandelt, werden später vermutlich ihre Frauen dominieren wollen und misshandeln. Mädchen, die mit denselben Erfahrungen aufwachsen, werden es sich von ihren künftigen Männern gefallen lassen. Das gilt längst nicht für alle, es gibt Mädchen, die sich wehren, und Jungen, die sich den Vater und die Männer in der Verwandtschaft nicht zum Vorbild nehmen. Viele aber tun es, und viele Mädchen denken, das müsse so sein.

Es gibt auch Frauen, die an ihren Männern respektlos herumkritteln, sie betrügen, vor anderen bloßstellen und heruntermachen, und ihnen ständig vermitteln: »Du bist ein Versager, du hast mich enttäuscht, du erfüllst meine Erwartungen nicht.« Die überwiegende Mehrzahl der Gewalttaten – auch der seelischen – wird jedoch, darüber sind sich sämtliche Studien einig, von Männern gegen Frauen verübt. Männer verlassen auch ihre Frau weitaus häufiger, um mit einer Jüngeren zu leben, als Frauen ihren Mann zugunsten eines jugendlichen Liebhabers versetzen. Einer Frau den Respekt zu entziehen, weil sie älter wird, ist für viele Männer völlig normal. Und nicht nur für Männer. Auch viele Frauen unterziehen sich Schönheitsoperationen und Hungerkuren in der Annahme, ihr Mann im Speziellen und Männer im Allgemeinen würden sie nur noch achten, wenn es ihnen gelingt, ihr Alter erfolgreich zu vertuschen. In Beziehungen, die auf der Attraktion von Macht, Geld, Ruhm, Schönheit und Jugend beruhen, gilt der Respekt häufig nicht dem Partner oder der Partnerin, sondern seinen oder ihren materiellen und körperlichen »Vorzügen«. Und schwindet mit ihnen dahin.

In all diesen Beziehungen, egal, ob die Paare im Nobelviertel, im Vorort oder in der No-go-Area wohnen, mangelt es am grundlegenden gegenseitigen Respekt. Nur wenn ich meinen Partner als ganze Person achte, so, wie er beschaffen ist, mit seinen Stärken und Schwächen, und er mich umgekehrt genauso – als ganze Person mit meinen Stärken und Schwächen – achtet, führen wir eine respektvolle und das heißt auch: gleichberechtigte Beziehung. Da kann es im Gebälk knirschen, da kann man sich schon mal gegenseitig auf die Nerven gehen, sich anschreien, anschweigen oder sogar verletzten – aber jeder von beiden weiß: All das spielt sich auf einer unerschütterlichen Basis von Respekt ab. Wenn ich meinen Mann respektlos anblaffe, weil er den Küchenschwamm nicht ausgedrückt hat, dann blaffe ich einen Mann respektlos an, den ich zutiefst respektiere. Und das weiß er. Wenn er sich verschließt und nicht bereit ist, mit mir über etwas zu diskutieren, das mich aufregt, dann empfinde ich das als respektlos. Denn er ignoriert mein echtes Bedürfnis nach Klärung. Ich weiß aber, dass der Mann, der gerade akut meine Bedürfnisse missachtet, mich aus ganzem Herzen und mit seinem ganzen Verstand achtet.

Paare, die sich nicht grundlegend respektieren, können sehr respektvoll und liebevoll miteinander umgehen. Ihr Mangel an Respekt zeigt sich erst, wenn sie sich über etwas nicht mehr einig sind. Und dann kann er sich zerstörerisch äußern. Menschen, die sich grundlegend und auf einer gleichwertigen Ebene respektieren, können streiten, bis die Wände wackeln. Sie werden sich aber niemals auf eine Art verletzen, die unheilbar und unverzeihlich ist. In einer auf gegenseitigem und grundlegendem Respekt basierenden Beziehung werden die Partner einander weder missbrauchen noch erniedrigen, weder ausbeuten noch misshandeln und auch sonst in keiner Weise ihrer Würde berauben. Geschrei und selbst Schimpfworte müssen nicht grundlegende Respektlosigkeit bedeuten, Komplimente und Zärtlichkeiten wiederum müssen kein Indiz für grundlegenden Respekt sein. Erstere können allerdings auf Dauer zum Verlust des Respekts führen. Und Letztere tun auch in einer respektvollen Beziehung immer mal wieder gut.

# Regeln aushandeln

In den Momenten, in denen ich mein Kind respektlos behandele, und die sind mir eigentlich immer bewusst, habe ich auch keinen Respekt vor mir.« Das antwortete mir die Journalistin und Redakteurin Nadja Odeh auf die Frage: »Welche Rolle spielt Respekt in der Kindererziehung?«. Ich denke, diesen Satz würden auch die anderen Mütter und die Väter, die ich zu diesem Thema befragte, unterschreiben. Denn für sie ist ganz selbstverständlich, was der Aufklärer John Locke vor gut 300 Jahren noch als »Einzelkämpfer« verkündete: »Wer will, dass sein Sohn Respekt vor ihm und seinen Anweisungen hat, muss selbst große Achtung vor seinem Sohn haben.« Wobei meine Interviewpartnerinnen und -partner dieselbe Achtung natürlich auch vor ihren Töchtern haben.

Es gab wohl immer Eltern, die nicht nur erwarteten, dass ihre Kinder Respekt vor ihnen hatten, sondern die auch ihren Kindern mit Respekt begegneten. Sie standen allerdings bis vor wenigen Jahrzehnten zumindest in Europa relativ alleine da. In den Fünfzigerjahren, als ich groß wurde, gab es klare und strenge Regeln für Kinder: Sie hatten Erwachsene zu respektieren, weil die Erwachsene waren. Das reichte als Begründung vollkommen aus. Und es bedeutete in der Praxis: Kinder hatten Erwachsenen gegenüber gehorsam zu sein. Sie durften ihnen nicht widersprechen und mussten sich ihnen gegenüber stets höflich verhalten, was mit einschloss, sie mit Knicks (Mädchen) oder Diener (Jungen) zu begrüßen. Ich selbst musste den Knicks machen, denn das »gehörte sich so«, viel mehr aber nicht. Von Vorschriften wie der, man habe als Ausdruck kindlichen Respekts und guter Manieren bei Tisch gerade zu sitzen und zu schweigen, erfuhr ich erst aus den Romanen von Thomas Mann. Ich nehme an, dass diese Regeln vor allem in bürgerlichen und kleinbürgerlichen Elternhäusern galten. Jedenfalls kannten meine Freundinnen in dem Arbeiterviertel, in dem ich aufwuchs, derlei Tischmanieren so wenig wie ich selbst.

Ich musste vor Erwachsenen auch nicht automatisch Respekt haben oder ihnen gehorchen. Meine Eltern lehrten mich, Menschen ausschließlich aufgrund ihres Verhaltens zu respektieren. Und was Respekt bedeutet, lehrten sie mich nicht zuletzt, indem sie mich respektierten. Es gibt ein Foto, auf dem bin ich sechs oder sieben Jahre alt und spiele mit meinem Vater Schach. Man kann darauf erkennen, dass die Partie für ihn keine Spielerei ist, sondern dass er mich als Schachpartnerin ernst nimmt. Wenn ich die Art und Weise, in der meine Eltern mich erzogen, den Respekt, den sie mir schon als Kind entgegenbrachten, mit dem vergleiche, was zu der Zeit üblich war, erkenne ich, wie ungeheuer privilegiert ich aufgewachsen bin. Nicht zuletzt auch deshalb, weil ich, im Gegensatz zu vielen anderen Kindern, nie geschlagen wurde, weder von meinem Vater noch von meiner Mutter.

Heute gehen die Meinungen darüber, wie Kinder erzogen werden sollen, auseinander. Es gibt nicht mehr viele Befürworter der These »Wer sein Kind liebt, schlägt es«, aber es gibt durchaus Eltern, die ihre Kinder schlagen und, mehr noch, misshandeln. Andererseits gibt es kaum noch Eltern, die eine antiautoritäre Erziehung hilfreich finden. Wobei unter »antiautoritär« heutzutage nicht immer das verstanden wird, was der Begriff in den späten Sechzigern meinte. Antiautoritär, das war damals das Gegenmodell zur »Schwarzen Pädagogik«, die bis in die Fünfziger-, wenn nicht Sechzigerjahre gang und gäbe war. Züchtigungen, das Gebot absoluten Gehorsams, Demütigungen und Dressurakte waren die Grundlagen dieses Erziehungsstils, der Respekt dem Kind gegenüber nicht kannte und unter dem Generationen von Kindern zu leiden hatten.

Meine Mutter erzählte mir, dass mein Urgroßvater meine Großmutter bis ins Erwachsenenalter immer wieder misshandelt und gedemütigt hatte. Und niemand hatte ihn dafür gerügt, denn Kinder und auch noch junge Erwachsene – zumal die Töchter – waren das Eigentum der Eltern, die mit ihnen machen konnten, was sie wollten. Mein Vater wiederum erinnert sich, dass sein Vater nie die

Hand gegen ihn erhoben hatte. Dafür wurde er von seiner Mutter geschlagen, mit dem Teppichklopfer oder mit der Hand, und zwar für alles, was er »ausgefressen« hatte oder wovon sie dachte, dass er es »ausgefressen« hätte. Er hatte sich jedoch nie etwas dabei gedacht, denn »das war damals normal«. Seinen Freunden und den Nachbarskindern erging es nicht anders, sondern eher noch schlimmer. Als ich ihn frage, ob seine Eltern Respekt vor ihm und seinen Geschwistern hatten, fragt er erst einmal zurück: »Vor uns Kindern?« Dann schüttelt er den Kopf: »Wir mussten Respekt vor den Eltern haben. Aber umgekehrt? Die Eltern vor den Kindern? Nein! Das hat es damals nicht gegeben.«

Heute kann es vorkommen, dass Nachbarn, Kindergärtnerin, Lehrerin oder Lehrer mit dem Kind darüber sprechen, wenn sie vermuten, dass es misshandelt wird, und ihm Hilfe anbieten oder auch das Jugendamt informieren. Das kann, muss aber nicht so sein. Es gibt auch heute noch Menschen, die der Ansicht sind, Gewalt in der Familie sei Familiensache, da hätten sich Außenstehende nicht einzumischen. Diese Haltung ist jedoch nicht mehr gesellschaftsfähig. Gewalttätige Erziehungsmethoden gelten als verfehlt, und in großen Teilen der Gesellschaft wird ein respektvolles Verhalten Kindern gegenüber befürwortet. Es herrscht aber weiterhin eine große Unsicherheit darüber, wie viel Respekt für Kinder »bekömmlich« ist. Und es werden schon wieder Stimmen laut, die Strenge und Strafen anstelle von »zu vielen« Freiheiten einfordern.

Ende der Neunzigerjahre meinten einer Umfrage des *Spiegel* zufolge 79 Prozent der Deutschen, Kinder bräuchten mehr Führung und seien in den letzten zehn Jahren zu liberal erzogen worden. Soweit also die Erwachsenen (zumindest laut dieser Erhebung). Die Studie NRW-Kids, die 2001 im Auftrag des nordrhein-westfälischen Ministeriums für Frauen, Jugend, Familie und Gesundheit durchgeführt wurde[5], ergab: Die Jugendlichen sehen das anders.

---

5 Vom Siegener Zentrum für Kindheits-, Jugend- und Biografieforschung, siehe: www.uni-siegen.de/uni/publikationen/

»Die Heranwachsenden«, schreibt Projektleiterin Dr. Imbke Behn-ken von der Universität Siegen in ihrer Zusammenfassung der Er-gebnisse, »finden die Erziehung im Elternhaus liberal und möchten ihre eigenen Kinder einmal so erziehen, wie die Eltern es ihnen vorgelebt haben. Der Anteil der Jugendlichen«, führt sie weiter aus, »die ›wie ihre Eltern erziehen wollen‹, erreicht in dieser Gene-ration ihren Höhepunkt. Die Jahrzehnte des Aufbegehrens gegen die eigenen Eltern sind vorbei, die junge Altersgruppe honoriert mit ihrer Zustimmung die vergleichsweise liberale Erziehung (›Verhandlungshaushalt‹) der heutigen Eltern-Generation.«

Die Kids sind also offenbar ganz zufrieden damit, dass ihre Eltern sie respektieren. Denn die Formulierungen »liberale Erzie-hung« und »Verhandlungshaushalt« beinhalten: Respekt auch dem Kind gegenüber. »Wenn ich zu meinem Sohn sagen würde: ›Rede erst, wenn du gefragt wirst‹, oder ›bei Tisch hast du den Mund zu halten‹, oder ›solange du die Füße unter meinen Tisch stellst …‹«, der würde denken, ich habe den Verstand verloren«, erzählt mir lachend ein Kameramann, den ich in der Drehpause frage, welche Rolle für ihn Respekt in der Erziehung spielt. »Der hat sich sogar neulich, als ich wegen irgendetwas rumgemeckert habe, vor mir aufgebaut und gesagt: ›Ein bisschen mehr Respekt, Papa, ja?‹«, berichtet er weiter. Und er wirkt dabei nicht nur amüsiert, sondern durchaus auch stolz auf den selbstbewussten Dreizehnjährigen.

Auf die Frage »Wie zeigst du deinen Kindern, dass du sie re-spektierst?«, zählt mein Kollege Matthias Wurms auf: »Ich ver-suche, Verabredungen einzuhalten, ich versuche, ehrlich zu ihnen zu sein, ich lobe sie, wenn ich etwas toll finde, ich sage aber auch, wenn ich etwas nicht so toll finde. Ich gebe es zu, wenn ich etwas Blödes gemacht habe. Ich stelle mit ihnen zusammen Regeln auf. Und ich sorge dafür, dass sie sich daran halten – das ist auch eine Form von Respekt, denn die Regeln sind ja beidseitig.« Matthias' Tochter Emma ist sechs Jahre alt, Sohn Lenz eineinhalb. Der Klei-ne, erzählt er, »hat zurzeit nur Respekt vor den Herdplatten. Da zeigt er drauf und sagt ›heiß!‹.« Ansonsten hat Lenz vor nichts und niemandem Respekt: »Er spielt mit den Grenzen, er testet alles aus. Guckt mich an, grinst – und tut das Verbotene. Ich bin keine

Respektsperson für ihn. Und das ist oft frustrierend. Emma«, fährt Matthias fort, »macht das auch hin und wieder. Vielleicht liegt es an mir?« Er sieht mich nachdenklich an und meint dann zögernd: »Sie machen es aber auch mit ihrer Mutter.« Nach weiterem Nachdenken sagt Matthias schließlich: »Das ist jetzt ein Respekt im ganz praktischen Sinne von Folgen. In der Regel empfinde ich aber schon einen beiderseitigen respektvollen Umgang. Wobei ich klarstelle, dass ich der Chef bin. Es ist nicht auf Augenhöhe.«

»Verabredungen treffen« heißt das Zauberwort, nicht nur für Matthias und seine Kinder. Das klappt nicht immer, aber es ist eine Grundlage dafür, dass überhaupt etwas klappen kann – jenseits von Befehl und Gehorsam. Mit der sechsjährigen Emma, erzählt Matthias stolz, kann er schon gut Verabredungen treffen: »Gestern zum Beispiel haben wir den ganzen Tag zusammen verbracht. Zwischendrin sagte ich zu ihr: ›Ich möchte eine halbe Stunde Kinderpause machen. Ich muss ein paar Sachen erledigen und mich ausruhen. Dann machen wir wieder etwas zusammen.‹ Das hat sie respektiert. Nach zwanzig Minuten fragte sie nach, wann die halbe Stunde rum sei. Ich sagte ihr: ›In zehn Minuten‹, und daraufhin ging sie wieder. Als die halbe Stunde vorbei war, kam sie wieder. Ich war allerdings noch nicht fertig, worauf sie nachdrücklich monierte, das sei nicht fair. Ich entschuldigte mich, sie drängelte noch etwas, akzeptierte es dann aber. Und ich hatte ein schlechtes Gewissen. Zumal sie ihren Part so gut eingehalten hatte.« Wenig Respekt, berichtet Matthias weiter, hat Emma, »wenn man abends sagt: ›Ab ins Bett!‹ Aber sie respektiert dann unseren Wunsch nach Ruhe, das heißt, sie geht nicht ins Bett, aber sie setzt sich zum Beispiel alleine an den Schreibtisch und malt.«

Matthias wuchs in einer Wohngemeinschaft auf, »da war es überlebensnotwenig«, erzählt er, sich mit verschiedenen Menschen auseinanderzusetzen, sie zu respektieren. Und das war nicht immer einfach.« Die Bewohnerinnen und Bewohner der WG waren politisch engagierte Menschen, und so wurde Matthias von klein auf »Respekt vor Schwächeren« beigebracht, und »Respekt vor Frauen, der spielte für meine frauenbewegte Mutter eine große Rolle«. Was aber »ein bisschen unterging in diesen theoretisch-politischen

Respekt-Gebilden«, fügt er hinzu, »war der Respekt vor mir selber, das heißt, ich selbst zu bleiben, zu mir zu stehen.« Diesen Selbst-Respekt möchte er Emma und Lenz lehren. Denn eine »Grund-voraussetzung« für seinen Respekt den Kindern gegenüber ist, so Matthias, »dass ich mich daran erinnere, wie ich mich selber ge-fühlt habe, in bestimmten Situationen«.

Wir sind zu Besuch bei Freunden: Nicole, ihrem Lebensgefähr-ten Hermann und dem gemeinsamen Sohn Jan. Der davon ausgeht, dass wir vor allem seinetwegen gekommen sind, denn er war ein paare Tage krank und ist immer noch nicht völlig gesund. Aber anstatt dem Sechsjährigen unsere ganze Zeit zu widmen, vertiefen sich Hermann und mein Mann in der Küche ins Gespräch, während Nicole und ich uns in das Wohnzimmer zurückziehen, wo ich ver-suche, sie zum Thema Respekt in der Erziehung zu interviewen. Die Betonung liegt auf »ich versuche«. Denn immer, wenn Nicole anhebt, etwas zu sagen, greift Jan nach dem Mikrophon, macht Krach, zerrt am Stuhl seiner Mutter und was ihm sonst noch alles einfällt, um unser Gespräch zu sabotieren. Dabei kann er das lie-benswürdigste Kind der Welt sein. Bloß jetzt nicht, wenn keiner sich um ihn kümmert. Wozu ist der Besuch dann überhaupt ge-kommen?!, fragt sich Jan und bemüht sich stur, sein Bedürfnis nach Beachtung durchzusetzen.

Nicole zuckt gelassen die Schultern. »So geht es manchmal bei uns ab«, sagt sie lachend, »mit Türenknallen und Geschrei und Ge-nerve. Aber ganz grundsätzlich«, fährt sie fort, »hat Jan Respekt vor mir.« Ich will wissen, woran sie das merkt. »Woran merke ich, dass du Respekt vor mir hast?«, fragt sie Jan. Der macht große Augen, schaut erst sie an, dann mich, dann wieder seine Mutter. »Taschentücher«, sagt er schließlich – mit todernstem Gesicht und einem übermütigen Lachen im Blick. »Ja«, erwidert Nicole lä-chelnd, »du bringst mir manchmal Taschentücher. Aber abgesehen davon?« – »Was macht ihr da?«, will Jan nun zum dritten Mal wis-sen. »Wir machen ein Interview, und du lässt uns jetzt in Ruhe«, sagt Nicole ruhig, aber sehr entschieden. Jan zieht sich schmollend in eine Ecke des Zimmers zurück.

»Ich erwarte durchaus Respekt von ihm«, meint Nicole, »das

heißt, ich erwarte, dass er mich nicht tyrannisiert oder mir das Gefühl gibt, er schickt mich durch die Gegend wie seinen Sklaven oder so. Das haben sie ja in dem Alter manchmal ganz gut drauf. Und da reagiere ich ziemlich allergisch.« Der Respekt kann und soll aber auch gegenseitig sein, fügt Nicole hinzu. Soweit das mit einem Sechsjährigen schon möglich ist. Sie stellen zusammen Regeln auf, erzählt sie: »Manchmal ist es natürlich so, dass ich die Regeln aufstelle, wenn ich zum Beispiel das Gefühl habe, das ist etwas, das er noch nicht überblicken kann. Aber wenn ich den Eindruck habe, wir können die Grenzen, die ich gesetzt habe oder die wir zusammen vereinbart haben, erweitern, dann versuchen wir, das zusammen abzusprechen.« Jan steht gerade geräuschvoll von seinem Stuhl auf, wirft uns einen strafenden Blick zu und schlurft betont cool aus dem Zimmer, um in der Küche bei den Männern sein Glück zu versuchen. Nicole quittiert die Show mit einem liebevollen Lächeln und sagt in ihrer gelassenen Art: »Die Kinder müssen immer wieder rebellieren, um zu zeigen: ›Meine Grenze muss ein bisschen weiter werden. Hallo, jetzt komm mal, wir müssen neu verhandeln!‹«

Mithu M. Sanyals Sohn Jasray ist gerade sechs Jahre alt geworden. Die Tochter ihres Lebensgefährten ist zehn, die vier bilden eine klassische Patchwork-Familie und sind damit sehr zufrieden. Im Gegensatz zu Teilen der Familie. Bevor Mithu über den Respekt spricht, den sie Jasray entgegenbringt und zu dem sie ihn erzieht, sagt sie: »Ich erhoffe mir und verlange das inzwischen, dass meine Familie und die meines Partners respektieren, dass auch wir eine Familie sind.« Es ist Mithu auch wichtig, »gut und respektvoll über den anderen Teil der Herkunftsfamilie der Kinder zu sprechen, also über den Vater meines Sohnes und die Mutter meiner Ziehtochter. Und meinen Eltern klarzumachen: ›Ich habe zwei Kinder, also gebt ihnen bitte gleich große Geschenke!‹ Ich muss sie immer noch daran erinnern.«

Respekt ihrem Sohn gegenüber äußert Mithu unter anderem, indem sie ihm zuhört. Was sie umgekehrt genauso von ihm verlangt – auch wenn es ihm oft schwerfällt. Und sie achtet auf ihre Wortwahl, wenn sie ihn kritisiert: »Ich sage zum Beispiel ›Was du da

gerade machst, stört mich‹, und nicht: ›Du störst mich‹.« Auch
Grenzen zu setzen ist für sie ein Ausdruck von Respekt: Früher,
erzählt sie, »habe ich ständig mit ihm gespielt, obwohl ich nicht
immer Lust dazu hatte. Dann habe ich gelernt, wenn ich keine Zeit
oder Lust habe, zu sagen: ›Jetzt mag ich gerade nicht.‹ Denn nur
dann ist das, was ich gebe, auch gerne gegeben. Das heißt, wenn
ich nun etwas mit ihm mache, ist es echt, dann tue ich es gerne.
Und das merkt er natürlich. … Zu Respekt«, fügt sie hinzu, »gehört ganz wesentlich, dass man ehrlich ist. Je glaubwürdiger ich
für Jasray bin, desto besser. Manches, womit er sich gerne beschäftigt, interessiert mich nicht, und da tue ich auch nicht so, als fände
ich es spannend. Es gibt ja genug, das ich wirklich gern mit ihm
mache.« Und wie Matthias stellt sie fest: »Einiges geht schon früh.
Sie können ja auch in dem Alter bereits verblüffend viel. Man kann
zum Beispiel ohne weiteres schon sagen: ›Ich bin jetzt müde, ich
brauche eine kurze Pause‹ – das verstehen sie und sie können es
auch akzeptieren.«

## Intermezzo: Die fremde Insel

Ich fahre mit der Straßenbahn, mir gegenüber sitzt eine junge Frau
mit ihrem Sohn, der in etwa im Alter von Emma, Jan und Jasray ist.
Der Junge hält einen Teddy an die Brust gedrückt und sieht ihn
immer wieder an. Er wirkt ernst und ein bisschen ängstlich und so,
als wäre dieser Teddy eine Art Halt für ihn. Zwei Stationen später
steigt ein Mann um die Fünfzig ein und setzt sich neben die beiden.
Er spricht den Jungen auf den Teddy an, worauf der ihn noch fes-
ter an sich presst. Dann zieht der Mann seine Geldbörse aus der
Jackentasche, öffnet sie, nimmt einen Zehn-Euro-Schein heraus
und hält ihn dem Jungen hin: »Hier, du gibst mir den Teddy, und
bekommst dafür das Geld.« Der Junge sieht ihn erstaunt an. Der
Mann animiert ihn weiter und wedelt mit dem Geldschein. Die

Mutter starrt vor sich hin, als ginge sie das Ganze nichts an. Schließlich reicht der Junge dem Mann den Teddy und nimmt die zehn Euro in Empfang. Dann schaut er schweigend aus dem Fenster. Der Mann lacht zufrieden und sieht sich erfolgheischend um. Ich muss aussteigen, und da ich einen wichtigen Termin habe, tue ich es auch, obwohl ich den Mann gerne aufgefordert hätte, dem Jungen auf der Stelle den Teddy zurückzugeben.

Die Szene geht mit den ganzen Tag nicht aus dem Kopf. Ich formuliere innere Dialoge mit der Mutter des Jungen. Der Mann widert mich nur an; was mir ernsthafte Sorgen bereitet, ist, warum das Kind seinen Teddy, an dem es ganz eindeutig hing, für Geld hergibt. Und warum die Mutter das zulässt. Ich habe diverse dunkle Vermutungen, aber keine wirkliche Antwort auf diese Fragen. Und ich denke: Das muss ich in meinem Buch beschreiben. Dass ich den Vorfall mit dem Thema Respekt assoziiere, erscheint mir ganz logisch. Doch jetzt, wo ich dabei bin, ihn zu beschreiben, frage ich mich: Wo ist die Verbindung? Liegt sie darin, dass der Mann ganz offensichtlich Kinder und ihre Würde nicht respektiert? Oder darin, dass die Mutter nicht einschreitet, wenn ihr Kind respektlos behandelt wird? Oder darin, dass der Junge über so wenig Selbstrespekt verfügt, dass er bereit ist, etwas, das er liebt, an einen Fremden zu verkaufen? Ich vermute, dass so ein Kind nie Respekt erfahren hat, weder vor seiner Person, noch vor seinen Bedürfnissen. Dass auch seine Mutter keinen oder keinen ausreichenden Respekt erfahren hat und diesen Mangel nun an ihren Sohn weitergibt. So wie erlittene Misshandlungen oft weitergegeben werden. Und mir wird bitter bewusst, wie privilegiert auch heute noch Kinder sind, die Väter wie Matthias und Mütter wie Nicole und Mithu haben. Es sind heute vermutlich mehr als je zuvor in der europäischen Geschichte, aber es sind noch längst nicht alle.

Während mir diese Geschichte in der Bahn weiter im Kopf herumspukt, erinnere ich mich an zwei völlig andere Szenen. Sie spielen am Strand von Ampangorina auf Nosy Komba, einer kleinen Insel nördlich von Madagaskar. Szene 1: Eine Frau führt ihren Enkel feierlich an das Wasser. Der Kleine, in etwa gleich alt wie der Junge in der Straßenbahn, ist eine Mischung aus stolz und aufgeregt, entschlossen und ein bisschen ängstlich. Zwei ältere Jungen, seine großen Brüder, ziehen derweil ein winziges Auslegerboot ins Wasser. Es sieht aus wie ein Kinderboot, und das ist es auch. Einer der beiden hilft dem Jungen einzusteigen, der andere reicht ihm die kleinen Ruder. Und dann kann sie losgehen – die erste Fahrt des Zazakely. »Zazakely« heißt auf Malagasy »kleiner Mensch«, so werden die Kinder hier genannt. Die großen Brüder schwimmen neben dem Boot her, rufen dem Jungen Ermutigendes zu, lassen ihn aber alleine machen. Er darf gerade einen der ersten bedeutsamen Schritte auf dem Weg zum »großen Menschen« tun: lernen, ein Boot zu lenken. Und die Großen zollen ihm allen gebührenden Respekt dabei.

Szene 2: Ich sitze am Strand und lese ein Buch. Vor mir, am Wasser, spielen ein paar Mädchen, die ich schon öfter gesehen habe. Wir haben uns bereits zugenickt und kurz gewunken, dann habe ich mich wieder auf meine Lektüre konzentriert. Die Mädchen kennen nur einen einzigen Weißen: Martin, den Freund meines Mannes, den wir hier besuchen und der mit einer Frau von der Insel verheiratet ist. Eine weiße Frau kennen sie gar keine. Ab und zu legt ein Kreuzfahrtschiff vor der Insel an, und ein paar der Passagiere lassen sich an Land rudern. Sie spazieren dann einmal quer durch Ampangorina, bestaunen die »primitiven« Bambushütten, kaufen vielleicht ein paar Schnitzereien oder Tücher und gehen wieder an Bord. Aber eine Wasa, die schon seit drei Tagen hier ist, die man also in aller Ruhe angucken kann, so etwas gab es hier noch nicht.

Ich spüre, dass etwas im Gange ist. Schaue auf. Fünf Mädchen stehen in etwa zwei Meter Entfernung vor mir und kichern. Ich weiß, dass die Kinder auf der Insel völlig angstfrei und ziemlich selbstbewusst sind, die Mädchen genauso wie die Jungen, denn hier haben die Frauen weitgehend das Sagen. Also bin ich gespannt, was nun kommt. »Madam!«, ruft eine und winkt. Ich winke lächelnd zurück. Nach einer ganzen Weile tritt die Kleinste, sie ist höchstens fünf, ein paar Schritte vor. Bleibt stehen und bewegt sich dann weiter in meine Richtung. Die anderen halten die Luft an. Nun steht Mademoiselle Courage vor mir, den Kopf voller kleiner Zöpfchen, von denen jedes von einer farbigen Schleife zusammengehalten wird. Sie sieht mich ernst und konzentriert an. Als sie direkt vor mir steht, erkenne ich, dass sie nun neuen Mut fassen muss. Und dann streckt sie den Arm aus und berührt ganz sacht und vorsichtig mein Knie. Wie fühlt sich weiße Haut an? Ich halte ihr die Hand hin. Sie zögert einen Moment, sieht mir aufmerksam in die Augen. Dann streicht sie mit dem Zeigefinger über meine Handfläche, den Handrücken und schließlich über meinen Arm. Ich berühre mit meiner anderen Hand nun sanft und vorsichtig ihren Arm. Sie hält in der Bewegung inne und sieht mir wieder in die Augen. Dann müssen wir beide lachen. Die anderen Mädchen stimmen erleichtert in unser Gelächter ein und kommen nun auch näher. Von da an habe ich auf dieser schönen unberührten Insel fünf kichernde selbstbewusste und charmante Freundinnen. Die mir ebenso großen Respekt entgegenbringen wie ich ihnen. Und das – ihren Respekt vor mir und meinen vor ihnen – ganz selbstverständlich finden.

## – RESPEKT –

Mit Dorothee Plass, Filmemacherin, Kunstpädagogin und Mutter eines neunjährigen Sohnes, sprach ich so lange und ausführlich über Respekt in verschiedenen Lebensbereichen, dass wir nicht mehr dazu kamen, uns dem Thema Respekt in der Kindererziehung zu widmen. Dorothee versprach jedoch, darüber nachzudenken, das Ergebnis ihrer Überlegungen aufzuschreiben und mir den Text zu schicken. Außerdem wollte sie ihren Sohn Jonathan dazu befragen. Am nächsten Tag erhielt ich von ihr stattdessen eine Mail mit dem Anhang »Gespräch mit Jonathan über Respekt«:

*»Ingrid macht ein Buch darüber, was die Leute sich unter Respekt vorstellen und was das sein kann … Was sagt dir das Wort Respekt?*

Dass man andere Leute wahrnimmt und nicht einfach denkt, dass man klüger wär und so.

*Wie zeigt sich das zum Beispiel?*

Zum Beispiel ... wenn einer neu in den Fußballverein kommt, dass man nicht sagt: ›Ey, Mann, was willst du denn hier?‹, sondern ihn erst mal begrüßt und dass man ihm was zeigt und so.

*Und hast du ein Beispiel dafür, dass jemand dir gegenüber Respekt hat?*

Zum Beispiel, dass mich die Älteren, sogar die Jugendlichen in der Betreuung, immer mitspielen lassen.

*War mal jemand respektlos dir gegenüber?*

Nein!

*Gehen wir, deine Eltern, respektvoll mit dir um?*

Ja! Ihr lasst mich erst mal ausreden, *(lacht)* oder? Und begrüßt mich, wenn ich von der Schule nach Hause komme, so was halt.

*Wann sind Erwachsene respektvoll miteinander?*

Wenn man kommt, dann sagt man ›hallo!‹

*Wann sind Erwachsene nicht respektvoll miteinander?*

Beim Fußball – das Foulen: Wenn man den Ball nicht kriegt ...

*Müssen Kinder Respekt vor ihren Eltern haben?*

Ja, auf jeden Fall.«

Am Tag darauf bekam ich erneut eine Mail von Dorothee – mit ihren »Gedanken zum Thema Respekt zwischen Jonathan und mir«:

»1. Vor zwei Wochen war es mal wieder so, dass sich Jonathan so richtig fies respektlos mir gegenüber gebärdet hat: Er war nicht ansprechbar und hatte einen wirklich herablassenden Tonfall in seiner Weigerung: ›Warum sollte ich den Tisch decken?‹, und es kam auch noch irgendetwas hinterher. Das war kein kleiner Test, das war ernst. Es gab kein Einlenken, bis ich total geplatzt bin. Das hat immer seine Wirkung.

2. Meistens habe ich aber mit ihm andere Erlebnisse zum Thema Respekt: Er sagt schon mal – im Tonfall großväterlicher Güte: ›Ach, liebes Mütterchen, da mach dir mal keine allzu großen Sorgen‹. Oder: Als ich am Sonntag fragte, was er vorhabe, er wolle sicher erst mal Brötchen holen gehen, nannte er mich eine ›Möchtegernmagierin‹, so leicht seien seine Gedanken nicht zu lesen. Das hat mich sehr amüsiert, ich finde es eine erfrischende Art, die Allwissenheit und Macht der Respektsperson Mutter infrage zu stellen.

3. Manchmal denke ich, Lutz und ich könnten respektvoller miteinander umgehen, zum Beispiel dieses billige aneinander Herumnörgeln sein lassen, oder den anderen öfter mal nach seiner Sicht der Dinge fragen. Was wären wir dann für ein gutes Vorbild für Jonathan!

4. Respekt gegenüber Jonathan ist auch nicht immer ein leichtes Spiel. Aber es wird belohnt, wenn ich seine Interessen unterstütze, mich zum Beispiel zum Wrestling-Dummy mache und nicht direkt den ganzen Quatsch herabwürdige. Man kann ja immer noch über die Techniken (deren Nachahmung teilweise wirklich riskant ist) und die Show diskutieren. Inzwischen hängen die speckigen Eiweißpakete auch als Poster an der Kinderzimmerwand.

5. Was ist eigentlich Respekt vor dem Kind? Vielleicht, wenn mir (immer mal wieder) seine Eigenständigkeit und Eigenheit klar werden. Und gegenseitiger Respekt? Der zeigt sich, wenn wir es hinbekommen, etwas wirklich gemeinsam zu planen oder zu besprechen.«

Yasan, Nadja Odehs Sohn, ist gleich alt wie Jonathan: neun. Als ich Nadja frage, ob sie ihr Kind respektiert, antwortet sie sofort und mit einem Lächeln in den Augen: »Ja. Ich kann mich noch gut an den Moment erinnern, als ich meinen Sohn nach der Geburt zum ersten Mal in den Armen hielt und er mich mit großen Augen anschaute. Schon in diesem Moment habe ich ihn als Persönlichkeit empfunden und habe gehofft und mir gewünscht, dass ich vor diesen Augen als Mensch, als Mutter bestehe.« Wie Dorothee ist auch Nadja berufstätig, und beide haben weder Zeit noch Lust, die klassische Mutterrolle zu spielen. Ihre Söhne sind für ihr Alter ziemlich selbständig, und darauf sind sie auch stolz. Der Selbstrespekt dieser Jungen resultiert nicht zuletzt daraus, dass sie nicht ständig »bemuttert« werden.

Ihr Respekt Yasan gegenüber, erzählt Nadja Odeh, drückt sich »in vielen kleinen Dingen und Alltagsentscheidungen aus. Zum Beispiel beim Lebensmitteleinkauf. Ich arbeite den ganzen Tag und habe wenig Zeit zum Ausgehen, deshalb kaufe ich mir das zum Essen, worauf ich Lust habe, manchmal zum Beispiel auch Kalbsleber. Yasan aber mag keine Leber, und ich weiß das. Also koche beziehungsweise brate ich für ihn etwas anderes. Wären wir eine Großfamilie, würde ich schon sagen, da musst du halt mal was essen, was du nicht so gerne magst. Da wir aber nur zu zweit sind und ich nach dem Lustprinzip für mich einkaufe, sehe ich keinen Grund, Yasan abzuverlangen, dass er etwas isst, was er nicht mag.« Ebenso wenig würde sie ihn zwingen, etwas anzuziehen, das er nicht will, berichtet Nadja weiter, »und ich muss vielleicht auch akzeptieren, dass er etwas schön findet, das mir gar nicht gefällt«. Und – das findet Nadja sehr wichtig – sie respektiert Yasans Geheimnisse: »Briefe an ihn und dergleichen sind für mich tabu. Und wenn ich doch etwas lesen würde, das er bewusst vor mir geheim halten wollte, dann hätte ich sicher ein schlechtes Gewissen, also ein Gefühl dafür, dass das nicht in Ordnung ist.«

»Es gibt natürlich auch Momente«, fährt sie fort, »wo ich sage: ›Das bestimme ich, weil ich deine Mutter bin, und wenn du später mal erwachsen bist, dann kannst du das anders machen, aber jetzt nicht.‹« Gelegentlich, fügt sie selbstkritisch hinzu, nutzt sie ihre Machtposition als Erwachsene »nicht um des Erziehens willen, sondern indem ich mein Kind launenhaft niedermache. Das passiert schon mal in schlechten Momenten. Aber dann fühle ich mich auch schlecht, weil ich Yasan dann eben respektlos behandelt habe.« Sie entschuldigt sich dann bei ihm, wie immer, wenn sie merkt: »Ich habe einen Fehler gemacht.« Grundsätzlich ist Nadja der Überzeugung, Eltern sollten ihre Kinder respektieren. Auf die Frage, warum sie das tun sollten, antwortet sie: »Weil Familie, weil Gesellschaft sonst gar nicht gelingen kann.«

Ingrid Klemp war 42, als sie ihre Tochter Wiebke bekam. Sie machte sich deshalb, wie sie sagt, keine großen Gedanken darüber, wie sie das Kind erziehen sollte: »Für mich war das ein Menschlein mit seinen grundlegenden Bedürfnissen, das darauf angewiesen ist, dass ich sie erfülle.« Am wichtigsten war ihr zunächst, »dass dieses Kind Urvertrauen gewinnen kann«. Sie nahm alle seine Bedürfnisse ernst. »Wiebke war ein Schreikind«, erzählt sie, »wir haben sie stundenlang herumgetragen. Sie hat viel Nähe und Verlässlichkeit erfahren.« Ihre Tochter, fügt sie hinzu, »war aber nie ein Tyrann. Sie hat immer gefragt, darf ich? Kann ich mir das nehmen, das tun? Und ich habe ja oder nein gesagt und ihr erklärt, warum ich es erlaube oder nicht. Sie hat dazu beigetragen, Grenzen festzulegen.«

Ingrid ist Redakteurin, sie war und ist also eine berufstätige Mutter, und somit erzog sie Wiebke notgedrungen zu einer gewissen Selbständigkeit. Dass sie ihr von klein auf viel zutraute, ist für sie aber auch ein Ausdruck von Respekt dem Kind gegenüber: »In dem Maße, in dem ich abschätzen konnte, dass sie Gefahren selbst einschätzen kann, habe ich sie an der langen Leine gelassen. Und sie hat mein Vertrauen nie missbraucht.« Wiebke ist inzwischen 19 Jahre alt, und das gegenseitige Vertrauen – der gegenseitige Respekt – zwischen ihr und ihrer Mutter bewährt sich immer noch. »Ernsthafte Konflikte hatten wir nie«, stellt Ingrid fest, »ich hatte eher Angst, dass ich eine so dominante Mutter bin, dass sie etwas Schreckliches machen muss, um zu rebellieren.« Hat sie aber nicht. Zumindest bisher. Und die kluge, ernsthafte junge Frau macht nicht den Eindruck, als hätte sie das Bedürfnis, irgendwelche »Schrecklichkeiten« nachzuholen. Wenn Ingrid dennoch misstrauisch oder ängstlich ist, was, wie sie zumindest sagt, »sehr selten vorkommt«, meint Wiebke nur freundlich-amüsiert: »Mama, was du schon denkst!«

Wiebke hat inzwischen ein 1a-Abitur hingelegt und zieht demnächst von zu Hause aus und in einer anderen Stadt in eine Studenten-WG ein. Nun, meint Ingrid, muss sich ihr Respekt dieser mittlerweile erwachsenen Tochter gegenüber auch darin zeigen, dass sie noch mehr loslässt. Sie ist sich nicht sicher, ob das Medizinstudium für Wiebke richtig ist, versucht aber nicht, sie in eine andere Richtung zu drängen. »Ich habe ihr schon immer«, sagt sie, »wenn sie etwas machen wollte, das ich nicht so gut fand, wie sie, signalisiert: Das und das fände ich schön. Ich habe aber nie versucht, ihr etwas auszureden oder sie zu etwas zu überreden. Ich habe ihr bloß viele Angebote gemacht und ihr immer mehrere Möglichkeiten aufgezeigt. Ich war immer neugierig darauf, was sie machte. Und das bin ich jetzt wieder.«

Dass Wiebke umgekehrt Respekt vor ihr hat, merkt Ingrid daran, »dass sie mich um meine Meinung fragt, dass ihr die wichtig ist. Dass sie mir zuhört. Sie macht gerne was mit mir zusammen, bis heute. Sie respektiert auch meine Bedürfnisse. Es kann passieren, dass ich nach Hause komme, und sie hat gekocht. Sie macht selbständig ihren Anteil an der Hausarbeit, und« – an der Stelle muss Ingrid lächeln, denn Wiebke ist eher unordentlich – »manchmal räumt sie sogar den Küchenschrank auf.« Dann wird sie wieder ernst und erzählt stolz: »Als sie letztes Jahr entscheiden musste, ob sie den Leistungskurs für das Abi wechseln will, rief sie mich im Urlaub an. Ich war in den Masuren radeln. Ich stieg ab, und wir redeten lange darüber.«

Vor vielen Jahren erzählte mir Monika, eine meiner ältesten Freundinnen, folgende Geschichte: Ihr Sohn hatte eine Freundin, die sie selbst sehr sympathisch fand, und sie hoffte, diese Beziehung würde halten. Die Sympathie war gegenseitig, und eines Tages nahm die Freundin des Sohnes Monika beiseite und sagt zu ihr: »Ich möchte dir dafür danken, dass du Allen zu einem so fitten Mann erzogen hast.« Monika verstand nicht gleich, was die junge Frau meinte, also erklärte sie es ihr: »Er kann alles! Er kann kochen, er kann putzen, er kann bügeln, und er tut es auch! Ohne, dass ich ihn drum betteln muss!« Was die junge Frau so bewundernd anerkannte, war für Monika ganz normal. Als berufstätige Mutter hatte sie ihren Sohn dazu erzogen, den Haushalt Schritt für Schritt als einen Aufgabenbereich wahrzunehmen, den er sich mit Mutter und Vater teilte. Für viele ist das allerdings noch immer nicht normal. Und oft, wenn ich mich darüber ärgere, bekomme ich zu hören: »Daran sind nicht die Männer schuld, sondern die Mütter. Die erziehen schließlich die Söhne. Und die erziehen sie offenbar zu Machos.«

Da ist was Wahres dran. Sofern man davon absieht, dass diese Söhne ja auch Väter haben, die an der Erziehung gleichfalls beteiligt sind. Doch Mütter von Söhnen wissen auch ein Lied davon zu singen, was die Jungs von »draußen« mit nach Hause bringen. Ihr sechsjähriger Sohn Jasray, klagt Mithu, wird »schon im Kindergarten auf ein bestimmtes Rollenverhalten festgelegt. Und wenn er sich nicht daran hält, warnt man mich, mein Junge sei nicht ganz ›normal‹.« Im Fernsehen, in ungezählten Videospielen, von Männern auf der Straße, in der Nachbarschaft und der Familie wird kleinen Jungen vorgeführt, was ein »richtiger Mann« sei, was und womit ein Junge, der einmal ein »richtiger Mann« werden will, zu spielen, wie er sich zu stylen und wie er sich zu verhalten habe. »Schwul« gilt auf dem Schulhof als eine der übelsten Beschimpfungen, übertroffen nur noch von »Opfer«. Beides meint: »zu« sanft, zu wenig aggressiv, zu wenig dominant, zu wenig »männlich«. Und welcher Junge möchte ausgegrenzt, verhöhnt, gemobbt werden, nur, weil seine Mutter andere Ansichten hat als der (scheinbare) Rest der Welt?

Andererseits erziehen die Mütter, die ich kenne, ihre Söhne zu liebenswürdigen, lebendigen, kreativen und selbstbewussten Jungen. Diese Mütter sind alle berufstätig, mehrere von ihnen ziehen das Kind alleine groß, und keine von ihnen züchtet künftige Machos heran. Es geht als doch. Eine Mutter hat, wie Mithu richtig feststellt, nicht im Griff, welchen äußeren Einflüssen ihr Sohn ausgesetzt wird. Doch sie kann ihm offenbar – nicht zuletzt durch das Vorbild ihres eigenen Lebens und Verhaltens – eine Grundlage mitgeben, die ihn vor einer Haltung der Frauenverachtung und männlichen Machtansprüche bewahrt.

Eltern, die ihre Kinder respektieren und zu einem grundlegenden Respekt vor anderen Menschen erziehen, helfen ihnen damit auch, Selbstrespekt zu entwickeln, eine wichtige Basis für Respekt vor anderen. Ein Junge, der sich selbst achtet, muss sich die Achtung anderer Jungs nicht unbedingt erwerben, indem er sich frauenverachtend, rassistisch oder unmenschlich gegenüber Schwächeren verhält. Ein Mädchen, das über Selbstrespekt verfügt, wird sich nicht so leicht verächtlich machen, erniedrigen und ausnutzen lassen.

Fina wächst, im Gegensatz zu Jasray, Jasan und den anderen, in einer ganz normalen Familie auf. Sie ist zehn Jahre alt, geht auf die Gesamtschule und könnte nach zwei Jahren in den Gymnasialzweig überwechseln. »Das *könnte* sie«, sagt Claudia, ihre Mutter, und verdreht vielsagend die Augen, »wenn sie nicht so faul wäre!« Fina grinst und verdreht gleichfalls die Augen. Ihre Eltern sind Italiener, die Mutter ist Fußpflegerin, der Vater Facharbeiter. Fina spricht fließend Deutsch und Italienisch, ist intelligent, sieht umwerfend aus und liebt es, kleine oder auch größere Machtkämpfe mit ihrer Mutter auszufechten: »Die Yasmin darf sich die Nägel anmalen, warum darf ich das dann nicht?« – »Weil du dafür zu jung bist«, erwidert Claudia. – »Die Yasmin ist aber genauso alt wie ich!« – »Dann ist die Yasmin auch zu jung dafür. Mit zehn muss man sich noch nicht schminken. Das habt ihr auch gar nicht nötig! Guck dich in den Spiegel: Hast du es nötig, irgendwas an dir zu verändern? Du siehst doch super aus!« – »Aber die anderen Mädchen haben sich auch alle die Nägel lackiert, und die Sandra, die nimmt schon Lidschatten!« – »Warum müsst ihr euch unbedingt anmalen? Ihr seid doch Mädchen und keine Schaufensterpuppen?!« – »Die doofe Sandra, die darf auch den ganzen Nachmittag fernsehen und DVDs gucken!« – »Okay. Und wie sehen ihre Schulnoten aus?«

Das kann sich noch eine ganze Weile so hinziehen. Denn weder Fina noch Claudia sind dafür geboren, nachzugeben. Wenn ich mit den beiden zusammen bin, wird mir immer wieder deutlich, wie sehr Claudia ihre Tochter liebt, wie sehr sie sie vor Unheil bewahren möchte und wie respektvoll sie, bei allem Temperament, mit der Zehnjährigen umgeht. Sie könnte schließlich sagen: »Geht nicht! Ist nicht, basta!« Und das wäre es dann. Stattdessen versucht sie, ihrer aufmüpfigen Tochter zu erklären, warum sie etwas für unsinnig oder sogar schädlich hält und es ihr deshalb nicht erlaubt. Und ich kann Fina ansehen, wie sehr sie ihre Mutter liebt und respektiert. Sie kämpft erst einmal um alles, was ihr versagt wird, akzeptiert aber letztlich das »Nein« (wenn es im Laufe des Streits bei einem »Nein« bleibt). Denn sie weiß, dass ihre Mutter keinen automatischen Gehorsam von ihr erwartet, sondern für ein Verbot meistens einen Grund hat und oft sogar einen guten.

Die neunjährige Chantal, die sich mit Mut und Intelligenz durch das Leben schlägt, wohnt in einem sozialen Brennpunkt. Ihre Mutter ist heroinabhängig, Chantal lebt bei der Großmutter, die selbst Jahre lang alkoholabhängig war und auf der Straße lebte. Bis sie beschloss, sich um ihre Enkelin zu kümmern. Was sie seither tut, und zwar so überzeugend, dass das Jugendamt ihr das Sorgerecht übertrug. Ich interviewte Chantal für einen Hörfunkbeitrag über arme Kinder. Wir trafen uns in einer sozialen Einrichtung, in der die Kinder des Viertels ein warmes Mittagessen bekommen und anschließend die Hausaufgaben machen können. Chantal musterte mich erst einmal eingehend, dann taute sie auf und erzählte mir von ihrem Leben.

Verglichen mit Emma, Jan, Yasan, Yasray, Jonathan, Wiebke und Fina hat Chantal nicht viel, weder an materiellen Gütern noch an Zukunftschancen. Der Schülerin kann es passieren, dass sie – so die Ergebnisse einer neuen Studie – allein ihres Namens wegen weniger Respekt erfährt als andere Kinder. Forscher der Universität Oldenburg befragten 500 Grundschullehrer und -lehrerinnen danach, wie sie Kinder aufgrund ihrer Vornamen beurteilen. Das Ergebnis: Schülerinnen und Schüler, die Charlotte, Emily, Simon und Maximilian heißen, werden von vornherein für eher freundlich und leistungsstark eingeschätzt. Die Chantals, Mandys, Kevins und Justins dagegen hält man eher für verhaltensgestört. Nun gibt es in dem Viertel, in dem Chantal lebt, nicht allzu viele Charlottes und Maximilians, insofern macht der Name ihr vermutlich auf der Grundschule keine größeren Probleme. Sollte das hochintelligente Mädchen aber später auf das Gymnasium gehen, besteht die reelle Gefahr, dass sie, nur weil sie Chantal heißt, bewusst oder unbewusst schwächer bewertet wird.

Trotzdem hat Chantal Chancen, solche und auch andere Hürden zu überwinden, denn sie verfügt über Selbstrespekt. Als ich sie, immerhin für das Radio, interviewe, erzählt sie völlig unbefangen und selbstbewusst von ihren guten Schulnoten in Englisch, Deutsch und Religion, von ihrer Begeisterung für Fußball, Basketball und Seilspringen, von den langen Spaziergängen, die sie nachmittags unternimmt, von der Kiste mit ihren Schätzen, und von ihrer großen Leidenschaft für Bücher. Dass sie nur gebrauchte Bücher besitzt, weil ihre Großmutter und Mutter ihr keine neuen kaufen können, und dass sie deshalb die letzten Harry-Potter-Bände noch nicht kennt, dass sie ihre Kleider und Schuhe von einer älteren Cousine erbt oder schon mal etwas aus dem Laden mit den Secondhand-Klamotten bekommt, all das ist für sie normal und kein

Grund, sich zu schämen. Über ihre Mutter spricht Chantal freundlich, über die Großmutter mit Respekt. Die wiederum sieht ihre Enkelin, als sie Chantal nach dem Interview abholt, voller Stolz an.

Mit Ausnahme der Eltern von Fina und von Emma und Lenz bietet keine der Mütter, mit denen ich für dieses Kapitel sprach, ihren Kindern das, was als eine »normale« Familie gilt. Sie leben in Wohngemeinschaften, Patchwork-Familien, losen Partnerschaften oder mit dem Kind alleine. Alle Mütter sind berufstätig. Und sie alle erziehen ihre Kinder zu Respekt und Selbstrespekt, und zwar, soweit ich das beurteilen kann, mit Erfolg. Ein respektvoller Umgang von Eltern mit ihren Kindern und ein angstfreier Respekt von Kindern vor ihren Eltern sind nicht nur in jeder sozialen Schicht möglich, sondern auch in den unterschiedlichsten Formen des Zusammenlebens. Auf die Frage, was Kinder brauchen, um angstfreien Respekt zu erlernen, sich respektiert zu fühlen und Selbstrespekt zu entwickeln, antworten alle, mit denen ich über dieses Thema sprach:

- Liebe, Verlässlichkeit und Regeln, die das Kind, je nach Alter, verstehen oder auch mitgestalten kann.
- Das Kind soll lernen, die Bedürfnisse der Erwachsenen und Grenzen zu respektieren und die Erfahrung machen, dass auch seine Bedürfnisse respektiert werden und Grenzen erweitert werden können.
- Das Kind muss sich ernst genommen und beachtet fühlen können, in Entscheidungen, soweit das möglich ist, einbezogen werden und die Sicherheit haben: Ich bin in Ordnung, so wie ich bin.

# Kompetenz, Anerkennung und ein offenes Ohr: Respekt im Arbeitsleben

Wer berufstätig ist, verbringt den größten Teil des Tages am Arbeitsplatz. Und auch für diejenigen, die »nur« halbtags arbeiten oder auf Kurzarbeit gesetzt sind, ist die Zeit, in der sie ihren Beruf ausüben, intensive Zeit. Wird einem diese Zeit vermiest durch Vorgesetzte oder Kolleginnen und Kollegen, die sich respektlos verhalten, kann das schwerwiegende Folgen haben, bis hin zu chronischen Erkrankungen. »Ich würde mich da gar nicht erst bewerben«, warnte eine Freundin von mir neulich eine Bekannte, die zu einem angesehenen Forschungsinstitut wechseln wollte, »da herrscht ein ungutes Betriebsklima.« Als ich fragte, was genau sie damit meint, antwortete sie: »Die haben da einen Abteilungsleiter, der die Leute nur antreibt, bis sie Fehler machen, und dann macht er sie fertig. Das ist so einer, der die Erfolge als seine eigenen ausgibt und für die Fehler nur seine Leute verantwortlich macht. Und so ist da auch die Stimmung. Depressiv bis aggressiv. Da wirst du krank.«

»Wenn ein Vorgesetzter sich mir gegenüber nicht respektvoll verhält, leidet meine Leistung darunter«, sagt Edda Sommer, die in einem großen Medienunternehmen arbeitet. Das können Nils van Quaquebeke und Sebastian Zenker von der Hamburger Respect-ResearchGroup bestätigen. Die interdisziplinäre Forschungsgruppe untersucht Respekt in Schulen und in Unternehmen. Ihre ersten Studien, schreiben van Quaquebeke und Zenker in der Internet-Plattform *Careerbuilder.de,* ergaben: »Mitarbeiter wollen das Gefühl haben, sowohl in ihrer Person, als auch in ihrer Leistung respektiert zu werden.« Und dieses Gefühl haben sie, so die Hamburger Forscher, wenn sie »Selbstbestimmung, Kompetenz und Verbundenheit« erleben. Ein Vorgesetzter kann Respekt vor den Mitarbeitern allerdings nicht simulieren, meint van Quaquebeke in einem Interview, das ich für ein Hörfunkfeature mit ihm führte:

»Menschen sind sehr sensibel dafür, ob sie wirklich als Personen wahrgenommen werden. Ein Chef, der vermeintlichen Respekt nur als Mittel zum Zweck einsetzt, wird damit keinen Erfolg haben, denn die Teammitglieder erkennen, dass er sie in Wahrheit nicht als gleichwertig sieht. Dann fällt so ein Kartenhaus ganz schnell in sich zusammen. Es bringt auch nicht viel, sich Respekt einfach nur in einem Seminar anzutrainieren, sondern da muss wirklich ein Prozess der Selbsteinsicht dahinter stehen.«

Umgekehrt, so van Quaquebeke, ist es wichtig, dass die Mitarbeiterinnen und Mitarbeiter den Chef respektieren können. Wenn sie nur aus Sorge um den Arbeitsplatz oder aus Angst vor beruflichen Nachteilen funktionieren, ist das eher Gehorsam. Respekt dagegen, meint der Hamburger Forscher, heißt: »Ich folge meinem Chef, und zwar freiwillig und gerne. Ich identifiziere mich mit der Firma und dem Chef. Und dann setze ich mich auch für die Firma und den Chef sehr stark ein. Dann bin ich motiviert.«

Derlei Überlegungen sind, so logisch sie klingen, ziemlich neu. Zumindest in der Wirtschaft, und wohl auch in Ämtern und Institutionen. Es ist im Arbeitsleben nicht selbstverständlich, dass Vorgesetzte ihre Mitarbeiterinnen und Mitarbeiter respektieren und ihnen ihren Respekt auch zeigen, Teamorientierung hin oder her. »Ich hatte einen Chef«, erzählt Edda Sommer, »der war zu uns allen richtig respektlos. Er behandelte uns verächtlich und herablassend, und man wusste nie, in welcher Verfassung er morgens sein würde.« Was sie besonders ärgerte, war, dass dieser Vorgesetzte »Unterlagen bei sich hortete und behauptete, ich hätte die falsch abgelegt. Der hat mich richtig kleingemacht. Er ließ seine Launen an mir aus, behauptete aber immer, es sei nicht persönlich gemeint. Und all das«, meint sie, nachträglich noch wütend, »obwohl er keine fachliche Kompetenz hatte.« Zum Glück, fährt sie mit einem spöttischen Lachen fort, »wurde er befördert. Damit war ich ihn los.«

Natürlich konnte Edda diesen Mann weder als Person noch als Vorgesetzten respektieren. Als ich sie frage, wie sich ein Chef verhalten muss, damit sie Respekt vor ihm haben kann, antwortet sie ohne lange nachzudenken: »Er sollte die Fähigkeit zur Personalführung mitbringen, die Leistung der Mitarbeiter anerkennen, sie motivieren können, sie ernst nehmen. Er sollte möglichst immer ein offenes Ohr haben, auch wenn es mal um einen Ratschlag im privaten Bereich geht. Er sollte einen demokratischen Führungsstil pflegen, das heißt: Mitarbeiterinnen und Mitarbeiter in Entscheidungsprozesse einbeziehen, soweit das möglich ist, sie informieren und dafür sorgen, dass der Informationsfluss gut ist. Er sollte natürlich fachlich kompetent sein. Und er sollte nach oben hin hinter seinen Mitarbeitern stehen.«

Ihr jetziger Chef, sagt Edda Sommer zufrieden, erfüllt diese Kriterien. Und er geht über den »Grundkatalog« respektvollen Verhaltens noch hinaus, was sie ganz besonders würdigt: »Er lobt. Loben ist sehr wichtig.« Sie sagt das mit Nachdruck, sodass ich frage, warum sie diesen Punkt betont. »Weil« antwortet sie, »es für die meisten Vorgesetzten selbstverständlich ist, dass man funktioniert. Da gibt es kein Lob. Aber auch fürs Funktionieren tut ab und an mal Anerkennung gut. Ihr Vorgesetzter«, erzählt sie, »erkennt, dass ich gute Arbeit leiste, dass ich kreativ und selbständig bin, und er bedankt sich dafür mit Worten, Gesten, kleinen Zettelchen. Diese kleinen Gesten erfreuen und motivieren einen besonders. Es ist so einfach, es kostet nichts, und man wird anerkannt und motiviert.« Sie schweigt einen Moment nachdenklich und fügt dann hinzu: »Um sich so verhalten zu können, muss man vermutlich eine innere Reife haben. Da muss man über vieles schon nachgedacht und wohl auch viel Erfahrung haben.«

Edda ist in ihrem Arbeitsbereich selbst Vorgesetzte, und sie verhält sich ähnlich wie ihr eigener Chef. Ich freue mich immer, wenn ich mal bei ihr beziehungsweise in ihrem Büro vorbeischauen kann, denn hier herrscht eine ebenso konzentrierte wie kollegiale Atmosphäre. Edda Sommer und ihre Mitarbeiterinnen sind selbst im größten Stress noch freundlich. Und sie sind kompetent genug, um an dem Anliegen, das ich ihnen vortrage, zu erkennen, ob es tatsächlich dringlich ist oder ob es auch bis morgen Zeit hat. Wenn sie mich einmal wegschicken, habe ich nicht das Gefühl, ich wäre abgewimmelt worden, denn ich weiß aus Erfahrung: Sie tun, was sie können, und sie wissen, was sie tun.

Ich kenne auch Büros, in denen es anders zugeht. In denen Frustration und Verbitterung herrschen und die Kolleginnen und Kollegen in Abwehrhaltung gehen, sobald man nur den Mund aufmacht. Dass die einen so und die anderen so anders »drauf« sind, hat sicher auch damit zu tun, wie sich ihre jeweiligen Vorgesetzten verhalten, wie viel sie ihnen zutrauen, welchen Ton sie anschlagen – ob und wie sie »ihre Leute« respektieren. Als Vorgesetzte, erzählt Edda Sommer, versucht sie, gerecht zu sein und offen, »gerade auch, wenn eine Mitarbeiterin eine andere Arbeitsweise hat als ich. Ich gucke mir das an und respektiere es. Es funktioniert ja auch, jeder hat einen anderen Stil und ein anderes Tempo, und letztlich geht es nur um das Ergebnis.«

»Ich muss mich«, betont sie, »auf meine Leute verlassen können. Es muss funktionieren, ich möchte sie nicht kontrollieren müssen. Wenn Fehler auftreten, dann schimpfe ich nicht sofort los, sondern höre die Person, die den Fehler gemacht hat, an. Ich frage: Wie ist das passiert? Und wie kann man vermeiden, dass es wieder passiert? Für ein respektvolles Umgehen miteinander«, fährt Edda fort, »ist es auch sehr wichtig, es anzusprechen, wenn etwas nicht stimmig ist oder wenn man mit Verhaltensweise Probleme hat. Das funktioniert. Wenn Mitarbeiterinnen von mir Probleme haben, kommen sie von sich aus zu mir und bitten drum, gemeinsam eine Lösung zu finden. Auch eventuelle Fehler anzusprechen«, betont sie, »gehört zum Respekt. Man muss aber sehr gut überlegen, was man sagt, damit es nicht besserwisserisch klingt.« Das eigene Bemühen um eine respektvolle Art von Kritik, weiß Edda Sommer aus Erfahrung, reicht allerdings nicht immer aus. Die oder der Kritisierte muss über Selbstrespekt verfügen, »sonst ist Kritik kaum zu ertragen. Wer nicht offen ist für Kritik, fühlt sich gleich angegriffen.« Auch sie selbst, merkt Edda Sommer an, musste lernen, »dass Kritik konstruktiv sein kann und einem bei der Weiterentwicklung hilft«. Und bei Menschen, die im Berufsleben immer wieder destruktive oder gar hämische Kritik erfahren, kann dieser Lernprozess sehr lange dauern oder gar nicht gelingen.

Sie gehört zu den Glücklichen, sagt Edda Sommer lächelnd, die in einer rundum erfreulichen Umgebung arbeiten. In ihrer Abteilung, zählt sie auf, »gibt es nicht nur den Respekt von oben und den der Mitarbeiterinnen und Mitarbeiter für den Vorgesetzten, sondern auch noch den Respekt untereinander, unter den Kolleginnen und Kollegen auf derselben Ebene: Dabei sind wir so verschiedene Individuen, aber gerade das ist so spannend. Da herrscht ein höflicher Umgang miteinander. Wir wissen, dass wir uns aufeinander verlassen können, dass jeder seine Aufgaben erledigt. Wir achten uns. Ich respektiere die Leute und werde von ihnen respektiert. Sonst würde ich mich hier nicht schon seit zehn Jahren so wohlfühlen.«

Für die Redakteurin Ingrid Klemp bedeutet Respekt im Arbeitszusammenhang Wertschätzung. Respekt an sich, sagt sie, ist »pauschal, Respekt im Sinne von Wertschätzung dagegen differenzierter: Ich kann jemanden auch nur für bestimmte Dinge wertschätzen und nicht für alles.« In der Redaktion zum Beispiel, erzählt sie, »hat jeder seine Stärken, und ich finde es auch gut, dass wir so unterschiedlich sind, jedem kann ich Wertschätzung entgegenbringen«. Auf die Frage, wie sich Respekt im Sinne von Wertschätzung ausdrückt, antwortet sie: »Wir sind alle nicht nachtragend, wir karten nicht nach, und das, obwohl wir sehr schwierige Charaktere sind und starke Individualisten. Respekt oder Wertschätzung zeige ich auch, indem ich erst mal zuhöre, und wenn ich jemanden unterbreche, dann entschuldige ich mich, und es ist okay.«

Dass in ihrer Redaktion ein Klima des gegenseitigen Respekts herrscht, liegt Ingrids Erfahrung nach, »auch am Chef. Er ist eine gute Führungspersönlichkeit. Er hat die Gabe, mit Humor Diskussionen einfach aufzulösen, wenn sie sinnlos werden. Er drückt sich auch nicht davor, Konflikte anzusprechen, und bittet schon mal jemanden zu sich. Er macht aber niemanden runter, seine Kritik ist immer sachlich. Und«, betont Ingrid, »was es hier überhaupt nicht gibt, sind Polemik und Intrigen. Das unterbindet er ganz klar.« Einmal im Jahr, berichtet sie weiter, gibt es ein Mitarbeitergespräch, und »das ist wichtig für den gegenseitigen Respekt«, denn in dieser Runde kann jede und jeder sagen, was sie oder ihn an anderen und deren Arbeitsweise stört. Und da die Mitarbeitergespräche genau wie die Redaktionskonferenzen in einer kollegialen, wertschätzenden Atmosphäre stattfinden, tragen sie dazu bei, den Stil und die Kreativität der Redaktion zu stärken.

Karin Meier, die seit vielen Jahren Redakteurin einer wissenschaftlichen Fachzeitschrift ist, sagt zu Beginn unseres Gesprächs noch vorsichtig: »Ich habe das Gefühl, dass ich meinen Chef nicht mehr als jemanden ansehen kann, vor dem ich Respekt habe.« Doch dann bricht sich ihre Verzweiflung Bahn: »Er verbreitet eine unglaublich destruktive Energie, die alle lähmt. Er ist ein großes Talent der Manipulation, er implantiert Leuten Lügen ein, das heißt, er redet sie ihnen so oft vor, bis sie sie tatsächlich glauben. Er behauptet zum Beispiel über bestimmte Kolleginnen und Kollegen, sie seien faul, sie erledigten ihre Arbeit nicht korrekt oder würden sie nicht ernst nehmen. Mich ruft er ständig an und reißt mich dadurch aus meiner Arbeit. Ich empfinde das als Psychoterror. Man hat das Gefühl, dass er hofft, man macht aus purem Genervtsein Fehler. Oder man stimmt ihm bei einer seiner Verleumdungen zu – und er holt einen damit in sein Mobbing-Boot.«

Das sind schwere Anschuldigungen. Karin, die sonst eher ruhig und humorvoll ist, wird hektisch, aufgeregt und bitter ernst, sobald sie von diesem Chef erzählt. Sie liebt ihre Arbeit, sie ist gut in ihrem Fachgebiet und wird von den Wissenschaftlerinnen und Wissenschaftlern, mit denen sie zusammenarbeitet, geschätzt. Auch ihr Chef war nicht immer das »Mobbing-Monster«, zu dem er sich im Laufe der Jahre entwickelte. »Er war immer unberechenbar und ungerecht«, erinnert sich Karin, »er hatte aber zwei Seiten: eine umgängliche und soziale, und eine gemeine und egoistische. Früher hat sich das die Waage gehalten, aber jetzt dominiert extrem die negative Seite.« Das gilt für seinen Umgang mit allen im Verlag, fügt sie hinzu, »mich behandelt er vergleichsweise sogar eher gut. Noch!« Sie weiß: Das kann sich jederzeit ändern. Es ist nicht vorherzusehen, auf wen er sich gerade »einschießt«, meint sie, aber wenn er es tut »kann es tödlich sein«.

»Er gibt manchmal Anweisungen«, fährt sie fort, »die keinen Sinn machen oder, mehr noch, unseren Arbeitsablauf völlig durcheinanderbringen. Wenn ich dann dagegenhalte, das wäre doch alles gut durchdacht und würde prima funktionieren, geht er einfach nicht darauf ein. Die anderen sehen das auch so, sie machen ja genau wie ich seit Jahren die Erfahrung, dass es super gut funktioniert, aber sie folgen zum Teil trotzdem seinen absurden neuen Anweisungen. Das vergiftet die Atmosphäre vollends und raubt uns den Respekt voreinander.« Der umfassende Respektverlust, fügt sie nach einer nachdenklichen Pause hinzu, ist vielleicht das Schlimmste: »Ich habe vor ihm überhaupt keinen Respekt mehr, ich verliere den Respekt vor denen, die einfach mitlaufen und sich von ihm instrumentalisieren lassen, und ich verliere auch ein wenig den Respekt vor mir selber, weil ich zwar immer wieder sage, was ich falsch finde, aber nicht in der Entschiedenheit, die nötig wäre.«

Karin sieht inzwischen kaum noch einen Ausweg, denn sie weiß nicht mehr, ob sie sich auf ihre Kolleginnen und Kollegen verlassen kann. Und umgekehrt, fürchtet sie, ist das vielleicht genau so: »Er sät Misstrauen unter uns. Es ist im letzten Jahr zweimal passiert, dass eine andere Zeitschrift Themen brachte, die wir – wie wir dachten – exklusiv eingekauft hatten. Andererseits lagen diese Themen in der Luft, in den USA waren gerade die Ergebnisse neuer Studien dazu erschienen. Aber er besteht darauf, dass es unter uns einen Verräter gibt. Und teilweise wirkt dieses Misstrauen sich tatsächlich schon aus. Und wenn man sich gegenseitig misstraut, geht auch der Respekt verloren.«

Ein Kollege, erzählt sie, wurde ganz systematisch – und mit Erfolg – gemobbt: »Er wurde von Informationen abgeschnitten, Autoren wurde gesagt, er stünde nicht zur Verfügung, also schickten sie ihre Texte an einen anderen Redakteur. Und noch einiges mehr. Der Mann wehrte sich nicht, er sprach nicht darüber, sondern meldete sich immer häufiger krank. Und der Chef unterstellte: Der ist nicht krank, der ist faul. Natürlich mussten dann andere seine Arbeit übernehmen und wurden, da das immer öfter vorkam, auf ihn wütend, statt auf den Chef. Sie sahen das Mobbing nicht mehr, sondern machten es de facto mit.« Sie sieht mich traurig an, es ist klar, dass sie sich für diese Geschichte schämt. »Das kann so schnell gehen!«, sagt sie schließlich. »Ein respektierter, geschätzter Kollege wird abgeschrieben. Vielleicht hat er sich ja auch deshalb nicht an uns gewandt, weil er schon ahnte, dass wir ihm nicht helfen würden. Vielleicht sah er auch, dass da wenig moralische Substanz im Team ist.«

Sie selbst fragt sich: »Wo ist die Grenze dessen, was ich noch verantworten kann? Wann muss ich gehen?« Eigentlich, meint sie, ist diese Grenze längst überschritten: »Sich passiv zu verhalten, wenn er andere mobbt, das ist schon schlimm genug, ich versuche das zu vermeiden. Ich habe aber auch Angst, dass ich das nächste Opfer bin, dass ich selbst in die Opferrolle komme. Opfer von Mobbing zu werden ist furchtbar.« Der Point of no return, sagt Karin, das heißt der Moment, in dem sie ihren Selbstrespekt völlig verlieren würde, wäre für sie gekommen, »wenn ich gezwungen würde, gegen meine Kollegen vorzugehen. Wenn er zum Beispiel sagen würde: ›Ich will jemanden loswerden. Kannst du mithelfen?‹ – Und ich würde das tun.«

Das vergiftete und vergiftende Klima, das Verhalten sowohl des Chefs als auch des Teams in diesem Fachverlag sind vielleicht ein extremes Beispiel für den Mangel an Respekt am Arbeitsplatz. »Selten«, sagte mir ein erfahrener Gewerkschafter, »ist das aber nicht. Was glaubst du, warum so viele Kolleginnen und Kollegen Bandscheibenvorfälle haben und Hautausschläge und Kopfschmerzen und an Schlaflosigkeit leiden und was weiß ich noch alles? Das hat auch mit mangelndem Respekt am Arbeitsplatz zu tun. Wenn die Chefs immer nur sehen, was du vielleicht mal falsch machst und nie, was du alles gut machst, wenn du von betrieblichen Entscheidungen erst erfährst, wenn sie bereits getroffen wurden, und auch das nur hinten herum, wenn die Leute Angst haben, sobald der Chef in der Tür steht – oder meinetwegen auch die Chefin, obwohl Frauen oft mehr Sinn für Teamarbeit haben, dann ist es kein Wunder, wenn die Arbeitsmoral sinkt, wenn einem die Ideen ausgehen und nur noch Dienst nach Vorschrift gemacht wird.«

Das sehen nicht nur Gewerkschafter so. Firmen schicken ihre Topmanager zur »Auszeit« ins Kloster, wo sie mittels Meditation und Achtsamkeitstraining lernen sollen, mit sich selbst und ihren Mitarbeiterinnen und Mitarbeitern achtsamer umzugehen. Andere besuchen Kurse, in denen sie üben, die Mitarbeiterinnen und Mitarbeiter zu motivieren und ein produktives und kreatives Betriebsklima herzustellen. Das sind »alternative« Ansätze, die, werden sie ernst genommen und ernsthaft umgesetzt, sicher eine positive Wirkung haben. Die Norm jedoch sieht vor, dass alle in immer kürzerer Zeit immer effizienter arbeiten und immer höhere Profite erzielen sollen. Wer das nicht durchhält, fliegt raus. Von wem man annimmt, er oder sie sei bereits zu alt, um das durchzuhalten, fliegt gleichfalls raus. Börsenmakler und andere Finanzleute, die sich aus dem Business auf die Alm oder in die Karibik zurückgezogen haben, berichten in Interviews und Memoiren von dem Zwang, immer höhere Gewinne zu erzielen, immer teurere Prestigeobjekte anzuschaffen. Sie sprechen über die Unmengen Koks, die sie sich durch die Nase zogen, um das Tempo und die Anforderungen durchzustehen, wie sie immer höhere Risiken eingingen und sich ständig selbst davon überzeugen mussten, der Beste, Größte und Erfolgreichste von allen zu sein. Von Respekt vor anderen ist hier nie die Rede. Noch nicht einmal von Respekt vor sich selbst. Der Begriff Respekt taucht gar nicht erst auf, und wenn, dann nur in Bezug auf Leistung, Geld und Erfolg.

Als ich Karin Meier frage, wie ein Chef sich verhalten müsste, damit sie ihn respektieren könnte, antwortet sie: »Er müsste uns informieren, wenn Probleme anstehen. Er dürfte uns nicht anschreien, er müsste sachlich diskutieren können. Er müsste uns höflich behandeln, dürfte uns nicht anlügen, sollte uns in Entscheidungen mit einbeziehen und rechtzeitig über eventuelle Veränderungen informieren, damit wir uns darauf einstellen können.«

Ich selbst habe kaum Erfahrungen mit Vorgesetzten, denn ich war, von ein paar Jahren abgesehen, immer freiberuflich tätig. In meinen diversen Jobs während des Studiums erlebte ich die unterschiedlichsten Varianten von Chefs (selten Chefinnen), doch sie benahmen sich mir gegenüber meistens respektvoll – ich war ja »die Studentin« und somit »etwas Besseres«. Wichtiger noch: Als Jobberin arbeitete ich nicht in Positionen, in denen es um Erfolg oder Profitmaximierung ging. Als Bedienung in diversen Kneipen war es wichtig, dass ich zu den Gästen freundlich war und richtig abkassierte. Im Kaufhaus sollte ich freundlich zu den Kundinnen und Kunden sein, sie gut beraten und möglichst zum Kauf motivieren. Als Fremdenführerin musste ich über das nötige Fachwissen verfügen, Englisch und Italienisch beherrschen und die Führung möglichst so spannend gestalten, dass die Besucherinnen und Besucher etwas davon hatten. Ich hatte weder vor allen Chefs noch vor allen Gästen, Kundinnen und Touristen Respekt, aber ich verstand mich immer gut mit meinen Kolleginnen und Kollegen. Dieser Respekt untereinander war entscheidend. Denn die Kundschaft kam und ging, der Chef war selten persönlich anwesend, während wir, das »Personal«, den Tag miteinander verbrachten. Die freundliche Stimmung, die zwischen uns herrschte, strahlten wir dann quasi automatisch auf die Kundschaft aus – die sich so auch respektiert fühlen konnte, während wir dem einen oder anderen Chef mal mehr mal weniger subtil zu verstehen gaben, dass er unseren Respekt nicht verdiente.

Als Selbständige und Freiberuflerin hat man es nicht im klassischen Sinne mit einer oder einem Vorgesetzten zu tun, dafür aber mit Auftraggeberinnen und Auftraggebern. Als Journalistin und Autorin arbeite ich auch mit Redaktionssekretärinnen zusammen, mit Archivmitarbeiterinnen und -mitarbeitern, Tontechnikerinnen, Kameraleuten, Regisseurinnen, Produzenten, Sprecherinnen und Sprechern, Lektoren und Lektorinnen, Verlegern, Presseleuten, Buchhändlerinnen und Buchhändlern, die Lesungen veranstalten und, last but not least, mit all den Menschen, die ich für ein Buch, einen Film, einen Hörfunkbeitrag interviewe. Ihnen allen bringe ich Respekt entgegen. Denn ich profitiere immer wieder von ihrer Kompetenz, ihrer Kollegialität und ihrer Hilfsbereitschaft.

Es gibt auch welche, mit denen ich nicht so gut kann oder mit denen ich mich mühsam zusammenraufen muss. In jedem Fall aber wirkt eine respektvolle Haltung Wunder. Ich kann von der Redaktionssekretärin etwas verlangen oder sie um etwas bitten. Ich kann mich am Schnittplatz als Autorin wichtig machen oder dem Tontechniker, der Cutterin signalisieren: »Das ist dein Bereich, dein Spezialgebiet, ich bin für jede Idee, jeden Hinweis, jede konstruktive Kritik dankbar.« Und ich bin noch nie abgewiesen worden. Ich habe tatsächlich in meinen bisher gut dreißig Berufsjahren vorwiegend positive Erfahrungen mit den Mitarbeiterinnen und Mitarbeitern diverser Sender und Verlage gemacht.

Das gilt auch für die Zusammenarbeit mit vielen meiner Auftraggeber – Lektorinnen, Veranstaltern, Redakteurinnen und Redakteuren. Die Redakteurinnen und Redakteure, mit denen ich am liebsten, am häufigsten und am längsten arbeite, sind fachlich kompetent. Sie machen ein gutes Programm und sind zugleich kollegial, an mir und meiner Arbeit interessiert und auch für ungewöhnliche Vorschläge offen. Sie äußern ihre oft hilfreiche Kritik auf eine konstruktive Art und sind auch in der Lage, Kritik zurückzunehmen, wenn ich sie davon überzeugen kann, dass sie sich geirrt haben. Sie kümmern sich darum, dass ich gute Produktionsbedingungen habe, sie loben und geben Lob weiter, ich kann mich mit ihnen über alle möglichen Themen austauschen und auch mit ihnen lachen. Ich kann mich auf sie verlassen, und sie wissen, dass sie sich auf mich verlassen können. So wurden aus respektvollen Arbeitsbeziehungen Freundschaften.

Meine Kollegin Ulla Lessmann sagte mir im unserem Gespräch für dieses Buch: »Respekt von Seiten der Redaktion heißt für mich: Dass in zeitlicher Nähe zur Abgabe des Manuskripts eine Reaktion darauf kommt. Dass auch auf ein Themenangebot zügig reagiert wird. Dass Honorare zeitnah angewiesen werden. Dass Kritik vernünftig und professionell geäußert wird.« All das geschieht nicht immer. Ich habe schon Themenangebote verschickt, auf die ich nie eine Antwort erhielt. Ich habe schon Wochen auf ein Honorar gewartet. Ich habe schon Manuskripte abgeliefert und als Reaktion nur gehört: »Ist eingetroffen, wann produzieren Sie?«

Mit Lob wird im Journalismus nicht gerade verschwenderisch umgegangen. Wenn eine Redakteurin, ein Redakteur am Manuskript oder dem produzierten Stück nichts auszusetzen hat, kann ich davon ausgehen, dass sie oder er es okay findet. Ob sie oder er es gut findet, erfahre ich nicht. Das ist, vor allem, wenn man viel Arbeit und Herzblut investiert hat, demotivierend. Allerdings: Diese Nicht-Reaktionen kommen, zumindest nach meiner Erfahrung, meistens von Leuten, mit denen ich ohnehin selten arbeite. Das sind auch die Redakteurinnen und Redakteure, die eine Mail nicht mit der Begrüßung »Liebe Frau Strobl« beginnen, sondern mit einem gleichgültigen (oder coolen?) »Hallo!« Als ich Edda Sommer davon erzähle, fängt sie an zu lachen und nickt gleich mehrmals hintereinander. Die Mails, die sie von Kunden bekommt, erzählt sie, beginnen zur Hälfte mit »Sehr geehrte Damen und Herren«, manche mit »Hallo, liebes Team«, viele aber ohne jede Anrede: »Da steht kein Gruß, da steht noch nicht einmal ein Name. Diese Leute wollen aber eine Antwort von mir, die wollen Informationen. Das ist respektlos.« Manchmal, sagt sie, »überlege ich aus Wut, genauso zu antworten. Ich tue es dann aber doch nicht, weil ich mich auf diesen Stil gar nicht einlassen möchte. Ich will selber entscheiden, wie respektvoll ich mit anderen umgehe.«

Ich beobachte auch – und teile diese Beobachtung mit vielen älteren Kolleginnen und Kollegen –, dass in unserem Beruf Arroganz, Konkurrenzverhalten und Mangel an Empathie zunehmen. Wobei wir alle nicht so genau wissen, woran das liegt. In jedem Fall mache ich immer wieder die Erfahrung: Je respektvoller und kollegialer die Atmosphäre in einer Redaktion ist, desto freundlicher, respektvoller und kollegialer gehen die entsprechenden Redakteurinnen und Redakteure mit »ihren« Autorinnen und Autoren um. Und je mehr die Atmosphäre in der Redaktion von Intrigen, Konkurrenzkämpfen und Gehässigkeiten geprägt ist, desto mehr müssen wir Autorinnen und Autoren dafür »büßen«.

Mein Respekt den Redaktionen, Verlagen, Veranstaltern gegenüber drückt sich in erster Linie darin aus, dass ich meine Arbeit gut mache. Was auch heißt: dass ich meine Quellen korrekt zitiere, Daten ernsthaft recherchiert habe und mich nicht mit fremden Federn schmücke. Ich liefere zudem Manuskripte rechtzeitig ab, verfasse Informationen für die Anmoderation meines Beitrags, auf die sich die Moderatorinnen und Moderatoren verlassen können, und erscheine pünktlich und gut vorbereitet zu Lesungen und Vorträgen.

Ganz besonders wichtig ist mir in meiner Arbeit der Respekt gegenüber meinen Interviewpartnerinnen und -partnern, und das gilt wohl für alle seriösen Autorinnen und Autoren. Ulla Lessmann zum Beispiel beschreibt ihren »Respekt als Journalistin vor Interviewpartnern« so: »Ich sage ihnen, dass sie anonym bleiben können. Wenn sie etwas sagen, wovon ich denke, das wollten sie gar nicht sagen, mache ich sie drauf aufmerksam. Ich höre sehr gut zu, versuche, auch die Sachen zu hören, die sie vielleicht nicht ausdrücken können, und frage dann nach. Beim Schreiben und im Schnitt versuche ich dann, ihnen gerecht zu werden. Ich manipuliere sie nicht.«

Auch ich versuche, meinen Interviewpartnerinnen und -partnern von Anfang an zu zeigen, dass sie und ihre Aussagen mich interessieren. Ich habe mich, wenn das Thema nicht zu meinen Spezialgebieten gehört, vor dem Interview schlaugemacht, das heißt, ich erwarte von meinen Gesprächspartnerinnen und -partnern nicht, dass sie mir erst einmal das kleine Einmaleins erklären. Ich tue aber auch nicht so, als wüsste ich alles besser als sie selbst. Ich signalisiere ihnen, dass ich ihre Person, ihre Geschichte und Geschichten, ihre Erfahrungen und ihre Kompetenz respektiere. Ich nehme mir Zeit für das Interview. Ich sehe zu, dass es in einer möglichst angenehmen und entspannten Umgebung stattfinden kann. Ich biete – bei den schwierigen Themen, zu denen ich häufig arbeite – den Menschen an, sie zu anonymisieren und bitte sie dann, sich einen anderen Namen auszudenken. Wenn sie mir etwas erzählen, wovon ich denke, das möchten sie sich nicht wirklich im Radio sagen hören, frage ich nach, ob ich diese Passage wirklich verwenden darf beziehungsweise soll.

Und manchmal gehe ich sogar so weit, ein Interview zu »zensieren«: Wenn nämlich Menschen mir von sehr belastenden Erfahrungen, intimen Erlebnissen oder auch von Straftaten berichten und gleichzeitig ihren echten Namen behalten möchten. Ich war mir bis vor einigen Jahren nicht ganz sicher, worin in einer solchen Situation echter Respekt besteht. Wenn jemand mir sagt: »Dazu stehe ich, das kannst du genau so verwenden!« – ist es dann nicht respektlos, wenn ich die Aussagen dieser Person »zensiere«? Doch dann machte ich ein Feature über Menschen, die es geschafft haben, sich aus sehr schwierigen Lebenslagen zu befreien. Eine der Frauen, die ich dafür interviewte, bestand darauf, ihren eigenen Namen zu behalten, obwohl ich ihr die Anonymisierung nahelegte.

Als sie das Feature dann im Radio hörte, war sie entsetzt über das, was sie von sich preisgegeben hatte.

Seither weiß ich: Es ist tatsächlich ein Ausdruck des Respekts vor meinen Interviewpartnerinnen und -partnern, wenn ich sie in bestimmten Situationen »zensiere«. In Talkshows und Reality-Soaps passiert es ständig, dass Menschen ihr Innerstes nach außen stülpen und Millionen dabei zusehen lassen. Nun haben die Hörfunkprogramme, für die ich arbeite, nicht ganz so hohe Einschaltquoten, und meine Bücher haben keine Millionenauflagen. Trotzdem kann es passieren, dass die Lehrerin des Kindes einer Interviewpartnerin oder eines Interviewpartners, ihr oder sein Chef, Nachbarn, die Sachbearbeiterin bei der Agentur für Arbeit, dem Wohnungsamt oder Jugendamt die Sendung hören und das Buch lesen. Und damit etwas über den betreffenden Menschen erfahren, von dem er nicht möchte, dass sie es erfahren. Respekt besteht für mich darin, dass ich versuche, das zu verhindern, und sei es, indem ich Interviewpassagen, die für diesen Menschen Verachtung, Diskriminierung oder andere negative Reaktionen zur Folge haben könnten, nicht verwende oder ihm – auch gegen seinen Willen – einen falschen Namen verpasse.

Eine der am wenigsten respektierten Berufsgruppen in dieser Gesellschaft sind Putzfrauen. Sie rangieren in der sozialen Rangskala ganz unten und werden fast nur von denen geachtet, die ihnen nahestehen. Ich selbst stamme von Putzfrauen ab, sowohl meine väterliche Großmutter, als auch meine mütterliche Urgroßmutter und Großmutter »gingen putzen«, wie man damals sagte, und meine Mutter wurde, solange sie klein war, von ihnen zur Arbeit mitgenommen. Mein Vater sagte mir immer wieder voller Achtung: »Meine Mutter hat die ganze fünfköpfige Familie mit Putzen über Wasser gehalten. Sie hatte drei Putzstellen, zwei am Tag und eine in der Nacht.« Und meine Mutter konnte sehr entschieden verkünden: »Wer weiß, was es heißt, in fremden Häusern auf den Knien herumzurutschen, der schaut auf Putzfrauen nicht herunter.« Deshalb habe ich gleichfalls Respekt vor Putzfrauen. Und es lag für mich nahe, auch Putzfrauen zum Thema Respekt am Arbeitsplatz zu befragen.

Die eine, Ayla, ist Türkin. Ihr Mann hat seit einem schweren Unfall chronische Schmerzen und kann deshalb nicht mehr in der Fabrik arbeiten. Die drei Kinder gehen noch zur Schule, also muss Ayla die Familie mehr oder weniger alleine ernähren. Auf meine Frage, ob ihre Arbeitgeberinnen (es sind fast immer die Frauen, die in Kontakt mit der Putzfrau sind) sie respektvoll behandeln, antwortet Ayla erst einmal: »Ja!« Ich schaue sie skeptisch an, und sie muss grinsen. »Jaaaa«, meint sie schließlich, »kommt drauf an.« Worauf? – will ich wissen. Es gibt welche, erfahre ich, die sind »sehr nett«. Das heißt: Falls sie überhaupt noch zu Hause sind, wenn sie kommt, begrüßen sie Ayla freundlich, wechseln ein paar Worte mit ihr, fragen eventuell, ob sie Nachschub an Reinigungsmitteln oder sonst etwas braucht – und verlassen dann die Wohnung. Oder ziehen sich zumindest in ein Zimmer zurück, das Ayla ganz zuletzt sauber macht, während sie dann in ein bereits gemachtes Zimmer gehen. Andere bleiben in der Wohnung, während Ayla arbeitet, und im schlimmsten Fall halten sie sich auch noch in den Räumen auf, in denen sie gerade beschäftigt ist.

Meine Großmütter hassten es, wenn »die Herrschaft« anwesend war. Sie fühlten sich beobachtet und kontrolliert und empfanden es als respektlos und demütigend, wenn man ihnen Anweisungen gab für eine Arbeit, die sie wesentlich besser beherrschten als ihre Auftraggeberinnen. Deshalb bemühten sie sich um Putzstellen in öffentlichen Gebäuden, in denen alle schon weg oder noch nicht da waren, wenn sie zum Saubermachen kamen. Sie arbeiteten im Theater, in Gasthäusern, im Krankenhaus, nur – bloß nicht! – in Privathaushalten.

»Ich bin fast immer da, wenn die Putzfrau kommt«, sagt mir ein Freund, der freiberuflich zu Hause arbeitet. »Und die hat nichts dagegen, im Gegenteil, die findet das nett. Die redet gerne mit mir!« Er ist ein sympathischer Mensch, einer der wenigen, denen ich zutraue, dass sie Putzfrauen nicht insgeheim doch für ein bisschen minderwertig halten. Deshalb versuche ich, es ihm zu erklären: »Du möchtest doch auch nicht, dass deine Kunden bei dir im Arbeitszimmer stehen und dir bei der Arbeit zusehen?«, frage ich. »Und du fändest es vermutlich gar nicht nett, wenn sie mit dir plaudern möchten, obwohl du den Auftrag, an dem du gerade sitzt, in zwei Stunden fertig haben musst, weil dann der nächste ansteht.« Ich sehe ihm an, dass er das nicht hören möchte.

Als ich am Abend meinem Mann das eben geschriebene Kapitel zu lesen gebe, meint er: »Bis du sicher, dass es Putzfrauen wirklich lieber haben, wenn man nicht zu Hause ist? Wenn man gar keinen menschlichen Kontakt zu ihnen hat? Das kann ich nicht glauben.« Für Menschen, die andere Menschen respektieren, auch und gerade diejenigen, die auf der sozialen Stufenleiter weiter unten stehen, ist es schwer zu verdauen, dass ihr liebenswürdig gemeintes Kommunikationsangebot nicht erwünscht sein könnte. Also bemühe ich mich, auch ihm verständlich zu machen, worum es geht: »Möchtest du«, frage ich ihn, »dass jemand vom Gesundheitsamt dabei ist, wenn du mit deinen Junkies arbeitest? Glaubst du, eine Sekretärin hat es gern, wenn der Chef oder die Chefin ihr bei der Arbeit über die Schulter schaut? Oder eine Krankenschwester freut sich, wenn der Chefarzt ihr dabei zusieht, wie sie gerade die Bettpfannen der Patienten austauscht und reinigt und sie dabei fragt, wie es den Kindern geht und ob der Mann noch immer arbeitslos ist?«

Niemand mag es, wenn ihm Vorgesetzte oder Auftraggeber bei der Arbeit zusehen. Das macht nervös, irritiert und kann leicht als Misstrauen verstanden werden. Es hält auch auf, vor allem, wenn die Chefin und der Chef dabei auch noch reden möchten. Der umgekehrte Vorgang ist nicht einmal denkbar: Niemand würde es wagen, sich unaufgefordert in das Zimmer des Chefs oder der Chefin zu setzen, ihn oder sie bei der Arbeit zu beobachten und zu einem Schwätzchen zu animieren.

»Ich mache alles sauber, mache alles schön«, sagt Ayla. Sie hat Respekt vor ihren Auftraggeberinnen, und drückt ihn aus, indem sie gute Arbeit leistet, mit Putzmitteln nicht verschwenderisch umgeht und nicht neugierig ist. »Bei mir«, sagt sie lachend, »können sie alles herumliegen lassen. Ich schaue nichts an.« Ein paar ihrer Kundinnen und Kunden mag sie sogar richtig gerne. Bei ihnen freut sie sich auch über ein gelegentliches Gespräch. »Aber«, sagt sie mit einem Lächeln, »nicht immer. Es ist nicht immer Zeit.« Sie schweigt eine Weile und denkt nach. »Sie sind alle höflich«, meint sie schließlich, »niemand ist frech. Alle brauchen eine Putzfrau. Sind froh, wenn ich komme.« Es hat sich also doch einiges verändert. Früher konnten sich nur wohlhabende Familien eine Putzfrau leisten, und viele Frauen waren froh, wenn sie eine Putzstelle fanden. Heute ist es fast schon umgekehrt: Viele sind froh und dankbar, wenn sie eine gute und zuverlässige Putzfrau finden. Und gehen entsprechend respektvoll mit ihr um. »Aber weißt du, was komisch ist?«, fragt Ayla plötzlich. »Ich habe eine Kundin, sehr nett. Sagt ›Sie‹ und ›Frau Ayla‹ zu mir. Und gestern sagt sie: ›In der Klasse von meiner Tochter ist ein Mädchen, das heißt wie Sie. Geht Ihre Tochter auf das Gymnasium???‹ Weißt du, das hat sie sehr gewundert.«

Neda ist Serbin, alleinerziehende Mutter eines vierzehnjährigen Sohnes, arbeitet in einer Reinigungskolonne und sucht gerade eine andere Stelle. Sie und ihre Kolleginnen putzen in einem Büro-Haus, »sehr vornehm«, wie sie sagt, »alles sehr teuer«. Manchmal sind sie noch da, wenn die ersten Angestellten eintrudeln, und das ist mit ein Grund, warum Neda diese Arbeit nicht mehr machen möchte: »Die kommen herein«, erzählt sie, »die grüßen nicht, kein ›guten Tag‹ oder so. Die steigen fast über einen drüber. Sagen: ›Wann sind Sie denn endlich fertig?!‹ Aber das ist unsere Arbeitszeit, sie sind zu früh dran.« Respekt?, fragt Neda und lacht auf, »Respekt bekommen wir da nicht. Wir sind lästig, am liebsten möchten sie, wenn man uns gar nicht sieht. Wir machen die Arbeit – alles sauber – und wir sind unsichtbar.«

So haben sich die Dinge in den letzten siebzig Jahren umgekehrt: Es kann angenehmer sein, in einem Privathaushalt zu putzen als in Büros oder einem öffentlichen Gebäude. In Reinigungskolonnen ist die Arbeit oft anstrengender und die Bezahlung schlechter, als wenn eine Frau selbständig Wohnungen putzt. Echten Respekt von Seiten ihrer Arbeitgeberinnen und Arbeitgeber und von Seiten der Gesellschaft aber erfahren Putzfrauen auch heute nur selten. Verkrampfte Berufsbezeichnungen wie »Perle« oder »Reinigungskraft« legen Zeugnis davon ab, dass man »Putzfrau« für etwas Minderwertiges hält, das man mittels Umbenennung aufwerten möchte. Die Putzarbeit, die jede Frau ihr Leben lang macht (und die mittlerweile auch manche Männer übernehmen) ist ein notwendiges Übel, das kaum jemand gerne auf sich nimmt. Und diejenigen, die diese ungeliebte Arbeit nicht nur für sich selbst oder die eigene Familie, sondern in fremden Haushalten, Büros etc. verrichten, werden bemitleidet, man sieht auf sie herab – auch wenn man sich vielleicht aus Höflichkeit, aus »politischer Korrektheit« oder aus Angst, die »Putze« zu verlieren, bemüht, es sich nicht anmerken zu lassen. Während manche »ihre« Putzfrau immer noch wie einst die »Herrschaft« das Gesinde behandeln.

»Ich habe sogar Respekt vor Autorinnen«, sagt René Föger mit todernstem Gesicht zu mir. Ich kenne ihn und seinen Sinn für Ironie lange genug, um zu wissen: Er nimmt mich mal wieder auf den Arm. Das ist ein Privileg, das er Stammgästen gerne zukommen lässt. René Föger führt zusammen mit seinem Vater Hermann das Hotel Stern, ein beliebtes Familienhotel in Tirol. Das Haus ist seit Jahrhunderten im Besitz der Familie. Im Erdgeschoss befand sich das Dorfgasthaus. Dann richteten Renés Urgroßeltern die ersten »Fremdenzimmer«, wie das damals noch hieß, ein. Seither kennt die Familie Respekt in zwei völlig konträren Varianten. Als alteingesessene und vergleichsweise wohlhabende Gastwirtsfamilie wird sie im Dorf respektiert. Sie gehören zwar nicht zu den »vier Dorfheiligen« – Bürgermeister, Arzt, Pfarrer und Lehrer, aber doch zu den Respektspersonen im Ort und auch im Tal. Für die Feriengäste, die bei ihnen abstiegen jedoch, waren sie lange so etwas wie Dienstboten. Da hatten sie sich respektvoll im traditionellen Sinne zu verhalten – zu »buckeln«, wie René sagt.

Er erlebte diese Form des untertänigen Respekts vor den wohlhabenden Gästen noch selbst: »Als kleines Wirtshaus mit Fremdenzimmern« erinnert er sich, »musste man vor denen buckeln. Sie hatten das Geld, und wir waren darauf angewiesen. Und das ließen sie einen auch spüren.« Allerdings, fügt er hinzu: »Tirol wurde erst durch die Feriengäste zu einem Wirtschaftswunderland. Die Entwicklung, die das Land genommen hat, war nur durch den touristischen Aufschwung möglich.« Die Tiroler und Tirolerinnen dankten es ihnen mit geteilten Gefühlen. Sie hofierten die Touristen, solange sie da waren, und atmeten auf, wenn die Saison vorbei war. Die Arroganz und Unhöflichkeit der »Piefkes«, also der Deutschen, ist in Tirol sprichwörtlich. »Kein Bitte, kein Danke, kein Trinkgeld« – darüber klagten und klagen zum Teil noch immer alle, die im Tourismus beschäftigt sind, vom Kartenabreißer am Skilift bis zur Fremdenführerin.

Der mangelnde Respekt der Gäste vor ihren Gastgebern und deren geheuchelter Respekt vor den Gästen sind bis heute Gesprächsstoff in Wirtshausstuben (zumindest in denen, in die sich kein »Fremder« verirrt) und auf Tourismusmessen. Es gibt zahlreiche Witze darüber und ein paar gelungene Karikaturen wie die, die vor mehreren Jahren in einem alternativen »Heimatkalender« abgedruckt war. Darauf sieht man einen Tiroler Gastwirt, der seinem rumänischen Aushilfskellner erklärt, wie er mit den deutschen Touristen umgehen muss. Er zeigt ihm zuerst ein Brötchen und sagt: »Des isch a Semmel. Aber in der Saison isch des ›ein Brötchen‹.« Dann zeigt er ihm einen Semmelknödel und sagt: »Des isch a Knödl. Aber in der Saison isch des ›ein Kloß‹.« Zuletzt zeigt er ihm ein Foto, auf dem ein dicker hässlicher Mann mit umgehängtem Fotoapparat und der Bild-Zeitung unter dem Arm zu sehen ist. »Des«, erklärt er dem rumänischen Saisonarbeiter, »isch a Scheißpiefke. Aber in der Saison sein des ›unsere lieben Gäste‹.«

René, der diese Karikatur nicht kannte, amüsiert sich köstlich, als ich sie ihm beschreibe. Dann aber wird er wieder ernst und meint: »Da hat sich inzwischen vieles verändert. Dieses Missverhältnis zwischen armem Tiroler und reichem Touristen gibt es nicht mehr. Heute begegnen wir uns auf Augenhöhe, das ist ein normales menschliches Miteinander. Und das tut dem Respekt sehr gut – auf beiden Seiten.« Einige halten sich aber immer noch für die »Herren«, erzählt René lächelnd. Auf die Frage, worin sich die Respektlosigkeit von Feriengästen äußert, antwortet er: »Es ist vor allem der Ton. Gestern war eine Gruppe da aus Deutschland, die hatten einen Ton … Da ist keine Höflichkeit. Dieser Ton ist sehr bestimmt, bestimmend. Da wird gefordert: ›Haben Sie mal den Schlüssel‹ – ohne vorher Guten Tag zu sagen. Oder, anderes Beispiel: Ich war gerade beim Essen, und eine Dame wollte telefonieren. Sie sagte nicht: ›Entschuldigung, darf ich stören?‹, sondern: ›Ich muss nach Hause telefonieren. Wie geht das?‹ Danach kam sie noch drei Mal, um nachzufragen. Und das alles immer vorwurfsvoll und ohne ein einziges Bitte und Danke.«

Die »Augenhöhe«, die René im heutigen Verhältnis zwischen Gästen und Einheimischen feststellt, besteht für ihn darin, dass zum einen viele Gäste dem alten Klischee nicht mehr entsprechen, sondern sympathische, umgängliche Menschen sind, die einen höflichen Ton anschlagen und ihm und dem Personal im Hotel respektvoll und freundlich begegnen. Zum anderen, und das ist ihm besonders wichtig: Er und seine Mitarbeiterinnen und Mitarbeiter buckeln nicht vor den Gästen. Die Hoteliers und Beschäftigten in der Tourismusbranche haben inzwischen ein Selbstbewusstsein, das ihren Großeltern noch fremd war. »Wenn jemand meint, er könnte mich wie seinen Dienstboten behandeln, nach dem Motto: ›Mach das, und zwar sofort, schließlich bezahle ich dafür!‹, dann kann es sein, dass ich sage: ›Werter Herr, Sie *müssen* nicht hier wohnen. Es gibt noch viele andere sehr schöne Hotels in der Gegend.‹«

Im Kinderprogramm steht an diesem Tag Ponyreiten an, und in diesem Moment zieht die Prozession vor dem Fenster vorbei: fünf Minis, die sich mit geröteten Wangen und leuchtenden Augen an die Zügel ihres Ponys klammern, flankiert von der türkisch-tirolerischen Kinderbetreuerin und den stolzen Eltern. Die Hotelgäste, die im Kastaniengarten auf das Mittagessen warten, winken den Kleinen zu. »Wir haben eigentlich überwiegend angenehme Gäste«, sagt René, »die auch immer wieder kommen. Die unguten sind in der Minderheit. Da hat sich wirklich viel verändert.« Er schweigt ein Weilchen nachdenklich und meint dann: »Vielleicht fühlen sich bei uns halt auch ganz besondere Leute wohl. Die, die ein liberales Haus zu schätzen wissen. Die nicht erwarten, dass man untertänig ist. Sondern dass man ihnen mit echtem Respekt begegnet.« Yvonne, die an der Rezeption arbeitet, schaut herein und fragt René, ob er kurz nach vorne kommen könnte. Er entschuldigt sich bei mir und folgt ihr. Als er zurückkommt, sagt er: »Bei uns ist auch der Umgang zwischen der Familie und dem Personal liberal. Ich weiß als Chef, wie wichtig der Abspüler (Teller-wäscher) ist. Und ich berücksichtige auch seine individuellen Bedürfnisse. Und diese Haltung tragen wir wieder zu den Gästen. Und die, die dieses ganz natürliche Miteinander schätzen, fühlen sich bei uns wohl.«

Ein respektvoller Umgang zwischen den Chefs und dem Personal bedeutet nicht, dass es im Hotel Stern keinen Stress gibt. Der ist in der Gastronomie unvermeidlich und im Saisonbetrieb am schlimmsten. Je größer allerdings die Hotelanlage und der Ski-zirkus, desto aufreibender ist die Arbeit. Und desto unpersönlicher das Verhältnis zwischen den Unternehmern – oder Gesellschaftern, denn viele Hotels haben keine privaten Besitzer mehr – und den Beschäftigten. Der Tourismus hat nicht nur Geld, sondern auch Drogen nach Tirol gebracht. Viele halten die harte Arbeit und das Tempo, in der sie geleistet werden muss, nur noch mit Aufputsch-mitteln oder Kokain und anschließend Beruhigungspillen zum Einschlafen durch. »In den kleinen Tälern, da, wo der Skitouris-mus tobt«, sagte mir ein Experte des Alpenvereins, »gibt es mehr Drogen als in Innsbruck.«

Unter diesen Bedingungen kann kein echter Respekt zwischen den Gästen und denen, die sie bedienen, entstehen. Das Hotel Stern ist nicht nur aufgrund seiner Lage – jenseits des Tiroler Disney-lands mit Pseudo-Bauernhäusern, künstlich beschneiten Abfahrten und Gletscherbars, die alle umliegenden Gipfel mit Discomusik beschallen, eine Idylle. Niemand wirkt hier verbittert, verzweifelt oder so, als wäre er (oder sie) auf Droge. Hier sind die Angestellten auch dann noch freundlich, wenn viel zu tun ist. Sie bitten einen aber auch zu warten, wenn sie einen Wunsch nicht sofort erfül-len können. Anni, die älteste und erfahrenste Kellnerin im Haus, schimpft auch schon mal mit Gästen, wenn sie sich von ihnen ge-hetzt fühlt, und niemand würde es wagen, sie dafür zu kritisieren.

Woran sich aber auch hier jede und jeder halten muss, sind, wie René sagt, die Voraussetzungen des Dienstleistungsgewerbes: »Man muss immer höflich sein, hilfsbereit, freundlich. Man muss die eigenen Bedürfnisse hintanstellen, und immer im Sinne des Ganzen denken.« Er überlegt einen Moment und sieht mich dann fragend an: »Aber ist das Respekt?« Wir merken beide: Wir haben uns im Kreis gedreht. Also zurück auf Los. »Ich würde sagen«, meint René schließlich, »das ist der professionelle Respekt. Der ist wichtig, gerade im Servicebereich. Der muss auch echt sein, der darf nicht geheuchelt sein, sonst kommt er auch gar nicht an. Aber der ganz echte Respekt, der geht nur auf Augenhöhe. Der geht nur, wenn ich mich selber als Person einbringe und einbringen kann. Und nicht nur Dienstleister bin.«

# Respekt ist cool …

Jugend zwischen Suff und Entzug« – »Terror auf dem Schulhof« – »Kiffen, klauen, Schule schwänzen« und so weiter und so fort. Schlagzeilen, Dokusoaps, Talkrunden empören sich über die Jugend von heute. Und ich frage mich: Was haben die Journalisten, die Talkmaster, die Drehbuchautoren, die Jugendliche als bedröhnte, brutale, kriminelle Monster darstellen, selbst in ihrer Jugend gemacht? Vermutlich waren sie alle höfliche, verantwortungsbewusste, gut gekleidete und respektvolle Wesen, die sich niemals heimlich die Playboy-Hefte des Vaters angeguckt, niemals ein Bier getrunken, nach einem Joint gegriffen oder den kürzesten Minirock im Dorf getragen haben.

»Ich halte Respekt für etwas sehr Wichtiges. Nur, wenn man andere Menschen als Menschen und nicht als Gegenstände betrachtet und sie respektiert, kann man friedlich zusammenleben.«

»Ich fände es sehr gut, wenn die Menschen sich gegenseitig respektieren würden. Dann gäbe es viel weniger Unrecht auf unserer Welt. Es gäbe keine Diskriminierung mehr, denn wenn man jemanden respektiert, diskriminiert man ihn nicht.«

»Ich respektiere die Menschen so, wie sie sind. Egal, ob die jetzt stärker oder schwächer sind, oder doof oder klug. Weil kein Mensch gleich sein kann.«

»Respekt ist unheimlich wichtig. Respekt jemandem gegenüber zu haben heißt nicht, ihn gleich als besten Freund bezeichnen zu müssen. Man muss ihn nicht einmal leiden können. Respekt bedeutet nur, ihn und seine Person zu achten, ihn nicht in seiner Würde oder auch anders zu verletzen, ihn letztendlich so zu behandeln, wie man selbst behandelt werden will.«

Das sind Aussagen von 13- bis 15-jährigen Mädchen und Jungen, die ich fragte, welche Bedeutung Respekt für sie hat. Ich habe

Jugendliche in Haupt- und Realschulen, auf der Straße, im Jugendzentrum und im Internet interviewt. Und Patrick, der als einziger junger Mann bereit war, auf meinen Fragebogen zu antworten.

Patrick ist 18 und besucht die Waldorfschule. Er respektiert, wie er schreibt, grundsätzlich nicht nur Menschen, sondern alle Lebewesen. Wobei er einige weniger respektiert als andere: »Das sind meist Menschen, mit denen ich in Konflikt geraten bin oder allgemein ungerechte, widerwärtige Menschen. Krasses, aber zutreffendes Beispiel: Adolf Hitler«. Am meisten dagegen respektiert er »Menschen in meinem Umfeld, von denen ich etwas lernen kann, oder die in meinen Augen Gutes geleistet haben«. Er selbst fühlt sich von Gleichaltrigen respektiert, ein Ausdruck davon ist für ihn, dass er gerade zum Schulsprecher gewählt wurde. Auf die Frage, woran er merkt, ob Erwachsene ihn respektieren, antwortet Patrick: »Im Kleinen daran, dass sie mich siezen. Das klingt blöd, aber es ist so. Darüber hinaus zeigt sich Respekt mir gegenüber, wenn sie mich gleichwertig behandeln und nicht von oben herab.« Seine Eltern, fährt Patrick fort, respektierten ihn von klein auf, »denn sie trauten mir schon früh vieles zu«. Er wiederum hat Respekt vor seinen Eltern, weil »allein schon Kinder großzuziehen Respekt verdient«. Die Leistung Schwächerer zu respektieren findet der Achtzehnjährige schwierig, aber er bemüht sich, auch solchen Menschen »den nötigen Respekt entgegenzubringen«. Und er fände es grundsätzlich gut, wenn Menschen einander respektieren würden, denn »dadurch würde eine gleichwertigere Gesellschaft geschaffen«.

Ich habe meine Fragen zum Thema Jugendliche und Respekt auch in ein Forum von LizzyNet eingestellt. LizzyNet ist eine betreute Internet-Community von Mädchen und jungen Frauen, die ihnen die Möglichkeit gibt, sich auszutauschen und zu den verschiedensten Themen zu äußern. LizzyNet fördert die mediale Kompetenz der Mädchen. Sie können die Plattform zur Fortbildung, als Informationsbörse, als Freizeitvergnügen und zum Chatten nutzen, Filmkritiken, Buchrezensionen und Kommentare verfassen und vieles mehr. Die »Lizzys« sind zwischen zwölf und 22 Jahre alt und in der Mehrheit Gymnasiastinnen.[6]

Sechzehn Mädchen haben meine Fragen beantwortet, zum Teil ausführlich. Die überwiegende Mehrheit schrieb erst einmal: »Ich respektiere alle Menschen.« Mehrere von ihnen schränkten diesen Satz jedoch im Anschluss ein und präzisierten: »Ich respektiere die, die mich respektieren.« Respekt spielt für sie alle eine große Rolle. Sie fühlen sich respektiert, wenn sie merken, dass man sie ernst nimmt, ihnen zuhört, sie nicht wie kleine Kinder behandelt. Und sie sind der festen Überzeugung, eine Welt, in der die Menschen respektvoll miteinander umgehen würden, wäre eine bessere Welt.

Für »federleicht« bedeutet Respekt: »Toleranz, Fairness, Freundlichkeit, Höflichkeit, Offenheit für Neues und moralisches Verhalten gegenüber anderen.« Sie respektiert ihre Mutter, denn die nimmt sie ernst und gibt ihr »das Gefühl, intelligent zu sein und etwas zu wissen, sie unterhält sich mit mir wie mit einer Erwachsenen und behandelt mich auch so. Sie ist oft meiner Meinung, und wenn sie es nicht ist, interessiert sie sich dafür, wie ich zu meiner Meinung komme.« Vor ihrem Vater hat »federleicht« keinen Respekt, denn: »Er scheint mich für ein dummes Kleinkind zu halten. Er übergeht meine Meinung und macht sich teilweise darüber lustig.« Ob sie vor jemandem Respekt hat, schreibt »federleicht«, hängt davon ab, wie diese Person sich verhält – egal, ob es sich dabei um Erwachsene oder Gleichaltrige handelt. Sie hat zum Beispiel keinen »vor Jungs, die Mädchen/Frauen als bloßes Sexsymbol betrachten«, und auch keinen »für Mädchen/Frauen, die sich so verhalten, als wollten sie darauf reduziert werden«.

Auch »Rike« respektiert ihre Mutter, und zwar »ganz stark«, wie sie schreibt: »Sie steht in jeglichen Situationen hinter mir und meinem Bruder. Sie setzt sich durch, versucht uns zu schützen und meistert ihr Leben als Alleinerziehende bewundernswert gut. Ich zeige ihr meinen Respekt, indem ich versuche, ihr so oft wie mög-

---

6 www.lizzynet.de

lich unter die Arme zu greifen. Ich bereite ihr kleine Freuden und zeige Hilfsbereitschaft. Im Gespräch mit ihr begegne ich ihr achtungsvoll, werde nicht frech oder Ähnliches.« Ihr Vater aber, berichtet »Rike« respektiert sie »in keinster Weise. Er verhält sich mir gegenüber unverantwortlich und sagt mir unüberlegte Sachen, die mich teilweise auch ziemlich verletzen.« Auf die Frage, ob sie von Jungs respektiert wird, antwortet sie selbstbewusst: »Da ich das Durchsetzungsvermögen meiner Mutter habe, werde ich von den Jungen respektiert, die sich auf meinem Niveau befinden.« Und sie fügt hinzu: »Ich respektiere Frauen, die sich durchsetzen können, die ihre eigene Meinung haben und sie auch äußern.« Keinen Respekt hat »Rike« vor »gewalttätigen und intoleranten Menschen«. Rechtsradikalen verweigert sie nicht nur ihren Respekt, sondern sie sagt »solchen Menschen auch die Meinung«, und sie beteiligt sich »an Demonstrationen gegen Nationalsozialisten und an einer Initiative gegen Gewalt und Intoleranz«.

Für »tiernanny« bedeutet Respekt, »dass man anderen Achtung entgegenbringt! Denn jeder Mensch ist gleich viel wert, ob Madonna oder ein Straßenkind aus Afrika.« Insofern respektiert sie »alle«. Doch sie zeigt ihren Respekt auf unterschiedliche Art und Weise, je nachdem, wem sie ihn entgegenbringt: »Wenn ich eine Lehrerin respektiere, halte ich ihr die Tür auf und grüße sie, wenn ich sie im Schulhaus oder vor dem Unterricht treffe. Zu einer Freundin bin ich respektvoll, wenn ich in einem Test eine 2 habe und sie eine 5, und ich sie tröste und ihr meine gute Note nicht unter die Nase reibe.« Damit sie Erwachsene respektieren kann, meint »tiernanny«, sollten sie zum Beispiel zurückgrüßen, wenn sie sie grüßt. Und sie fühlt sich von einem Erwachsenen ernst genommen, »wenn zum Beispiel er mich zuerst sieht, und dann auch als Erster grüßt«.

»Auro« ist der Ansicht, man müsse jeden Menschen respektieren, aber nicht jede Tat, die ein Mensch begeht – »zum Beispiel andere zu diskriminieren«. Umgekehrt jedoch respektiert sie »besondere Taten dafür umso mehr, wie zum Beispiel, wenn jemand anderen Menschen hilft, großzügig ist und verständnisvoll und für andere einfach nur da ist«. Auf meine Frage, ob sie auch vor Menschen Respekt hat, die schwächer oder ärmer als andere sind und als uncool gelten, antwortet »Auro«: »Natürlich respektiere ich auch solche Menschen. Vielleicht sind sie in einigen Gebieten schwächer als ich, aber bestimmt nicht in allen. Mir ist auch Reichtum nicht wichtig, kein Geld zu haben, ist kein Grund, nicht respektiert zu werden. Und was ist schon cool, was ist uncool? Richtlinien, die die Gesellschaft setzt. Ich halte nicht viel von solchen Richtlinien, ich finde, dass sie uns viel zu sehr einschränken, und auch viele in ihrer persönlichen Entfaltung hemmen. Wer uncool ist, ist vielleicht in Wahrheit viel cooler als wir alle. Wer weiß das schon.«

Im Gegensatz zu den anderen »Lizzys«, die meinen Fragebogen beantworteten, findet »missmarie«: »Respekt hat in unserer Gesellschaft eher einen negativen Nachgeschmack bekommen.« Wenn sie »Respekt« hört, schreibt sie weiter, »denke ich auch an Ausländer: ›Ey Mann, Respekt Alter!‹« Diesen Spruch verbindet sie mit einem Mangel an Respekt bei dem, der auf diese Art Respekt einfordert. Dennoch, meint sie, »ist Respekt wichtig. Ich würde aber eher das Wort ›achten‹ oder auch ›gut behandeln‹ benutzen.« Erwachsene müssen für sie »eine Vorbildfunktion haben«, und mehr noch: »Bei Erwachsenen hat Respekt auch ein stückweit mit Autorität zu tun. Einen Lehrer zum Beispiel, der versucht, sich auf die gleiche Stufe wie die Schüler zu stellen, kann ich nicht so respektieren, wie ich es eigentlich sollte.«

»Cathrin« verbindet Respekt mit Angst: »Vor Jungengruppen«, schreibt sie, »habe ich Respekt, weil ich genau weiß, dass sie mir vielleicht etwas antun können und ich mich nicht wehren kann, wenn ich alleine bin. In manchen Situationen ist es besser, Respekt zu haben, denn wenn man ihn nicht hat, kann man schon mal einen gebrochenen Arm riskieren. Die Größeren und Stärkeren haben diese Probleme nicht. Sie schüchtern die anderen ein. So wie zum Beispiel Gangs. Der, der vor ihnen keinen Respekt hat, wird plattgemacht.« »Cathrin« hat jedoch keinen echten Respekt vor dieser Art Jungs. Sie erweist ihnen ihren Respekt nur, um unversehrt zu bleiben. Und sie hat auch keinen Respekt vor einigen ihrer Mitschüler: »Ich respektiere keine Leute mit großen Klappen, die andere runtermachen. Wir haben Jungs in der Klasse, die meinen, sie müssten cool sein und einen andauernd ärgern. So was finde ich einfach fies. Da hört für mich der Respekt auf. In einer Schule gibt es ja oft die von sich selbst ernannten ›Coolen‹ und die von ihnen ernannten ›Uncoolen‹ oder ›Loser‹. Und die ›Uncoolen‹ werden nicht respektiert. Das finde ich bescheuert, denn man sollte jeden so respektieren wie er ist, und ihn erst mal näher kennenlernen, bevor man ihn verurteilt.«

»Jana« kam in Deutschland zur Welt und wuchs hier auf, ihre Eltern jedoch, schreibt sie, »kommen aus dem Ausland, demzufolge sehe ich natürlich nicht deutsch aus.« Und sie erlebt es häufig, fügt sie hinzu, »dass man am Anfang als ›Ausländer‹ nicht respektiert wird oder zumindest weniger. Auch Jugendlich im gleichen Alter werden manchmal mehr respektiert als ich. Ich erkenne es sofort an ihrem Gesichtsausdruck, dass mir manche Menschen nicht gerade viel zutrauen. Viele ändern ihre Meinung aber, sobald ich den Mund aufmache und etwas sage. Ihre Miene sieht dann ziemlich verblüfft aus. Mit der Zeit kommen solche Fälle weniger vor, was vielleicht auch daran liegt, dass ich älter geworden bin.« »Jana« respektiert andere Menschen, weil sie selbst respektiert werden möchte. Und vor ihren Eltern hat Jana unter anderem deshalb Respekt, weil sie ihr beibrachten, »wie man mit Menschen umgeht und damit auch, wie man Menschen respektiert. Ich verdanke meinen Eltern vieles, und sie respektieren mich, seit ich klein war.«

Auf die Frage, ob sie auch »Loser« respektiert und Menschen, die als uncool gelten, antwortet« Jana sehr ausführlich und engagiert. »Natürlich entsteht erst einmal ein Gefühl der Ablehnung, weil die Menschen nichts aus ihrem Leben gemacht haben«, schreibt sie zu Beginn ihres Statements. Und fährt dann fort: »Doch wenn ich mich in sie hineinversetze, merke ich, dass man auch ihnen auf jeden Fall Respekt entgegenbringen muss. Viele Menschen haben nicht die gleichen Bedingungen, die ich habe. Sie haben nicht die gleichen oder manchmal auch gar keine finanziellen Mittel zur Verfügung, die sie allerdings bräuchten, um sich weiterzubilden. Wer weiß, ob sie nicht genauso schlau oder sogar intelligenter sein könnten als wir, wenn sie die gleichen Konditionen hätten? Ich finde auch, dass man solche Menschen unterstützen sollte. Ich denke, dass die meisten genauso viel leisten können wie wir, wenn sie Unterstützung und die gleichen Chancen bekommen.«

Interessanterweise schreiben die sechzehn Userinnen von LizzyNet, die auf meinen Fragebogen antworteten, alle, dass sie auch »Menschen, die keine ›Winner‹, sondern ärmer, schwächer und uncool sind« respektieren. Und sie belassen es nicht bei der Behauptung, sondern begründen, warum sie vor solchen Menschen Respekt haben. Mich hat das beeindruckt, denn sie sind alle Gymnasiastinnen, und ihren sonstigen Antworten entnehme ich, dass sie, von ein paar Ausnahmen abgesehen, aus stabilen familiären und finanziellen Verhältnissen kommen. Bettler, Junkies, Hartz-IV-Empfänger und verwahrloste Jugendliche gehören vermutlich nicht zu ihrem näheren Bekanntenkreis. Sie alle respektieren auch ihre Eltern oder zumindest einen Elternteil, und die meisten von ihnen begründen diese Haltung damit, dass die Eltern (oder Mütter) liebevoll und respektvoll mit ihnen umgehen, sie ernst nehmen, ihre Meinung anhören, sie fördern und unterstützen. Und so ergibt sich wohl das eine aus dem anderen. Nun ist es natürlich gut möglich, dass Mädchen, die zur LizzyNet-Community gehören, von vorneherein engagierter sind als andere Gleichaltrige, und dass sie vielleicht auch aus einem sozial und/oder politisch engagierten Elternhaus kommen. Trotzdem gehe ich davon aus, dass junge Menschen, die zu Hause geliebt und respektiert werden, eher über den »Tellerrand« ihrer sozialen Schicht hinausschauen und mit Menschen mitfühlen können, deren Lebensweise und Erfahrungen ihnen fremd sind.

# Zwischenstopp: Alles cool, Mann?

Bevor ich nun zum Respekt-Verständnis der Mädchen und Jungen komme, die auf die Hauptschule gehen oder den Realschulabschluss nachholen, sollte ich wohl erklären, was das viel gebrauchte und viel zitierte Wort *cool* bedeutet oder bedeuten kann. Ein Wort, an dem nicht nur hiesige Eltern verzweifeln. In einer Folge der amerikanischen Zeichentrickserie »Die Simpsons« versuchen Homer und Marge vergeblich, sich mit ihren Kindern über Coolness zu verständigen:

Homer: Ich finde, es ist wichtiger, für meine Familie da zu sein, als cool zu sein.

Bart: Dad, was du da sagst ist krass uncool!

Homer: Du weißt, dass es in dem einen Song heißt: ›Es ist voll angesagt, spießig zu sein‹.[7]

Lisa: Der Song ist schnarch.

Homer: So schnarch, dass er schon wieder … cool ist?

Bart und Lisa: Nein.

Marge: Bin ich cool, Kinder?

Bart und Lisa: Nein.

Marge: Gut. Das ist schön. Und dass mir das nichts ausmacht, macht mich cool, oder?

Bart und Lisa: Nein.

Marge: Ja, verdammt noch mal, wie ist man dann cool? Wir haben doch grade alles durchprobiert.

Homer: Warte mal, Marge. Wenn man echt cool ist, muss einem das vermutlich niemand bestätigen.

Bart: Doch, natürlich!

Lisa: Wie soll man es denn sonst wissen?

Familie Simpson diskutiert über ein Verständnis von cool, das den Mainstream erreicht hat. Cool steht hier für »angesagt«, »in«, »up to date«. Man muss bestimmte Klamotten und Marken tragen, ein ganz bestimmtes Handy, den gerade modischen MP3-Player

---

7 Gemeint ist der Song »Hip to Be Square« von Huey Lewis and the News

oder noch besser Blackberry benutzen, bestimmte Cafés, Kneipen und Discos frequentieren, und so weiter. Und man darf nicht überschwänglich seine Gefühle zeigen, sondern muss so tun, als könnte einen nichts umhauen. Das Verständnis von dem, was cool ist, variiert jedoch je nach Schichtzugehörigkeit, Bildungsstatus und der Verbundenheit mit einer bestimmten Jugendkultur. Ein Gymnasiast, dessen Eltern aus Afrika kommen und Ärzte sind, ist anders cool als eine deutsche Hauptschülerin, deren Familie von Hartz IV lebt, eine junge Deutsch-Türkin, die eine Lehre zur Anwaltsgehilfin macht, ist anders cool als ihr Cousin, der vom Dealen lebt, und ein deutscher Junge aus einem reichen Elternhaus ist anders cool als der Sohn russischer Kontingentflüchtlinge.

Für die meisten Jugendlichen aus wohlhabenden, Mittelschicht- und traditionellen Arbeiterfamilien spielt cool keine lebensentscheidende Rolle. Wenn sie über genügend Selbstbewusstsein verfügen, können sie sogar damit spielen und erklären: »Cool ist man nur, wenn man uncool ist.« Sie werden dem Druck, cool zu sein und auszusehen, in dem Maße ausgesetzt, in dem sie auch gedrängt werden, auf eine ganz bestimmte Art zu konsumieren. Für Jugendliche aus der »Unterschicht« und vor allem für »Unterschicht«-Jugendliche, deren Eltern oder Großeltern Migranten sind, hat Coolness eine sehr viel größere Bedeutung. Ihr Verständnis von cool steht am Ende einer langen Tradition, die in den Ghettos der amerikanischen Großstädte ihren Ausgang nahm.

Robert Farris Thompson, Professor für Kunstgeschichte an der Yale University, verweist in seinem 1973 erschienenen Aufsatz »An Aesthetic of the Cool« darauf, dass der ursprüngliche Bedeutungsgehalt von cool aus der Kultur der westafrikanischen Yoruba und Igbo stammt. »Itutu« – »kühl« zu sein hieß für sie: bedachtsam und freundlich, großzügig und anmutig zu sein und fähig, Konflikte auf friedlichem Wege zu lösen. Diese »Kühle« war vor allem auch eine spirituelle Qualität, wer »kühl« war, war den Göttern und Göttinnen nahe. »Itutu« beinhaltete also menschliche Qualitäten, seinen ästhetischen Ausdruck fand es im Nicht-Ausdruck: Die bewunderte »Kühle« von Tänzerinnen und Musikern zum Beispiel zeigte sich darin, dass sie in der Ausübung ihrer Kunst keinerlei

Gesichtsregung zeigten. Die afrikanischen Frauen und Männer, die als Sklaven in die Vereinigten Staaten verschleppt wurden, nahmen den Begriff und seine Bedeutung mit und wandelten sie – ihren Lebensbedingungen und emotionalen Bedürfnissen in einer feindlichen Umwelt entsprechend – um. Aus »Itutu« wurde cool – die Haltung, die afroamerikanische Männer dem Rassismus entgegensetzten, um ihren Stolz und Selbstrespekt zu wahren. »Cool zu sein«, schreibt Marlene Kim Connor in ihrem Buch »What is Cool?«, »war ein Ausdruck selbstverliehener männlicher Würde in einer Welt, die es schwarzen Männern verwehrte, ihre Männlichkeit zum Ausdruck zu bringen.«

Die Frauen sollten nicht cool sein, sondern Liebe, Wärme, Fürsorge, Mitgefühl produzieren und Männer und Kinder damit versorgen. In den Romanen von Toni Morrison und anderer großer afroamerikanischer Schriftstellerinnen und in den Liedern und Interpretationen der Bluessängerinnen kommen die Lebensrealität, die Gefühle, die Verletzungen, der Schmerz, die geraubte Würde und die Versuche der schwarzen Frauen, sich die eigene, weibliche, menschliche Würde zurückzuerobern zum Ausdruck. Je angegriffener die Männer sich in ihrer Männlichkeit fühlten, desto weiblicher mussten die Frauen sein – und oft gleichzeitig ihren Mann stehen, um die Familie zu ernähren. Dieses Muster kommt auch in anderen diskriminierten und verachteten Bevölkerungsgruppen zum Tragen, in den Communities von Migrantinnen und Migranten, ethnischen Minderheiten, sozial Benachteiligten. Die Aufrechterhaltung oder Rückeroberung der männlichen Würde geht häufig auf Kosten der Frauen und auch der Kinder. Gegen sie wendet sich die Aggression, die nicht gegen die Verursacher des Unrechts und der unmenschlichen Verhältnisse gerichtet werden kann.

»All I'm askin' / Is for a little respect / when you come home, just a little bit / Hey baby, just a little bit, when you get home / Just a little bit, mister, just a little bit!«, singt Aretha Franklin in ihrem berühmten Song: »Alles, was ich verlange, ist ein bisschen Respekt / wenn du nach Hause kommst, bloß ein bisschen / Hey, Baby, bloß ein bisschen, wenn du nach Hause kommst / Bloß ein bisschen, Mister, bloß ein bisschen!« »Just a little respect« fordert in diesem Lied eine schwarze Frau von einem schwarzen Mann, der Song »Respect« wurde aber rasch zu einem Symbol für die Forderung nach Respekt, die Schwarze an die weiße Mehrheitsbevölkerung richteten.

In den Ghettos der amerikanischen Großstädte erhielt cool oder Coolness im Laufe der Zeit mehrere Bedeutungen. Es wurde zu einem Ausdruck der Kriminellen- und Drogenszene. Eine Situation war cool, wenn keine Gefahr bestand, dass man von Passanten oder gar der Polizei beobachtet wurde. Cool zu sein war auch weiterhin der Schutzschild des schwarzen Mannes gegen die Demütigungen der Rassendiskriminierung. Und für viele Ghettokids wurde Heroin das Ticket zur Coolness. Unter dem Einfluss der Droge konnten sie unberührt und lässig – cool eben – bleiben, egal, was passierte. Die schwarzen Jazzer, die selbst häufig aus den Ghettos kamen und von denen einige der besten heroinabhängig waren, brachten die Coolness und den Slang mit in die Musikszene und damit auch in die Welt der weißen Bohemiens. Für die Hipster und Beatniks der Vierziger- und Fünfzigerjahre war es ein Muss, cool zu sein, in den Sechzigern übernahmen viele Rockmusiker die Überzeugung, man müsse cool sein, um der Welt auf elegante Art den Stinkefinger zu zeigen.

Schließlich wurde aus einer Haltung, die schwarze Männer immunisieren sollte gegen die Demütigungen und Benachteiligungen, denen sie immer noch ausgesetzt waren, eine Haltung, die junge (und nicht nur) schwarze Männer gegen ihre Verletzlichkeit und ihre Menschlichkeit immunisieren soll. Aus cool wurde kalt, aus Coolness Gefühllosigkeit. »Im Prinzip«, schreibt Marlene Kim Connor, »ist cool ein Lebens- und Überlebensstil in einer unwirtlichen Umgebung, eine Art, sich einzufügen, während man sich hervorhebt, sich Respekt zu verschaffen, während man anderen Furcht einflößt.« Cool, so ihr Resümee, ist heutzutage eine heimtückische Macht im Leben der schwarzen Amerikaner.

Und nicht nur in deren Leben. Diese Bedeutung von cool ist längst auf der ganzen Welt verbreitet, junge Männer in den Slums von Mumbai, den Banlieues von Paris, und den »Problemvierteln«

deutscher Großstädte stemmen sich mit Hilfe einer zerstörerischen und selbstzerstörerischen Version von cool gegen ihre Ausgrenzung und die Verachtung, die die Gesellschaft ihnen entgegenbringt. Cool heißt in dieser Variante des Begriffs, sich hart, kalt und gnadenlos zu verhalten. In der Hoffnung, dafür respektiert zu werden.

– RESPEKT –

Thilo Sarrazin, Mitglied des Vorstands der Deutschen Bundesbank und ehemaliger Berliner Finanzsenator, beklagte im Herbst 2009 in einem Interview mit der Zeitschrift *Lettre International,* »dass 40 Prozent aller Geburten in der Unterschicht stattfinden«, und diese Unterschichtkinder – bedauerlicherweise – die Schulen füllten. Um unmissverständlich klarzumachen, wem seiner Ansicht nach ganz gewiss kein Respekt gebührt, legte Herr Sarrazin noch einmal nach: »Ich muss niemanden anerkennen, der vom Staat lebt, diesen Staat ablehnt, für die Ausbildung seiner Kinder nicht vernünftig sorgt und« – wir kommen jetzt am untersten Ende seiner Werteskala an – »ständig neue kleine Kopftuchmädchen produziert.« Der Mann ist Sozialdemokrat.

Was Sarrazin laut sagt, denken nicht wenige. Und nicht nur Angehörige elitärer Zirkel. Die Verachtung der Sozialdemokraten für die »Unterschicht« hat Sarrazin nicht erfunden, sie ist so alt wie die Arbeiterbewegung. Ein Arbeiter war jemand, der Arbeit hatte, tunlichst im »produktiven Bereich«. Wer nicht oder nur gelegentlich arbeitete, gehörte nicht zum Proletariat, sondern zum Lumpenproletariat. »Die Abneigung gegen Almosenempfänger und die Gleichsetzung eines unproduktiven Lebens mit einem mangelhaften Charakter«, schreibt Richard Sennett in seinem Buch »Respekt in Zeiten der Ungleichheit«, »waren bei den Revolutionären und Radikalen des 19. Jahrhunderts ebenso verbreitet wie bei bürgerlichen Vertretern der Armenhilfe oder bei Bildungsreformern. Marx' Verachtung für das ›Lumpenproletariat‹ geht unmittelbar auf die Ansichten seiner Gegner zurück. (…) Für Marx vermochten diese verderbten Seelen sich allenfalls in Akten sinnloser, unorganisierter Gewalt zu äußern.«

An dieser Verachtung hat sich bis heute nicht viel geändert. Und sie richtet sich nicht nur gegen die Erwachsenen, sondern auch gegen die Kinder: Wer aus einer Familie kommt, die seit Generationen von der Sozialhilfe lebt, wer einen Vater hat, der im Gefängnis sitzt, eine Mutter, die auf den Strich geht, wer nicht richtig Deutsch kann und Eltern hat, die nie in die Schulsprechstunde kommen, wer bekifft zum Unterricht erscheint oder sich gar nicht mehr in der Schule blicken lässt, wer mit dreizehn schwanger ist und das Kind auch noch behalten will, hat kaum eine Chance, ernst genommen oder gar anerkannt zu werden. »Asozial« werden diese Kids und ihre Eltern genannt, und auch sie selbst bezeichnen einander als »Asi« oder »Vollasi«. Niemand mag sie, mit Ausnahme von ein paar engagierten Lehrerinnen, Lehrern, Streetworkern und Viertels-Managerinnen. Sie wissen das. Sie spüren es, sobald sie sich aus der Siedlung oder dem Stadtteil hinausbewegen. Und sie spüren es ebenso, wenn man sie mag. Wenn man ihnen mit Respekt begegnet.

Die Verachtung für die »Unterklassen« trifft auch Jugendliche, die einfach nur in einem Armutsviertel leben und deren Eltern Sozialhilfeempfänger sind, die die Hauptschule besuchen und sich dem Schönheitsideal ihrer Umwelt entsprechend stylen. Ein genervtes bis empörtes »Wie die aussehen!« höre ich auch von linken und feministischen Kolleginnen und Bekannten beim Anblick junger Mädchen in Metallic-Trainingshosen oder Leggings und bauchnabelfreiem T-Shirt. »Prollig« ist als ästhetische Zuschreibung nie freundlich gemeint. Und Hauptschule ist der direkte Weg in die Chancenlosigkeit. So etwas wie Respekt erfahren diese Jugendlichen fast nur untereinander – wenn es ihnen gelingt, ihn sich zu erkämpfen. Von der Gesellschaft bekommen sie – von den zum Glück vorhandenen Ausnahmen wieder abgesehen – keinen.

Als ich mit Christel Poensgen durch »ihre« Hauptschule gehe, begleiten uns neugierige Blicke. Als wir den Klassenraum betreten, bricht kurz Hektik aus, der Lärmpegel steigt. An die zwanzig

Vierzehnjährige wissen: Jetzt kommt die Journalistin und will von uns etwas über Respekt wissen. Christel stellt mich vor und sagt ein paar Worte zum Thema. Dann begrüße ich die Schülerinnen und Schüler und erkläre ihnen erst einmal, was ein Hörfunk-Feature ist und wie es gemacht wird, wie das Aufnahmegerät funktioniert, warum ich welches Mikrofon benutze, wie ich das, was sie sagen, später im Studio zusammenschneiden werde etc. Es wird immer ruhiger in der Klasse, ich habe ihre Aufmerksamkeit. Und dann stelle ich die erste Frage: »Was ist für euch Respekt?« Schweigen, hier und da ein Räuspern, leises Gekicher. Auch auf die Nachfrage ihrer Lehrerin kommt keine Reaktion. Aber es bleibt relativ still. Ich versuche es anders herum:

»Vor wem habt ihr denn Respekt?«

Wieder Schweigen. Dann sagt ein Junge: »Ja, vor den Älteren.« Ein paar andere nicken.

»Vor den Eltern«, schiebt der Junge nach.

»Warum?«

»Weil Jugendliche Respekt vor den Eltern haben. Das ist so.«

»Immer, unter allen Umständen?«

»Wie: immer?«

»Hast du auch Respekt vor einem Vater, der seine Kinder schlägt?«

Schweigen. Blicke werden getauscht. »Ja, nö. Wenn mein Vater mich verprügeln würde, würd ich keinen Respekt haben.«

»Also ich hab Respekt vor den Eltern«, meldet sich nun ein anderer Junge zu Wort, »weil die mich großgezogen haben. Weil die mir Nahrung gegeben haben und alles.« Er sieht sich um, wie die anderen auf dieses Statement reagieren. Dann fährt er fort: »Also, ich würde den Respekt verlieren, wenn die mich nicht fair behandeln.«

Ich will wissen, was das sein könnte.

»Ja, schlagen. Strafen oder so nicht. Da hätt ich trotzdem Respekt vor denen. Also wenn ich irgendwie Mist gebaut hätte, und die Eltern mir 'ne Strafe aufgeben. Aber verprügeln, da hätt ich keinen Respekt.«

Sie haben auch Respekt vor der Religion, sagen die beiden. Obwohl sie selber »nicht so viel machen«. Aber es ist die Religion der Eltern, und die hat man zu respektieren. Wenn ein gleichaltriger Junge die religiösen Regeln und Bräuche einhält, zum Beispiel betet oder im Ramadan fastet, finden sie das »cool«. Jetzt hebt ein blondes Mädchen die Hand. Sie hat auch großen Respekt, erzählt sie, vor Leuten, die den Ramadan richtig mitmachen. Sie hat es selbst einmal probiert – »ein paar Tage lang nichts essen und trinken« – und seither weiß sie, wie schwer das ist. »Warum hast du das probiert?«, fragt Christel Poensgen. »Ich habe viele Freunde, die Moslems sind«, antwortet das Mädchen. Deshalb hat sie auch Respekt vor einem Mädchen, das ein Kopftuch trägt. Sie selbst hat ein Kreuz an einem Kettchen umhängen, das ist zwar gerade Mode, aber ich frage trotzdem: »Bist du selber gläubig? Hast du einen Glauben?« – »Ja«, erwidert sie und nickt zur Bestätigung. – »Und du möchtest, das dein Glauben respektiert wird?« – »Ja, genau.«

Links von mir sitzen zwei Mädchen, die so aussehen, als würden sie gerne auch etwas zur Diskussion betragen. Bisher haben sie sich aber darauf beschränkt, miteinander zu tuscheln. Ich wende mich direkt an die zwei:

»Vor wem habt ihr denn Respekt?«

Verlegenes Kichern. »Ich habe Respekt vor allen Menschen«, sagt schließlich die eine.

»Und du?«

Das andere Mädchen rafft sich aus seiner Lümmel-Pose auf und setzt sich gerade hin: »Erstens: Ich respektiere nur die Leute, die mich auch respektieren. Und zweitens: Leute, die ich nicht leiden kann, respektier ich nicht, auch wenn die zu mir lieb sind oder so. Das interessiert mich dann nicht.«

Dem wütenden Blick, den sie mir dabei zuwirft, entnehme ich, dass sie schlechte Erfahrungen gemacht hat mit Leuten, die »lieb« zu ihr sind.

»Die Jungs«, sagt sie nun, immer noch wütend, »sehen uns nur als Spielball, und wenn wir nicht das tun, was sie wollen, dann kriegen wir keinen Respekt.«

»Die meisten Jungs schlagen auch heutzutage die Mädchen,

wenn sie nicht das machen, was wie wollen«, ergänzt ihre Freundin.

»Die Mädchen, die wollen das ja auch«, mischt sich nun einer der Jungen ein, »weil sonst würden sie nicht mit dem anderen ins Bett gehen.«

»Du hast sie ja nicht mehr alle!«, kontert das wütende Mädchen.

Ihre Klassenkameraden wissen in diesem Moment sehr genau, dass es »Scheiße ist«, Mädchen zu schlagen. Sie wirken verlegen, studieren die Tischplatte, kratzen sich am Bein. Aber diese Einsicht wird überlagert von dem Wissen: Mädchen zu ohrfeigen und herumzuschubsen ist cool. Wer sich anders verhält, ist uncool. »Und man folgt dem Coolen?«, fragt Christel Poensgen. – »Ja.« – »Warum? – »Weil er cool ist.« Jetzt müssen sie doch lachen. Aber ihre Lehrerin gibt nicht auf: »Und was hat man davon?« – »Man ist dann selber cool.« – »Also wenn man mit dem Coolen unterwegs ist, dann ist man selber cool?« – »Ja.«

Als Feministin brauchte ich lange, um mein Herz auch für Jungen zu öffnen, die sich wie Machos benehmen. Ich habe sie lange Zeit abgelehnt und hatte keinen Respekt vor ihnen, denn sie verachten und schaden Mädchen. Ich dagegen begreife mich in erster Linie als »Anwältin« der Mädchen. Das allerdings, habe ich gelernt, muss nicht ausschließen, dass ich auch die Probleme der Jungen sehe, ihre eigenen Gewalterfahrungen, die Zwänge, in denen sie stecken, die Ängste, mit denen sie sich herumschlagen. Ich kann mittlerweile auch ihnen respektvoll, offen und mit Mitgefühl begegnen. Und dabei durchaus klarmachen, was ich von ihrem Benehmen Mädchen gegenüber halte.

Diese Vierzehnjährigen in Christel Poensgens Klasse und viele andere, die aus ähnlichen Verhältnissen kommen, sind keine Monster. Sie sind unsicher, sie fühlen sich als Underdogs, und sie leben in einem Umfeld, in dem man sich Respekt verschafft, indem man sich als Macker aufspielt. In den Musikvideos, die sie sich anschauen, sind die echten Kerle, vor denen alle Respekt haben und die ihnen als Vorbilder dienen, Gangster und Zuhälter. Die Frauen sind »Schlampen«, sehen so aus und werden so behandelt. Das sind die Bilder, an denen die Jungen sich orientieren. Und dann gibt es da, in der realen Welt, vielleicht ein Mädchen, in das sie sich verliebt haben, das Gefühle in ihnen auslöst, die sie weich und verletzlich machen. Und das darf nicht sein. Denn damit machen sie sich zum »Opfer«. Und »Opfer« ist nicht zufällig das schlimmste und abfälligste unter allen Schimpfwörtern, die sie kennen. Sie sehnen sich selbst nach Respekt, und sie möchten auch ein Mädchen, das sie respektieren können. Aber sie haben weder virtuelle noch reale männliche Vorbilder, die ihnen eine Vorstellung von dem menschenwürdigen und menschlichen Respekt vermitteln, nach dem sie so bedürftig sind.

Als Christel Poensgens Schüler zugeben, dass sie Mädchen schlagen, sehen sie nicht aus, als wären sie damit so richtig glücklich. Im Grunde wissen sie sehr genau, dass das nichts ist, worauf sie stolz sein könnten. Und jetzt, im Gespräch über ein Thema, das sie brennend interessiert und das die guten Seiten in ihnen hervorlockt, wäre es ihnen vielleicht lieber, sie hätten den Mut, sich anders zu verhalten. Also frage ich sie, ob sie auch jemanden als cool empfinden könnten, der zum Beispiel anderen hilft, der sich für Leute einsetzt, die schwächer sind als er, der ehrlich und hilfsbereit ist. »Ist so einer auch cool?« – »Man kann auch punkten, wenn man ehrlich ist«, antwortet einer der Jungen. »Man muss nicht unbedingt cool sein.« Christel Poensgen meint nun nachdenklich: »Aha. Man muss nicht unbedingt cool sein. Aber man glaubt, wenn man cool ist, dann ist man auf der sicheren Seite. Dann kriegt man auf jeden Fall mehr Ansehen bei den Freunden. Ist das so?« Gleich mehrere rufen: »Ja!« Ich gebe trotzdem nicht auf: »Aber es gibt auch welche, die kriegen Anerkennung, ohne dass sie den coolen Macker spielen?« – Auch jetzt erfolgt ein mehrstimmiges »Ja.« – »Was sind das denn für welche? Wieso kriegen die auch Anerkennung?« – »Weil sie ehrlich sind.«

Logisch nach rationalen Kriterien ist das alles nicht. Aber Ausdruck des Erlebens und der Realität dieser Vierzehnjährigen. Ich könnte mir vorstellen, dass sie sich zu jemandem, der ehrlich und hilfsbereit ist, mehr hingezogen fühlen, als zum coolen Macker. Doch um diesem Gefühl und Bedürfnis zu folgen, braucht man eine Menge Selbstbewusstsein. Das sie nicht unbedingt haben. Woher auch? »Meine Schülerinnen und Schüler wissen, dass sie als Hauptschüler nicht viele Chancen haben«, sagt Christel Poensgen, als wir im Lehrerzimmer zusammen Kaffee trinken. »Es ist schwer, einen Ausbildungsplatz zu bekommen, wenn man nur einen Hauptschulabschluss hat. Und wenn die Noten vielleicht auch nicht so besonders gut sind.« Fast ein Drittel der Hauptschüler verlässt die Schule ohne Abschluss. Und viele der Kids aus türkischen und kurdischen Elternhäusern beherrschen die deutsche Sprache nicht vollständig, obwohl sie und oft auch schon ihre Eltern hier geboren sind. Das macht es nicht einfacher, eine Bewerbung zu schreiben und ein Bewerbungsgespräch zu führen.

Christel Poensgen ist eine erfahrene Lehrerin. Sie weiß: Damit sie ihren Schülerinnen und Schülern dabei helfen kann, trotz all der widrigen Umstände zu lernen und vielleicht etwas zu erreichen, müssen sie Respekt vor ihr haben. Für sie heißt das: »Dass sie mir vertrauen. Dass sie aber auch verstehen, dass ich Grenzen eingehalten haben möchte, und dass es Folgen für sie hat, wenn sie diese Grenzen überschreiten. Und das alles, ohne dass sie Angst vor mir haben.« Und wie, frage ich, muss sich eine Lehrerin oder ein Lehrer verhalten, damit diese Jugendlichen Respekt vor ihr oder ihm haben? »Ein Schüler«, antwortet Christel lächelnd, »hat mal in dem Zusammenhang gesagt: ›Nicht zu nett und nicht zu streng.‹« Damit meint er, glaub ich, dass Schüler merken müssen, dass man Verständnis hat. Dass man auch mal Zugeständnisse macht. Dass man dabei aber nicht so weit gehen darf, dass man sich ausnutzen lässt. Und es ist nicht so einfach, das beides miteinander zu kombinieren. Um da den goldenen Mittelweg zu finden, braucht man eine ganze Weile.«

Es ist für sie etwas anders, fährt sie fort, ob die Jugendlichen sie respektieren oder ob sie ihr Respekt entgegenbringen: »Respektieren ist so etwas wie mögen, wertschätzen, achten. Das erreicht man, oder ich, glaub ich eher, als dass sie tatsächlich Respekt zeigen. Dass sie mir Respekt auch zeigen, merke ich daran, dass sie mir zuhören, mich ausreden lassen, mir nicht ins Wort fallen, dass sie das ernst nehmen, was ich von ihnen erwarte. Dass sie sich an

Regeln halten, dass sie Leistung bringen, wenn sie Leistung bringen sollen, und so weiter.« Bestimmte Umgangsformen und Höflichkeitsregeln einzuhalten, meint sie achselzuckend, »das fällt unseren Schülern mitunter schwer. Das ist eben so an einer Hauptschule, sie belegen sich zum Beispiel gerne mit Schimpfwörtern. Wenn sie mit jemandem diskutieren und ausdrücken wollen, dass sie ganz anderer Meinung sind, kommt gleich ›du Spinner‹, ›du Asi‹, du was weiß ich.« Sie lacht und fährt fort: »Wobei man auch sagen muss, die Schüler empfinden das anscheinend längst nicht so extrem wie wir Erwachsenen. Für sie ist das nur eine Floskel, die keine größere Bedeutung hat. Manchmal allerdings konfrontiere ich sie damit und sage: ›Jetzt verhältst du dich respektlos‹. Und darauf reagieren sie meistens so, dass sie das dann zurücknehmen.«

Auch ihr respektloses Verhalten den Mädchen gegenüber will ich besser verstehen. »Das ist ein schwieriges Kapitel«, meint Christel Poensgen nachdenklich. »Es ist unterschiedlich. Es gibt durchaus Jungs, die das schon von zu Hause mitbringen, dass man sich einer Frau oder einem Mädchen gegenüber respektvoll verhält. Allerdings nur, wenn die Frau oder das Mädchen selber ein respektables Verhalten zeigen oder entsprechend angezogen sind. Das ist ein ganz großes Thema bei den türkischen Jungs zum Beispiel, die sehr schnell über Mädchen, die sich etwas freizügiger kleiden, sagen, ›das ist ne Schlampe‹. Und sich diesen Mädchen gegenüber auch nicht respektvoll verhalten. Während sie andere, von denen sie wissen, die werden von zu Hause sehr streng gehalten oder achten auf die Konventionen, sehr respektvoll behandeln.« Sie überlegt einen Moment und sagt schließlich: »Also ich glaube, es gibt beides. Es gibt sowohl wirklich kameradschaftliches Verhalten zwischen Jungen und Mädchen und gegenseitigen Respekt. Es gibt aber auch Jungs, die Mädchen gewohnheitsmäßig behandeln, als seien sie minderbemittelt, die sie beleidigen, mit Bemerkungen und mit Blicken, und sie rumschubsen.«

Christel steht auf und räumt die Kaffeetassen ab. Ich frage sie: »Gibt es noch etwas, das dir zu diesem Thema wichtig ist?« Sie überlegt einen Moment und sagt dann sehr ernst: »Für mich gehört zum Respektieren meiner Schüler, dass ich sie so, wie sie leben, und mit ihrer Familie, aus der sie kommen, achten kann. Auch wenn sie aus sehr schwierigen familiären Verhältnissen kommen. Und dass ich auch die Eltern achte. Das ist für mich respektieren. Das gelingt mir nicht immer, es ist mitunter sehr schwierig. Aber ich habe die Erfahrung gemacht, wenn das gelingt, das spüren die Kinder. Und dann gewinnen die sehr viel Vertrauen. Und Vertrauen ist ja eigentlich die Basis für die Beziehung, und Beziehung wiederum ist die Basis für Lernbereitschaft. Ohne die Beziehung geht gar nichts.«

Auch für Dorothee Plass ist Respekt ein äußerst wichtiger Aspekt im Umgang mit ihren Schülerinnen und Schülern. Sie unterrichtet, mit dem Schwerpunkt Kunst, an einer Förderschule für lernbehinderte Kinder und Jugendliche in einem Kölner »Problembezirk«. »Ihre« Kids sind ein bunt gemischter Haufen aus Roma-Kindern, Kindern aus deutschen und aus Migrantenfamilien. Respekt, so wie sie selbst ihn versteht, sagt Dorothee, »kennen sie nicht, den haben sie nie gelernt«. Sie haben aber Respekt vor Respektspersonen im alten Sinne: »Autoritäten sind für sie Autoritäten, bei allem respektlosen Verhalten. Das ist ein Respekt aus der Angst heraus. Aus der Angst zum Beispiel, sie könnten von der Schule fliegen.« Empathie, Mitgefühl für ihre Schülerinnen und Schüler, findet sie unabdingbar, und es fällt ihr auch nicht schwer: »Es bereichert mich sehr, wenn ich mich auf das, was die Schüler bewegt, einlasse. Und damit weiterarbeite. Das geht im Kunstunterricht besonders gut. Ein liebevolles Verhalten ist das Einzige, was bei ihnen etwas bewirkt. Und es hilft mir auch, mal streng zu sein. Sie können es leichter akzeptieren, dass sie sich, wenn wir einen Vertrag miteinander machen, auch daran halten müssen, wenn gleichzeitig klar ist: Ich mag euch.«

Oft, erzählt Dorothee, verhalten sie sich trotzdem respektlos: »Sie hören nicht zu, sie fallen mir ins Wort, sie bringen durch Verweigerung ganz deutlich zu Ausdruck: ›Denken Sie bloß nicht, dass ich das jetzt mache!‹« Respekt dagegen, der mehr ist, als sich halbwegs verträglich zu verhalten, zeigen ihr die Schülerinnen und Schüler, »indem sie mich nicht nur in meiner Funktion als Lehrerin, sondern als Person ansprechen. Und indem sie von sich selbst erzählen.« Ihre Arbeit, sagt Dorothee, besteht auch darin, ständig mit Widersprüchen zu jonglieren. Wenn sie ihren Schülerinnen und Schülern vermittelt: »Du bist etwas wert!«, kann das »nach hinten losgehen«. Denn, so Dorothee, »sie werden oft in die Schule geschickt mit der Haltung: ›Lass dir von den Lehrern nichts bieten!‹« Und dazu kommt das künstliche Selbstbewusstsein, das sie sich von den Rappern abschauen: »Sie kennen natürlich auch den ›respect!‹ des HipHop, die Geschichte von ›black is beautiful‹, so, wie schwarze amerikanische Rapper sie rüberbringen.« Diese Art von Respekt, erlebt Dorothee jeden Tag, ist jedoch nicht hilfreich für die Jugendlichen: »Er erzeugt einen falschen Stolz in ihnen, der sie daran hindert, etwas zu lernen.« Die Kids haben keinen wirklichen Selbstrespekt. Das »wir sind wer«, das in den Rapps vermittelt wird, führt für sie zu einer Selbstbestätigung in der Beschränkung. Um aus der Beschränkung herauszukommen, weiß Dorothee, müssten sie sich aber für Neues öffnen.

Da Dorothee Plass auch Filmemacherin ist, kann sie ihnen Neues anbieten. Sie lässt ihre Schülerinnen und Schüler im Kunstunterricht fotografieren und Filme drehen, sie führt sie an Medien heran, die sie nur als Konsumenten kennen. Dieses Selbst-etwas-Produzieren begeistert sie und regt ihre Kreativität »in einem Maße an«, erzählt sie, »über das ich selbst manchmal staune«. Gleichzeitig muss sie die Mädchen und Jungen aber dazu bringen, »dass sie Regeln einhalten und gesellschaftliche Verhaltensnormen lernen, die sie später, etwa im Arbeitsleben, brauchen. Und das ist nicht einfach, denn »die beiden Systeme, das, was wir in der Schule anbieten, und das, was zu Hause und im Viertel passiert, passen nicht zusammen«.

Dorothee versucht den Kids zu vermitteln: »Ihr müsst die Welten auseinanderhalten können. In eurem Viertel müsst ihr so funktionieren, wie es da nötig und richtig ist. Aber wenn ihr aus dem Viertel rausgeht, dahin, wovor ihr Angst habt, in die Stadt, in das Arbeitsleben, dann hilft euch ein anderes Verhalten.« Sie überlegt einen Moment und sagt dann: »Wenn sie die Einschränkung, in der sie leben und funktionieren, aufgeben wollen, dann müssen sie die

Verhaltensregeln, die ›in der Welt da draußen‹ herrschen, wie eine Fremdsprache lernen.« Sie denkt noch einmal eine Weile nach und sagt schließlich:»Ich habe auch welche in der Klasse, denen das alles leichter fällt. Sobald in der Familie Wertschätzung und Platz für die Kinder da ist, strahlen die etwas anderes aus.«

Jobst Hagedorn ist Mitglied der Geschäftsleitung eines bundesweit tätigen Bildungsanbieters. Dorothee Plass' und Christel Poensgens Schülerinnen und Schüler könnten eines Tages in einem der Kurse landen, die er organisiert. In diesen Kursen lernen junge Menschen zwischen 16 und 25, sich »in das Berufsleben einzugliedern«. Vermittelt werden sie vom Arbeitsamt, circa zwei Drittel, so Hagedorn, kommen, weil sie auch selbst ein Interesse daran haben. Ein Drittel besucht den Kurs nur, weil ihnen sonst Repressalien vom Amt drohen. Die, sagt Jobst Hagedorn, »müssen wir überzeugen«. Respekt spielt auch dabei, wie in diesem Ausbildungssektor insgesamt, eine wichtige Rolle. Der Respekt, den die Kursteilnehmerinnen und -teilnehmer für sich einfordern (wobei es mehr die jungen Männer sind, die nach Respekt verlangen), und der, der ihnen abverlangt wird. »Wenn ich den Jugendlichen Respekt beibringen will«, betont Hagedorn, »dann muss ich ihnen auch Respekt entgegenbringen. Das eine geht nicht ohne das andere.«

Die jungen Leute sollen nicht nur fachlich ausgebildet werden und lernen, sich in einem Betrieb zurechtzufinden, sie sollen sich auch die für den Beruf genauso wichtigen sozialen Kompetenzen aneignen. Der im Rahmen der Agenda 2010 ausgegebene und viel kritisierte Slogan »Fördern und Fordern« macht für ihn in diesem Zusammenhang Sinn: »Fördern ist klar. Das heißt, die Leute qualifizieren. Aber auch das Fordern ist für ihn Ausdruck von Respekt, denn durch »klare Aussagen«, hat er erfahren, fühlen sie sich ernst genommen: »Indem man zum Beispiel nicht sagt: ›Könntest du vielleicht die Feile wegräumen?‹, sondern: ›In einer Viertelstunde ist der Arbeitsplatz aufgeräumt, sonst musst du länger bleiben.‹ Damit können die jungen Leute sehr gut umgehen. Das liefert ihnen eine Klarheit, die ihnen das Leben bisher oft nicht geboten hat.« Fordern, berichtet er weiter, heißt auch, dass man bestimmte

Dinge einfordert, die das Verhalten und die Motivation angehen, wie etwa Pünktlichkeit.«

Was gefordert wird, muss aber auch vermittelt werden, denn, so Hagedorn, es geht in den Kursen nicht um Gehorsamstraining, sondern darum, dass die Jugendlichen verstehen lernen, wie es im normalen Arbeitsleben zugeht. Also erklärt er ihnen zum Beispiel, warum Pünktlichkeit so wichtig ist. Gleichzeitig aber, fügt er hinzu, »frage ich, wenn einer zu spät kommt: ›Warum bist du schon wieder zu spät dran? Gibt es ein Problem mit den öffentlichen Verkehrsmitteln? Oder weckt dich keiner?‹ Es kommt auch vor, dass die Familie nicht will, dass der Junge so früh aufsteht und alle stört.« Respekt den jungen Menschen und ihrer Situation gegenüber bedeutet in solchen Fällen für Hagedorn, dass er mit ihnen zusammen nach Lösungen sucht. »Die«, sagt er, »können ganz einfach sein, indem man zum Beispiel den Jugendlichen zeigt, wie ein Handy als Wecker genutzt wird oder zu welcher Zeit sie an der Haltestelle sein müssen, damit sie mit dem Bus auf jeden Fall rechtzeitig ankommen.«

Die Mitarbeiterinnen und Mitarbeiter der Teams, fügt er hinzu, sind für die Jugendlichen ansprechbar und leisten auch individuelle Hilfe: »Das wissen sie, und das schätzen sie. Dadurch gewinnen sie Vertrauen. Was sich wieder auf ihre Lernfähigkeit auswirkt. Und«, betont er abschließend, »wir vermitteln auch Erfolgserlebnisse, wir loben, wir weisen die jungen Leute auf ihre individuellen Fortschritte und Erfolge hin. Das ist sehr wichtig.«

Vor der Abendrealschule, an der ich jeden Tag vorbeigehe, steht ein Pulk junger Frauen. Ich frage sie, ob sie mir etwas über Respekt erzählen könnten. »Boa«, meint die eine, »was wollen Sie denn wissen?« Ich erzähle ihnen, dass ich eine Radiosendung über Respekt mache und mir vorstelle, dass sie dazu sicher etwas zu sagen hätten. Sie sind Feuer und Flamme und schlagen vor, ich solle doch zu ihnen in die Schule kommen, dann könnte ich mit der ganzen Klasse reden. Ich finde den Vorschlag großartig und regle sofort die Formalien mit der Direktorin und einer der Lehrerinnen – die gleichfalls der Ansicht sind, ihre Schülerinnen und Schüler hätten zu diesem Thema einiges beizutragen. Am nächsten

Abend baue ich mein Aufnahmegerät in einem der Klassenräume auf.

Sechs junge Frauen und Männer sind gekommen, zwei von ihnen ziehen es vor, die ganze Stunde über zu schweigen. Sie hören aber aufmerksam zu und lassen sich manchmal ein bestätigendes Nicken entlocken, während Angelina, Yurda Gül, Neschua und Enrico die Diskussion bestreiten. Angelina mit ihren langen schwarzen Locken trägt ein ausgeschnittenes T-Shirt und Jeans, die kurzhaarige Yurda Gül Trainingsklamotten und Turnschuhe. Neschua hat sich in ein Kopftuch, einen langen Rock und eine Jacke mit langen Ärmeln gehüllt, Enrico hat Jeans und Pulli an. Wie alle anderen, die diese Schule besuchen, haben sie schon einiges hinter sich. Aber jetzt haben sie »die Kurve gekriegt«, wie Enrico sagt, möchten aus ihrem Leben etwas machen, und der Realschulabschluss soll sie dazu befähigen.

»Respekt bedeutet für mich, dass ich andere Menschen respektiere und gerne ebenso respektiert werden möchte«, eröffnet Enrico das Gespräch. Yurda Gül hebt die Hand: »Also, Respekt ist ja so ein großer Begriff. Man muss eigentlich unterscheiden, ob man jemandem für das, was er tut, Respekt erweist oder der Persönlichkeit, der Menschlichkeit dieser Person. Damit ich jemanden respektiere, müsste der nicht ein besonderes Talent mitbringen. Sondern ich respektiere zunächst einmal die Menschlichkeit dieser Person. Und das heißt für mich, dass ich jeden Menschen respektiere.« Angelina nimmt den Faden auf: »Ich respektiere eigentlich auch jeden Menschen. Aber ich respektiere einen Menschen nur so sehr, wie der mich respektiert. Das heißt, wenn ich merke, diese Person bringt mir keinen Respekt entgegen, dann bring ich der auch keinen Respekt entgegen.« Yurda Gül schüttelt leicht den Kopf. Damit ist sie nicht einverstanden. Sie ist der festen Überzeugung, dass man Respekt beim anderen »erzeugen« kann: »Ich hab die Erfahrung gemacht, dass ich, wenn ich jemand von vorneherein respektiere, auch ganz anders behandelt werde, wie jemand, der den andern halt nicht von dem ersten Augenblick an respektiert. Wenn ich zum Beispiel angesprochen werde, so wie manche halt reden: ›Pass mal auf, wie geht's, alles klar?‹ Dann sag ich: ›Ja, danke schön, mir geht's gut, und wie geht's dir?‹ Dann fängt der ganz anders an zu reden.«

Enrico grinst und nickt. Angelina guckt eher zweifelnd: »Aber man kann sich doch nicht alles gefallen lassen. Ich find das schon wichtig, dass die Person mir auch Respekt entgegenbringt. Ich bin doch kein Spielzeug, mit der man einfach so spielen kann!« Ja, konzediert Yurda Gül, es passiert auch ihr, »dass Leute trotzdem halt stur weiter gegen die Wand laufen. Dann sag ich, okay, das ist das Problem dieser Person, es ist nicht mein Problem. Es gehört zu meiner Persönlichkeit, dass ich Menschen einfach respektiere.« Sie sieht mich halb verlegen, halb herausfordernd an und sagt: »Ich war nicht mein ganzes Leben respektvoll. Mit 13, 14«, erzählt sie, »war ich … da würde ich mich als asozial definieren. Ich war nicht besonders geizig mit Schimpfwörtern zum Beispiel. Ich war sehr aufbrausend, ich war leicht reizbar. Und ich hatte halt kein Problem damit, meiner Aggression freien Lauf zu lassen. Und wenn man austeilt«, fährt sie lachend fort, »dann bekommt man auch was zurück.« Sie hatte dann »irgendwann sehr viel Zeit zum Nachdenken«, erzählt sie weiter und wirft mir einen prüfenden Blick zu. Und dabei geriet sie in einen Konflikt mit sich selbst: »Das wichtige ist ja«, resümiert sie die Auseinandersetzung, die sie damals mit sich führte, »dass man sich auch mal vor den Spiegel stellt und fragt: ›Wer bin ich eigentlich, und wer möchte ich mal werden in zehn Jahren vielleicht, oder in fünf Jahren.‹

»Ich möchte etwas sagen zum Thema Arbeit und Respekt«, meldet sich nun Angelina zu Wort. »Die Leute bringen ja so Leuten wie Richtern, Polizisten und so, mehr Respekt entgegen. Aber ich hab trotzdem Respekt auch, sagen wir mal, vor einem Klomann oder Müllmann.« Sie lacht verlegen und sieht uns an. Da wir alle zustimmend nicken, fährt sie fort: »Vor Leuten halt, die nicht so einen hohen Beruf erlernt haben. Ich hab Respekt vor denen, weil sie überhaupt irgendetwas machen. Wenn man sieht, die Leute bemühen sich, und die machen auch was, egal was, und wenn es nur Zeitungaustragen ist, solchen Leuten bringe ich persönlich auch Respekt entgegen. Die bewegen wenigstens ihren Arsch und sitzen nicht die ganze Zeit nur vor der Glotze.« Angelina holt tief Luft und lächelt wieder verlegen. Aber sie hat noch etwas zu sagen: »Ich hab Respekt auch vor Pennern und Junkies und Menschen, denen es halt sozial nicht so gut geht. Aus dem Grund, dass die Leute nicht auf einmal Penner oder Junkies geworden sind, sondern dass es da auch 'ne Vorgeschichte gibt. Ich finde das wichtig, dass man auch solchen Leuten Respekt entgegenbringt.«

Yurda Gül ist damit einverstanden. Wie Angelina beobachtet auch sie: »Menschen, die einen hohen Status haben, und Beamte sind und beruflich sehr weit gekommen sind, die bekommen in der Gesellschaft automatisch Respekt. Wenn man von der Gesellschaft Respekt bekommen möchte, und ich glaub, das wollen sehr, sehr viele Leute, dann muss man eigentlich sich in der Gesellschaft schon hocharbeiten, sag ich mal. Aber ich finde, man muss jemand wirklich gut kennen, um diesen Jemand zu respektieren. *Wirklich* zu respektieren.« Dass jemand gesellschaftlich angesehen ist, flößt Yurda Gül keinen Respekt ein. Sie achtet darauf, wie sich jemand verhält. Vor einem Polizisten zum Beispiel, erzählt sie, hätte sie sozusagen automatisch Respekt – weil er Polizist ist: »Aber den Menschen, der dieser Polizist ist, da weiß ich nicht, ob ich den respektieren würde. Das kommt dann halt drauf an, wie der mich behandelt, also ob der seinen Status ausnützt oder nicht. Wenn ein Polizist seinen polizeilichen Pflichten nachkommt, und die nicht ausnützt, um einen anderen Menschen runterzumachen, dann würd ich auch den Menschen in dem Polizisten respektieren.«

Die Lehrerin sieht auf die Uhr, die Stunde ist gleich zu Ende. Da fällt mir aber noch eine Frage ein: »Habt ihr denn auch Respekt vor den Lehrerinnen und Lehrern hier?« »Vor einigen ja«, sagt Enrico. »Und warum?«, frage ich nach. »Für mich bekommt ein Lehrer dann Respekt«, antwortet Enrico, »wenn ich was bei dem lernen kann. Wenn ich seh, der ist anständig, der hat 'ne Moral, die er auch vertritt. Und der hat auch 'n Sinn für Gleichgerechtigkeit.« Er überlegt einen Moment und meint dann ein bisschen trotzig: »Ja, ich mag Menschen, oder Lehrer, zu denen ich aufsehen kann.«

Jetzt läutet die Glocke, die jungen Leute stehen auf und verabschieden sich von mir. Yurda Gül bleibt sitzen. Sie muss noch etwas loswerden, das ihr sehr wichtig ist: »Man muss sich erst mal selber respektieren, um von anderen Menschen Respekt zu bekommen. Anders geht das nicht. Wenn man sich nicht respektiert, wenn man sich selber als ein Stück Dreck sieht oder so bezeichnet, dann kann ein anderer Mensch nicht sagen: ›Hey, toll, guck mal, du hast das und das erreicht, das hätt ich nicht geschafft.‹«

Auf dem Nachhauseweg geht mir das Gespräch noch durch den Kopf. Deshalb bemerke ich den Jungen nicht, der mir entgegenkommt. Er ist wohl mit dem Kopf auch woanders, und so stoßen wir zusammen. Ich entschuldige mich, er murmelt etwas vor sich hin. Ich sehe ihn mir genauer an und muss lächeln. Er könnte einer Dokusoap über kriminelle Jugendliche entsprungen sein. »Entschuldige«, sage ich noch mal, »kann ich dich was fragen?« – »Was denn?« – Was bedeutet dir Respekt?« – »Respekt?« – »Genau. Ist dir der wichtig?« Er mustert mich von oben bis unten. Offenbar muss er erst mal checken, was für eine ich bin, bevor er mich einer Antwort würdigt. Dann sagt er: »Respekt ist cool.«

# Keiner da?

Werden Frauen heute, fast vierzig Jahre nach Beginn der Neu-
en Frauenbewegung, als vollwertige Menschen respektiert?
Ja und nein. Es kommt darauf an, aus welcher Familie die Frauen
stammen, wie viel Selbstrespekt und Selbstbewusstsein sie von zu
Hause mitbekommen haben, welchen Beruf sie ausüben, in welchem sozialen Umfeld sie leben, und natürlich auch davon, mit
welchen Männern sie privat und beruflich zu tun haben. »Frauen
und Respekt« erwies sich als eine der weitläufigsten Inselgruppen
im Archipel meiner Recherche. Nur eine Insel habe ich darin nicht
gefunden: die, auf der vollkommene Gleichberechtigung herrscht
und Frauen grundsätzlich genauso respektiert werden wie Männer.

Gianna, eine italienische Bekannte von mir, arbeitet in einem
großen Marmorwerk in Carrara. Sie ist Expertin für einen bestimmten Bereich und die einzige Fachfrau in dieser im Wortsinne
steinharten Männerdomäne. Ihre Kollegen haben sich daran gewöhnt, dass sie in ihrer Abteilung nicht die Sekretärin, sondern die
Chefin ist, und sie haben auch gelernt, Giannas Kompetenz zu
schätzen. Im Gegensatz zu so manchem Kunden. »Da erlebe ich es
immer mal wieder«, erzählt sie, dass einer anklopft, den Kopf
durch die Tür steckt, mich sieht und sagt: »Keiner da?«

Als ich diese Geschichte meiner Schwester, Gerda Müller, erzähle, lacht sie sich halb tot. Gerda studierte Italienisch, Spanisch
und Portugiesisch und übt seit kurzem wieder ihren Beruf als
Übersetzerin aus. Davor war sie viele Jahre lang Fremdspra-
chenkorrespondentin und Sachbearbeiterin in Import-Export-Fir-
men, und als ich sie für dieses Buch interviewte, arbeitete sie als
Business Process Organisator bei der Deutschen Post. Das heißt,
sie koordinierte die Prozessabläufe innerhalb des Unternehmens,
was wiederum heißt, sie sorgte dafür, dass alle Filialen mit densel-

ben Computerprogrammen arbeiten. Einen Gutteil ihrer Arbeitszeit verbrachte sie damit, in Europa herumzureisen, um die Mitarbeiterinnen und Mitarbeiter des Unternehmens in dem jeweils neuesten Programm zu schulen. Auch sie war also hochqualifizierte Fachfrau in einer Männerdomäne. Und wie Gianna steht sie damit für die Frauen, die »es geschafft haben« – und für die Erfolge von fast vierzig Jahren Neuer Frauenbewegung.

Gerda und Gianna sind aber auch Beispiele dafür, dass es noch immer nicht selbstverständlich ist, dass eine Frau eine solche Position einnimmt und in ihr anerkannt wird. Als ich mich mit Gerda zusammensetze, um sie zum Thema »Frauen und Respekt« zu interviewen, sagt sie spontan: »Wenn ich einer Frau, mit der ich beruflich zu tun habe, Respekt entgegenbringe, kommt eher Respekt zurück als von einem Mann. Die Männer versuchen zuerst, die Frau auszutesten und herauszufinden, ob sie ebenbürtig ist.« Ich bitte sie um ein konkretes Beispiel dafür. »Gut«, sagt sie, »nehmen wir die Situation ›Unterrichten eines neuen Programms‹: Ist der Vortragende eine Frau, versuchen die männlichen Schüler, ihr altes Programm in das neue einzubinden beziehungsweise es dem neuen aufzuzwingen. Frauen nehmen das neue Programm gelassen zur Kenntnis, auch wenn es schwieriger und komplizierter ist als das vorherige. Ist der Vortragende aber ein Mann, dann leisten die männlichen Kursteilnehmer keinen Widerstand, sie sind dann viel ›gefügiger‹.«

Ihre direkten Vorgesetzten und Kollegen erkannten und schätzten nach einiger Zeit ihre Kompetenz und akzeptieren auch ihre Stellung, erzählt Gerda. Sie hat aber auch immer wieder mit Männern zu tun, die nicht kontinuierlich mit ihr zusammenarbeiten oder sie noch gar nicht kennen. Und so wird sie auch immer wieder mit einem »scheinbar unvermeidlichen« Mangel an Respekt konfrontiert. Auf meine Frage, wie der sich äußert, antwortet sie: »Zuerst versuchen die Männer auszutesten, wie weit sie gehen können, was ich vertrage. Sie lassen blöde Sprüche los, zum Beispiel in Bezug auf mein Äußeres, oder sie versuchen, mir fachlich Fallen zu stellen. Frauen werden auch oft systematisch beim Small Talk oder bei Meetings ignoriert, sie werden in Entscheidungsprozesse nicht eingebunden, man stellt an sie höhere Anforderungen bei Incentive-Ausschreibungen.«

Da ich weiß, dass Gerda sich trotz alledem Respekt verschafft hat, frage ich sie, wie das einer Frau in ihrer oder einer ähnlichen Position gelingen kann. »Sie muss ihre Meinung selbstbewusst vertreten«, antwortet sie sofort, »auch wenn sie in einzelnen Fachgebieten nicht ganz sicher ist. Meine Erfahrung ist, dass Männer beruflich gesehen Frauen, die selbstbewusst auftreten, mehr achten als ›graue Mäuschen‹. Sie muss aber natürlich auch respektvoll reagieren, wenn sie jemand, egal ob ein Mann oder eine Frau, darauf hinweist, dass sie unrecht hat. Sie muss das dann offen eingestehen und darf nicht versuchen, sich herauszureden. Sie muss auch versuchen, in den Pausen, auf Meetings oder bei Feiern für typische Männergespräche unter Kollegen Interesse zu zeigen.« Sie wirft mir einen vielsagenden Blick zu. Und konzediert dann: »Es gibt da ja auch interessante Themen, über Sport oder Politik zum Beispiel unterhalte ich mich gerne.«

Eine Frau, fährt sie fort, die in einem Männerberuf arbeitet oder eine Position innehat, in der sie die einzige oder fast die einzige Frau ist, »sollte sich nicht in der ›Grauzone‹ zwischen beruflich und privat absondern und nur die ›echte‹ Arbeitszeit mit den Kollegen verbringen. Die sozialen Kontakte am Arbeitsplatz sind wichtig. Mit guter Leistung allein schafft man sich vielleicht Respekt, aber keine soziale Nähe. Und wenn mich jemand nicht nur fachlich respektiert, sondern auch als Mensch, ist das natürlich in jeder Hinsicht besser.« Dieser sowohl fachliche als auch menschliche Respekt, hat Gerda erfahren, wirkt sich nicht zuletzt auf den beruflichen Erfolg aus: »Wenn eine Frau auch außerhalb der reinen Arbeitszeit ›in den Kreis‹ aufgenommen wurde, drückt sich das oft ganz unmittelbar aus: Sie wird in Fachgespräche mit eingebunden, mit Projektleitungen beauftragt, und es wird sogar eher respektiert, wenn sie sich einmal aus familiären Gründen unerwartet freinehmen muss.«

Gerda hat natürlich auch erlebt, dass selbst die größte Kompetenz und das weiseste Verhalten einer Frau manchen Männern keinen Respekt abnötigen, weil diese Männer vor Frauen grundsätzlich keinen Respekt haben: »Ich gehe erst einmal auf jeden offen zu und versuche in jedem Fall, mit Leistung zu punkten. Wenn ich trotzdem weiterhin auf typisches Männergehabe stoße, also auf oberflächliche Kritik an meinem Äußeren oder an meiner ›typisch weiblichen Denkweise‹, dann ignoriere ich diese Person, soweit das beruflich geht.« Wenn sie Respektlosigkeit auf fachlicher Ebene erlebt, wenn etwa jemand eine richtige Aussage von ihr ins Lächerliche zieht, nur weil eine Frau sie geäußert hat, versucht sie, diese Frage in einer offenen Diskussion zu klären, und das kann auch bedeuten: »den Mann herauszufordern«. Es gibt allerdings auch »Respektlosigkeit unter der Gürtellinie«, sagt Gerda, und an dieser Stelle wirkt sie zum ersten Mal genervt: »Das sind zum Beispiel Bemerkungen zu meiner Figur und meinem Alter.« Wenn sie darauf »nur mit Ignorieren« reagiert, meint sie mit einem spöttischen Lächeln, »finde ich das schon sehr respektvoll von *mir.*« In solchen Fällen scheut sie auch die Konfrontation nicht.

»Wenn ich mir mein Leben ansehe«, sagt Mithu M. Sanyal, »stelle ich fest: Das ist massiv besser geworden. Ich lebe in einer gleichberechtigten Partnerschaft. Einschließlich Aufteilung der Haus- und Kinderarbeit. Auch Rollen sind nicht festgeschrieben, wir können beide intellektuell und emotional sein. Ich mache nicht alleine die Beziehungsarbeit.« Mithu ist 38, sie könnte dem Alter nach fast schon meine Tochter sein. Ihr ist bewusst, dass sie und die Frauen ihrer Generation von den Kämpfen profitieren, die wir Feministinnen ausgefochten haben. Und sie beobachtet sehr genau, wie sich die Situation von Frauen heute gestaltet und verändert. »Ich glaube, dass das Patriarchat für beide Geschlechter von Nachteil ist«, sagt die Mutter eines neunjährigen Sohnes. »Es schränkt beide ein. Es erschwert die Kommunikation zwischen den Geschlechtern total. Beide lernen nicht, dass die Angehörigen des anderen Geschlechts Menschen wie sie selbst sind, sondern denken, sie wären etwas ganz anderes. Auch heute noch.« Der anhaltende Verkaufserfolg von Büchern wie »Männer sind vom Mars, Frauen von der Venus« oder »Warum Männer nicht zuhören und Frauen schlecht einparken« gibt ihr recht. Und zeigt: Es gibt ein Bedürfnis danach, alte Geschlechtsrollenklischees wieder aufzunehmen oder zumindest damit zu spielen. Dieses Bedürfnis teilen jedoch bei weitem nicht alle Frauen. Und es ist auch nicht in jedem Fall nötig, alte Klischees wiederaufzunehmen, denn sie haben nie völlig aufgehört zu gelten und zu wirken. So wenig, wie der mangelnde Respekt vor Frauen in vielen gesellschaftlichen Bereichen.

Mithu M. Sanyal hat Literaturwissenschaften studiert und über die Kulturgeschichte der Vulva promoviert. Sie arbeitet als Journalistin, in einem Beruf also, den Frauen sich erobert haben. Wobei allerdings die IG Medien und Frauen-Netzwerke wie der Journalistinnenbund immer wieder darauf hinweisen, dass auch im Journalismus bisher nur wenige Frauen die »gläserne Decke« durchstoßen haben. Da Mithu (noch) nicht Intendantin oder Programmdirektorin werden will, ist sie von diesen Einschränkungen jedoch nicht betroffen und fühlt sich beruflich respektiert. Da Mithu gleichzeitig von ihrem Partner nicht nur theoretisch, sondern auch praktisch als vollwertiger und gleichberechtigter Mensch respektiert wird, könnte sie als eine Frau beschrieben werden, der es in keinerlei Hinsicht an Respekt mangelt. Wäre da nicht noch dieser andere Aspekt: Schon nach der Geburt ihres Kindes, erzählt Mithu, erlebte sie »einen Rückschritt in die Fünfzigerjahre«. Sie hatte als junge Journalistin »das Gefühl, dass die großen Geschlechterunterschiede und Probleme zu regeln sind. Aber als ich das Kind bekam, wachte ich aus diesem Traum erst einmal auf. Die anderen Frauen nahmen drei Jahre Kinderzeit. Ich habe nur sieben Wochen Babypause genommen und galt deswegen als Rabenmutter.«

Nicht nur das. Die Diskriminierung ging weiter. »Eine alleinerziehende Mutter«, erfuhr Mithu, »wird immer noch nicht wirklich geachtet. Nicht verheiratet zu sein ist das geringere Problem, aber alleinerziehend zu sein! Als mein Sohn noch kleiner war, haben mir Leute erklärt, wie ich mit ihm umgehen soll. Wenn ich aber mit einem Mann und dem Kind unterwegs war, galten wir als Familie, und niemand mischte sich ein.« Mentalitäten ändern sich nur sehr langsam. Die Zeiten, in denen Pfarrer von der Kanzel gegen »gefallene Mädchen« predigten und es eine Schande war, ein »lediges Kind« zu haben, sind vorbei. Aber alleinerziehende Mütter bekommen auch heute noch nicht immer, selbst in intellektuellen Kreisen, denselben Respekt wie eine Frau, die ihr Kind mit dem Kindsvater oder zumindest einem festen Partner zusammen großzieht.

Vierzig Prozent der Alleinerziehenden in Deutschland, berichtete im Mai 2009 das Institut für Arbeitsmarkt- und Berufsforschung, IAB, in Nürnberg, sind auf Hartz IV angewiesen. Alleinerziehende stellen »mehr als die Hälfte der Bedarfsgemeinschaften mit minderjährigen Kindern«, so die Studie weiter, und 95 Prozent von ihnen sind Frauen. Von den Alleinerziehenden mit drei oder mehr Kindern beziehen sogar zwei Drittel Sozialleistungen, und fast alle von ihnen sind Frauen. »Alleinerziehend«, wird gerne mit »asozial« gleichgesetzt, mit »problematischen Familienverhältnissen«, und ein Schatten dieses Vorurteils fällt selbst auf beruflich erfolgreiche Akademikerinnen wie Mithu. Seit sie mit ihrem neuen Partner und dessen Tochter in einer Patchwork-Familie lebt, ist sie dieses Problem weitgehend los. Doch Frauen, die keinen festen Partner haben und von der staatlichen Unterstützung leben müssen, werden mit Verachtung und Respektlosigkeit bestraft. Man traut ihnen nicht zu, ihre Kinder »richtig« zu erziehen, und man unterstellt ihnen, sie würden sich von der Sozialhilfe ein bequemes Leben machen.

Die Realität sieht anders aus. Obwohl sich viele der alleinerziehenden Frauen schon früh wieder um einen Arbeitsplatz bemühen, gelingt es nur der Hälfte von ihnen, bis zum Ablauf der Kinderzeit aus der Abhängigkeit von Hartz-IV-Leistungen auszusteigen. »Die Gründe für den langen Leistungsbezug«, so die IAB-Studie, »sind vor allem die Betreuungspflichten«. Sprich: Die Frauen haben niemanden, der sich um das Kind kümmert, während sie arbeiten. Und wer einmal für längere Zeit in die Sozialhilfe »abgerutscht« ist, zeigt die Erfahrung, tut sich zunehmend schwerer, aus dieser Lage wieder herauszukommen. Hartz IV zu beziehen führt nicht nur dazu, dass andere den Respekt vor einem verlieren, es ist auch nicht förderlich für den Selbstrespekt. Eine Münchenerin schaltete auf einem Internetportal für Wohnungssuchende folgende Anzeige: »Alleinerziehende Hartz-IV-Empfängerin, aber nicht asozial, sucht Wohnung – Giesing, Sendling, Schwabing, Innenstadt.«

Was hätte ich Ende der Sechziger-, Anfang der Siebzigerjahre dafür gegeben, zu einer Frauenärztin gehen zu können. Es gab bloß keine. Und obwohl ich, gemäß der Devise »Sex and Drugs and Rock 'n' Roll« nicht gerade prüde war, behagte es mir gar nicht, dass ich vor einem wildfremden Mann die Beine spreizen und mich »da unten« von ihm berühren und untersuchen lassen sollte. Dazu kommt, dass die Gynäkologen, zumindest diejenigen, mit denen ich und meine Freundinnen zu tun hatten, sich weder durch Sensibilität noch Respekt vor der Patientin auszeichneten. Und dass wir jungen Frauen – unverheiratet – die Pille wollten, machte uns in ihren Augen ohnehin zu »Schlampen«, wie man heute sagen würde. »Personen mit HWG« hieß das damals, »häufig wechselndem Geschlechtsverkehr«. Wir hatten auch keine Ahnung, was der gute Mann da eigentlich in uns sah, anders gesagt: wie wir da drin aussahen. Das hatten wir auch nicht zu wissen. Das war Sache der Experten. Und die waren männlichen Geschlechts, versteht sich.

Heute habe ich eine Frauenärztin, die mich respektvoll und sensibel behandelt. Vermutlich gibt es mittlerweile auch männliche Gynäkologen, die sich so verhalten. Trotzdem fühle ich mich sehr viel wohler, wenn diese Untersuchung eine Frau durchführt, und ich über diesen spezifisch weiblichen Bereich meines Körpers mit einer Frau sprechen kann. Und ich weiß, dass es vielen anderen Frauen genauso geht.

Doktor Christine Wehgartner ist in etwa in meinem Alter und hat die Entwicklung der Gynäkologie seit den späten Sechzigerjahren sowohl am eigenen Leib als auch als Studentin der Medizin und praktizierende Ärztin mitbekommen. Und stellt fest: »Es hat sich vieles verändert. Frauen sind inzwischen in der Gynäkologie in der Mehrzahl, es gibt auch viele Frauen auf der mittleren, also der Oberarztebene, und einige Chefärztinnen und Habilitierte. Das hat lange gedauert, aber jetzt ist es so weit.« Auf meine Frage, ob Gynäkologinnen Patientinnen respektvoller behandeln als Gynäkologen, erwidert sie, das wisse sie nicht, denn sie würde die Kolleginnen und Kollegen ja nicht bei der Arbeit beobachten. Aber, meint sie schließlich, »natürlich identifiziert sich eine Ärztin mit der Patientin, weil sie immer sieht: Das könnte mich auch betreffen. Ein Mann, der eine Frau mit einem Eierstock-Krebs behandelt, der weiß, er kann jeden anderen Krebs kriegen, aber nie Eierstockkrebs. Er kann sich dann anders distanzieren. Ich denke, dieses Wissen: Das könnte auch ich sein, spielt schon eine Rolle. Natürlich haben Ärztinnen auch eine professionelle Distanz, das ist völlig klar. Aber es ist einfach anders. Und natürlich bei einer Schwangerschaft erst recht.« Bei schwangeren Frauen wiederum, erlebt sie, sind auch die Veränderungen im »Patientinnen«-Verhalten am stärksten:»Die Frauen hinterfragen Vorschläge und Maßnahmen. Sie bestimmen stärker mit.«

Was hat sich noch verändert? In welcher Hinsicht gehen Gynäkologinnen (wenn auch nicht alle) heute respektvoller mit ihren Patientinnen um als Gynäkologen vor zwanzig, dreißig Jahren? Oder ganz konkret: Wie drückt sich Christine Wehgartners Respekt gegenüber ihren Patientinnen aus? Sie denkt einen Moment nach und zählt dann auf:»Indem ich sie zum Beispiel bitte, sich bei der Untersuchung nicht zur Gänze zu entkleiden, sondern nur halb, denn ich bin ja total bekleidet, und wenn mir die Patientin ganz nackt gegenübersteht – das Verhältnis zwischen Ärztin und Patientin ist ohnehin ungleich, aber das ist dann noch mal ungleicher. Und wenn sie sich dann auf diesem Stuhl befinden, was ja meistens schwierig ist und auch ein bisschen angst- und schambesetzt, nehme ich wahr, wie sie damit zurechtkommen. Das ist ja sehr unterschiedlich. Für manche ist es überhaupt kein Problem, und für andere ist es ein riesiges Problem, selbst dann, wenn eine Frau sie untersucht.«

Christine Wehgartner arbeitet seit Jahrzehnten als Gynäkologin und hat auch den Wandel im Selbstwertgefühl von Frauen in Bezug auf ihren Körper mitbekommen. Und das, sagt sie, ist eher wieder geringer geworden. Fast alle jungen Frauen, erzählt sie, kommen inzwischen mit einer rasierten Vulva zu ihr:»Das heißt einerseits, die gucken auch hin. Denn beim Rasieren müssen sie hingucken. Und ich bekomme auch viel mehr Hinweise: ›Gucken Sie mal, das und das habe ich gesehen.‹ Und das heißt aber andererseits auch häufig: ›Ich bin auch da unten nicht perfekt.‹ Und: ›Kann man das denn nicht operieren?‹ Das ist dieser neue Trend – die Designer-Vulva. Dass junge Frauen unglücklich sind mit ihrem

Aussehen und dass sich das auch auf ihren Busen erstreckt und zum Teil dann eben auch auf ihre Vulva, ich denke, das ist nichts Neues. Nur, früher hat man vielleicht gelitten, aber irgendwo wusste man, es gibt keine Alternative. Und jetzt wird oft die Alternative der operativen Korrektur angesprochen.«

Respekt wurde dem weiblichen Geschlecht, dem weiblichen Körper, der weiblichen Sexualität Jahrhunderte lang verwehrt. Feminismus hieß ganz wesentlich auch: dem weiblichen Geschlecht und damit sich selbst als Frau Respekt entgegenzubringen, und zwar nicht nur in der Theorie, sondern auch ganz praktisch. Frauen entdeckten, dass ihr Leben und ihre Sexualität besser und erfüllter wurden, wenn sie sich nicht nur nach den Bedürfnissen der Männer richteten, sondern auch ihre eigenen sexuellen und emotionalen Bedürfnisse respektierten. »Das«, sagt Christine Wehgartner trocken, »ist heute nicht mehr Allgemeingut. Wir leben in so einer sexualisierten Umwelt, und ich bin doch immer wieder erstaunt, wie wenig Frauen wissen und wie wenig sie ihren Körper kennen. Da gibt es also eher eine Rückentwicklung.«

»Mädchen und Frauen sind die am wenigsten respektierte Gruppe von Menschen auf dieser Welt. Und wir müssen immer selber etwas dafür tun, um respektiert zu werden.« Das sagt Rosi Stolz, eine der Initiatorinnen und Koordinatorinnen von LizzyNet. Ihre Aussage erstaunte mich, denn die Userinnen von LizzyNet, die auf meinen Fragebogen geantwortet haben, erscheinen mir selbstbewusster als viele Mädchen zu Zeiten meiner eigenen Jugend. Auch Wiebke, die 19-jährige Tochter von Ingrid Kemp, oder Johanna und Marie, die 16- und 18-jährigen Töchter von Freunden, machen nicht nur den Eindruck, dass sie über Selbstachtung verfügen, in ihrem Freundeskreis herrscht auch ein ganz selbstverständlicher gegenseitiger Respekt zwischen jungen Männern und Frauen. Die neue Auszubildende in meiner Bankfiliale ist die Tochter oder Enkelin türkischer Migranten und macht gleichfalls nicht den Eindruck, sie würde sich respektlos behandeln lassen, und ebenso wenig die junge Frau, die – mit Kopftuch – in der Apotheke gegenüber arbeitet. Es gibt sie, zum Glück, die Mädchen und jungen Frauen, die ihren Weg gehen, sich nichts gefallen lassen und schon gar nicht eine respektlose Behandlung durch Männer. Es gibt auch die Jungen und jungen Männer, die von klein auf gelernt haben, Mädchen und Frauen zu respektieren. Und diese jungen Leute gibt es in allen Schichten, in allen Wohnvierteln, allen Nationalitäten und jeder Art von Beruf. Sie zu sehen, mit ihnen zu sprechen, mitzubekommen, wie sie sich verhalten und miteinander umgehen, macht Freude und zeigt: Es geht! Respekt zwischen Frauen und Männern ist möglich.

Es gibt aber auch die dunkle Seite des Mondes. Das Spektrum des verweigerten Respekts gegenüber dem Leben und den Persönlichkeitsrechten von Frauen und Mädchen reicht von der pornographischen Darstellung von Mädchen und Frauen in Filmen, Werbespots und Internetclips über Gruppenvergewaltigungen bis hin zu Klitorisbeschneidungen und »Ehrenmorden«. Mädchen gelten heute in Teilen der Gesellschaft als »Schlampen«, und sie diffamieren sich gegenseitig als Schlampen. Es gibt Mädchen und junge Frauen, die sich halb (oder auch ganz) zu Tode hungern oder sich operieren lassen, um dem herrschenden Schönheitsideal zu entsprechen. Denn sie erleben täglich: Man beurteilt sie nach ihrem Aussehen. »Die Erfahrung, dass jeder ihr Aussehen kommentiert und bewertet, egal ob positiv oder negativ«, sagt Rosi Stolz, »beeinflusst die Selbstachtung von Mädchen und reduziert sie auf ihr Äußeres. Dadurch geht das Ganze verloren. Würde ist wie eine intakte Hülle. Wenn aber ständig an dir herumgeurteilt wird, dann wird diese Hülle zerstört.«

– RESPEKT –

## Impressionen ...

Eine junge blondgelockte Frau kniet mit gespreizten Beinen auf einem roten Sofa. Sie trägt schwarze Netzstrümpfe an Strapsen, ein orangefarbenes tief ausgeschnittenes Mieder und schwarze Handschuhe bis zu den Ellenbogen. Diese Szene spielt nicht im

Bordell, und die junge Frau spielt auch nicht etwa eine Prostituierte in einem drittklassigen Film. Sie tritt in »Deutschland sucht den Superstar« auf und kann sich schon mal auf die hämischen Bemerkungen von Herrn Bohlen gefasst machen.

Ich komme zufällig auf dem Weg zu einem Termin an ihnen vorbei: Fünf Mädchen, die auf der Straße zusammenstehen und über irgendetwas kichern. Ich bleibe stehen und frage sie, was Respekt für sie bedeutet. »Dass man jemanden nicht auslacht«, sagt Feride. Sewal und Basak nicken. »Freundlich sein«, ergänzt Pelin. »Und wie merkt ihr, dass jemand vor euch Respekt hat?« – »Wenn einer zuhört. Und das auch ernst nimmt, was man sagt«, antwortet Merve. Sie sind zwischen zehn und dreizehn Jahre alt und besuchen die Realschule. Pelin trägt einen langen Rock, lange Ärmel und ein eng anliegendes Kopftuch, Sewal Jeans, ein Sweatshirt und kurz geschnittene Haare, Feride ein geblümtes Kleid und ein Band in den langen Locken, Merve, die Kleinste, Rock und Pulli. Auch Basak hat eine Lockenmähne, trägt einen Trainingsanzug und sieht am jungenhaftesten von allen aus. Sie wirken selbstbewusst und ein bisschen verlegen, sie gehen respektvoll und freundschaftlich miteinander um, und sie machen nicht den Eindruck, als würden sie einmal als Pornomädchen gestylt im Fernsehen posieren.

Ich verabschiede mich von ihnen und frage mich beim Weitergehen, ob sie ihre frische, unbefangene Art werden beibehalten können, wenn sie ein, zwei Jahre älter sind. Ob sie sich den unbewussten Selbstrespekt, den sie ausstrahlen, erhalten und in einen bewussteren umwandeln können. Oder ob sie von der Familie, dem Umfeld und durch schmerzliche Erfahrungen in Rollen und Verhaltensweisen gedrängt werden, die ihnen den Respekt vor sich selbst und vor anderen Frauen rauben. Und ich frage mich, was die junge Frau, die sich für einen Auftritt in »Deutschland sucht den Superstar« erniedrigt, dazu bringt, ihren Selbstrespekt aufzugeben. Oder ob sie vielleicht nie die Chance hatte, so etwas wie Selbstrespekt zu entwickeln.

Anni und Diane treffe ich im Jugendzentrum. Sie sind neuerdings lokale Stars in ihrer Siedlung. Die beiden rappen in einer Mädchenband und hatten schon mehrere Auftritte. Das stärkt ihren Selbstrespekt und bringt ihnen Respekt in ihrem Umfeld ein. »Vorher waren wir für die Jungs einfach nur Schlampen«, sagt Anni und grinst, »jetzt heißt es: ›Die machen Musik!‹ Weil wir nicht irgend so einen Driss schreiben, wir schreiben realistische Sachen, die uns selber passiert sind oder Freunden und Bekannten.« Diane nickt zustimmend. Aber grundsätzlich, meint sie, sind Mädchen für die Jungs Schlampen: »Wenn das Mädchen mit dem Jungen schläft, ist sie hinterher eine Schlampe. Wenn sie nicht mit ihm schläft, behauptet er aber vor den anderen trotzdem, sie hätte es getan, und dann ist sie auch eine Schlampe.« Es gibt ein paar Jungs, die Mädchen respektieren, konzediert Diane, »das äußert sich so, dass die uns halt normal behandeln, die lassen uns in Ruhe. Aber, die uns nicht respektieren, die kommen mit so Ausdrücken, die sagen: ›Mach dich weg!‹, wenn man nur an denen vorbeigeht.«

Viele Mädchen, meldet sich nun wieder Anni zu Wort, lassen sich mit Jungen sexuell ein, weil sie denken, »wenn ich nicht tue, was der Typ will, dann packt er mich und holt es sich sowieso. Ich hab das schon oft genug mitbekommen mit Mädchen, die jetzt entweder von ihrem Freund gezwungen wurden oder von Unbekannten. Es gibt Mädchen, die haben sich durchgesetzt, die sind dann selber handgreiflich geworden, haben versucht, sich loszureißen.« Ein Mädchen, erzählt sie und lacht kurz auf, »hat völlig rot gesehen und den Typen verprügelt. Es gibt aber auch Mädchen, leider zu viele Mädchen, bei denen das durchgegangen ist. Wo die Typen es geschafft haben.« Ich brauche eine Weile, bis ich begreife: Sie spricht von Vergewaltigungen. Als ich nachfrage, ob ich das richtig verstanden habe, meint sie verlegen: »Ja, dass die halt auf Mädchen draufgehen.« Manche Jungen, berichtet sie weiter, schmeicheln den Mädchen und geben vor, in sie verliebt zu sein. »Und dann sagen sie: ›Wenn du nicht machst, was ich will, dann können wir nicht zusammenkommen.‹ Und es gibt kleine Mädchen, so ganz naive, die denken, ja, wenn ich das mit ihm mache, dann kommen wir zusammen, ist doch prima. Wenn das Mädchen sich aber darauf einlässt, dann verlieren die Jungen jeglichen Respekt vor ihr.«

Sie selbst, sagt Anni, hat sich schon immer gegen jede Art von Übergriffen gewehrt: »Als ich noch kleiner war, da war ein Junge, der hat die Mädchen immer belästigt, und mich auch, der hat mir mit Stöcken auf die Beine geschlagen. Und dann hab ich diesen Jungen in den Schwitzkasten genommen, bis der wirklich keine Luft mehr bekommen hat.« Sie strahlt mich an und lacht. »Der war echt fertig. Und danach hatte der dann Respekt vor mir.« Diane lächelt zufrieden und zustimmend. »Die anderen Jungs«, erzählt Anni weiter, »die fanden das schon ziemlich krass, so: ›Die schlägt Jungs zusammen‹, und so. Aber ich habe mich nur gewehrt. Und ein paar hatten dann auch Respekt vor mir, die haben gedacht: ›Lieber nicht mit der.‹« Sie sieht mich fragend an. Als ich nicke, sagt sie: »Um dir Respekt bei den Jungs zu verdienen, da darfst du nicht so schüchtern und klein sein, sondern da musste echt den Mund aufreißen.«

Wir kommen noch einmal auf das Thema Schlampen zurück. Wenn Mädchen mit Minirock und Ausschnitt herumlaufen, sagt Diane, dann werden sie ganz automatisch als Schlampe oder Hure bezeichnet. »Du wirst aber auch als Schlampe beschimpft, wenn du nur so herumläufst«, wendet Anni ein und deutet auf sich selbst und ihre Freundin: Sie tragen beide Sweatshirts und Trainingshosen und sind ungeschminkt. »Da müsst ihr doch ständig wütend werden?«, frage ich sie. Anni zuckt die Schultern: »Es gibt welche, da denke ich mir, lass sie nur reden, ist mir doch egal. Es gibt aber auch welche, das ist mir zu krass, das lass ich nicht auf mir sitzen.« Sie tobt dann allerdings nicht herum, sagt sie, sondern sagt dem Jungen die Meinung: »Zum Beispiel: ›Deine Mutter sollte sich für dich schämen, so wie du Mädchen behandelst!‹«

Unser Gespräch verläuft wie eine Spirale. Anni und Diane antworten auf eine Frage. Und eine ganze Weile später kommen sie auf das Thema dieser Frage noch einmal zurück. Auf Sexualität zum Beispiel. Und Vergewaltigung – wobei sie dieses Wort nie aussprechen. »Es gibt viele Mädchen«, sagt Anni, als ich mich gerade von ihnen verabschieden will, »egal ob Türkin oder Deutsche, da sehe ich im Sommer, wenn die so ein ärmelloses T-Shirt anhaben, dass die überall geritzt sind. Da hab ich die schon oft drauf angesprochen. Und da haben die gesagt: ›Ja, viel durchgemacht, so Typen haben dies und das mit mir gemacht‹ und so. Also was ich so mitbekomme mit Pulsader aufschneiden und so was, das ist schon krass. Nur, weil den Jungs der Respekt vor den Mädchen fehlt und die auf die draufgehen.« Es kommt zwar auch vor, erzählt Anni weiter, dass Mädchen sich aus Liebeskummer ritzen, weil sie einen bestimmten Jungen vermissen. Aber, fährt sie fort, »es gibt Mädchen, die von anderen einfach so scheiße behandelt werden, die keinen Respekt von niemandem kriegen und sich innerlich einfach nur scheiße fühlen und sich dann körperlich wehtun, weil das dann stärker ist als der innerliche Schmerz. Also so habe ich das schon mitbekommen.«

Sie selbst würde sich das nicht antun, meint Anni. Sie würde sich aber auch von keinem Typen so behandeln lassen. Ihr Freund, sagt sie, geht respektvoll mit ihr um, und sie umgekehrt mit ihm. Diane hat im Moment keinen Freund, aber, betont sie, auch sie würde sich nur auf eine Beziehung einlassen, in der beide Partner einander respektieren. »Und wenn dein Freund dich schlagen würde?«, frage ich. »Dann«, antwortet Diane, »hätte ich gar keinen Respekt mehr vor dem. Weil, wer einmal schlägt, der schlägt immer wieder.«

Die Sozialpädagogin und Journalistin Güner Balci wuchs im Rollbergviertel in Berlin-Neukölln auf, einer der härtesten und berüchtigtsten Wohngegenden der Stadt. Güners Vater war in den Sechzigerjahren aus einem ostanatolische Dorf nach Deutschland eingewandert, die Mutter kam mit der ältesten Tochter ein Jahr später nach. Sie lebten erst in Bayern und zogen dann nach Berlin. Der Vater arbeitete als Fahrer eines Krankenwagens, die Mutter als Putzfrau. Güners Eltern ermutigten sie, deutsch zu sprechen, sich auch mit deutschen Mitschülerinnen und Mitschülern zu befreunden und – auf das Gymnasium zu gehen. Ihre älteste Schwester machte als Erste in der Familie Abitur und wurde zu Güners Vorbild. Weder Vater noch Mutter zwangen die Mädchen, zu Hause zu bleiben und sich auf nichts anderes als die Ehe vorzubereiten. All das, sagt Güner Balci, ermöglichte es ihr, später eine selbständige Frau zu werden, das Viertel zu verlassen, zu studieren.

Anfang der Achtzigerjahre veränderte sich die soziale Mischung im Rollbergviertel durch den Zuzug vieler arabischer Familien. Die meisten von ihnen waren palästinensische Kriegsflüchtlinge aus dem Libanon und wurden anfangs in einem heruntergekommenen Altbau, dem »Araberhaus« untergebracht. Sie hatten schon im Libanon nicht in stabilen Verhältnissen, sondern in Flüchtlingslagern gelebt, und in Deutschland wurden sie mit erneuter Ungewissheit konfrontiert. Man wollte sie hier nicht behalten, konnte sie aber aufgrund des Bürgerkriegs nicht abschieben. Als Asylbewerber durften sie damals nicht arbeiten, die Kinder waren sogar von der Schule befreit. Niemand hatte ein Interesse daran, diesen Menschen irgendeine Chance auf eine positive Veränderung zu geben. Alles, was schon elend, eng und gewalttätig in diesen Familien war, potenzierte sich noch einmal. Sie schotteten sich vollständig von den Deutschen und von Migranten aus europäischen Ländern ab und erzogen ihre Kinder nach streng patriarchalischen Regeln. Die am meisten Leidtragenden dieser Situation waren die Frauen und vor allem die Mädchen. Und das, sagt Güner, hat sich bis heute nicht verändert.

Güner Balci wuchs mit diesen Kids, die ihre Nachbarn waren, auf. Doch sie wurde nicht zu einem der Mädchen, die den Jungen zum Opfer fallen, so wie sie es in ihrem Buch »Arabboy« eindringlich beschreibt. »Meine älteren Brüder gaben auf mich acht«, erzählt sie. »Sie haben mit mir geredet, wenn ich mal wieder mit den falschen Leuten rumhing. Dafür bin ich ihnen bis heute dankbar, es hätte auch anders kommen können.« Nach dem Studium arbeitete Güner als Sozialpädagogin mit den Kindern im Rollbergviertel: »Ich wollte dazu beitragen, dass besonders die Mädchen mit mehr Selbstbewusstsein auftreten können. Wie die oft behandelt wurden, das hat mich schon während der Schulzeit verstört. Dagegen wollte ich etwas tun.«

Wir sitzen in ihrer Küche zusammen, an einem großen alten Holztisch, trinken Tee und versuchen, die Katze davon abzuhalten, uns die Kekse vom Teller zu klauen. Güner ist müde, denn am

Vorabend »wurde es lang«. Sie feierte ein Wiedersehen mit einigen »ihrer« ehemaligen Kids aus dem Rollbergviertel. »Das war richtig schön!«, sagt Güner und lacht zufrieden. Sie ist 35 Jahre alt, arbeitet inzwischen als Fernsehjournalistin, sitzt gerade an ihrem zweiten Buch und legte im Herbst 2008 mit »Arabboy« einen ebenso ungewöhnlichen wie erschütternden Doku-Roman über die Loser der »Parallelgesellschaft« vor.

»Woher kommt diese völlige Respektlosigkeit der Jungen und jungen Männer Frauen gegenüber?«, frage ich sie. »Ich glaube«, antwortet Güner, »das ist ein ganz wichtiger Bestandteil dieser patriarchalen Herkunftskultur, dass die Frau dem Mann untergeordnet ist. Und das wird ja dem kleinen Jungen in seiner Kindheit schon vermittelt: Dass er mehr darf als die Mädchen. Dass die Mutter beschränkt ist aufs Haus und auf den Herd. Und die Frauen nicht in der Öffentlichkeit, nicht auf öffentlichen Plätzen sind. Und wenn, dann nur mit Kind und Kegel und Sack und Pack und immer schön unter der Kontrolle von allen. Das merken doch Jungs. Und die Mädchen auch. Die Kinder werden groß mit dem Bewusstsein, dass es keine Gleichberechtigung zwischen Mann und Frau gibt. Dass das sogar einer der wichtigsten Bestandteile ihrer Kultur ist.«

»Aber müssen sie die Mutter nicht respektieren als Mutter?«, frage ich nach. »Ja«, meint Güner, »aber wenn die Mutter die Ehre verletzt oder es nicht verhindern kann, dass ihre Tochter die Ehre verletzt, dann wird sie auf jeden Fall dafür bestraft, in der einen oder anderen Form. Ob das nun eine Respektlosigkeit ist, die vielleicht gewaltfrei bleibt, oder … Es gab immer Jugendliche, die dann ihre Mutter auch geschlagen haben. Das waren auch immer die Geschichten, wo wir am meisten schockiert waren, weil wir uns das gar nicht vorstellen konnten, dass jemand seine Mutter schlägt. Aber es kommt vor.« Und die Frauen nehmen es hin, fährt sie fort, »weil das Leben eben so ist für sie. Die Alternative hieße ja zu gehen. Aber das ist so weit weg für die, dass man geht, dass man der Familie den Rücken kehrt. Dieser soziale Tod wäre für viele schlimmer als der tatsächliche.«

Wenn die Mädchen in diesen Familien etwas sicher nicht lernen, sagt Güner mit einem traurigen Achselzucken, dann ist es Selbstrespekt: »Sie haben schon eine Idee davon, was es bedeuten könnte, wenn man Selbstachtung hat. Aber das ist ein Wunschtraum. Es ist für sie selbstverständlich, dass man über ihr Leben bestimmt. Und der Respekt, den sie wollen, ist dann der, dass man sie nicht als Ehrlose bezeichnet. Ehrlos – das ist für sie das Schlimmste. Und alles andere ist im Vergleich dazu unbedeutend. Nach dem Motto: ›Dann kriegt man halt ein paar aufs Maul, aber das gehört dann halt dazu‹. Sie ziehen sehr selten die Grenze, dass sie sagen: ›Ich lasse mir das nicht mehr bieten, denn ich habe Selbstachtung.‹ Das passiert nicht. Sie lassen sich dann prügeln. Sie lassen sich einschränken in ihrem Leben. Die lassen ziemlich viel mit sich machen, im Vergleich zu einem Mädchen, das tatsächlich Respekt vor sich selber hat und auch ein Gefühl für Körperlichkeit, und sich eben auch als Individuum und als freier Mensch empfindet.«

Ich frage Güner, ob es möglich ist, diesen Mädchen Selbstrespekt zu vermitteln. Das ist nicht einfach, meint sie, aber auch nicht unmöglich: »Die lernen ganz viel, wenn man ihnen etwas vorlebt. Wenn sie alternative Lebensmodelle einfach auch mal zu sehen bekommen. An so einem Menschen wie mir zum Beispiel sehen sie: Die Güner kommt auch aus einer muslimischen Familie, und theoretisch hätte die ja auch irgendwann einen muslimischen Mann heiraten müssen und alles hätte nach den Regeln ablaufen müssen. Aber ich hatte einen Freund, und dann habe ich mich getrennt von dem, und jetzt habe ich einen anderen Freund, und mit dem bin ich auch nicht verheiratet. Und ich werde von den Männern, mit denen ich zusammen bin, trotzdem respektvoll behandelt. Das gucken sie sich an. Und das merken sie sich. Und dann suchen sie auch den Kontakt zu mir und stellen mir Fragen. Und manche denken dann darüber nach, ob ein Mann, der sie respektiert, nicht auch für sie eine Perspektive wäre. Oder ob sie das vielleicht kombinieren könnten mit den Vorstellungen der Familie, indem sie Ausschau halten nach einem muslimischen Mann, der nicht aus diesem Milieu kommt und nicht nach diesen Gesetzen lebt.« Güner schenkt uns Tee nach und schüttelt dabei den Kopf: »Aber das ist schwer. Das ist ganz schwer, weil sie ja aus dem

Viertel gar nicht rauskommen. Sie haben gar keine Möglichkeit, einen anständigen Jungen kennenzulernen, einen, der sie als Mädchen oder als junge Frau respektieren würde.«

Wir schweigen beide. Ich sehe mich in Güners Küche um, schaue sie selbst an, denke an meine muslimischen Freundinnen und Bekannten, die alle selbstbewusste, selbständige Frauen sind, die ihren eigenen Weg gehen. In ihrer Jugend, sagt Güner, also in den Achtzigerjahren, »da war eine freundschaftliche Beziehung zwischen Jungen und Mädchen total normal. Zumindest unter uns Gastarbeiterkids und den paar deutschen Jugendlichen. Und deswegen gab es da auch Respekt. Es gab natürlich auch Respektlosigkeit, aber immer in einem Maß, wo man drüber reden konnte. Wo man es verhandeln konnte. Heute gibt es in dem Viertel keine Freundschaften mehr zwischen Jungen und Mädchen. Und das ist ein ganz großes Problem. Das klingt erst mal banal: Jungs und Mädchen sind nicht befreundet. Aber das ist etwas grundsätzlich Wichtiges für eine gesunde Gesellschaft. Das ist eigentlich die Basis. Aber das macht sich keiner bewusst. Es gibt jetzt nur noch Brüder und Cousins und Ehemänner und Väter und Onkel. Und Schwestern und Cousinen und Mütter und Tanten. Aber es gibt keine Freundin mehr und keinen Freund. Das ist total krank, aber es ist so.«

Güner steht auf und stellt die leere Teekanne auf die Anrichte. Fragt, ob ich noch etwas trinken möchte. Setzt sich schließlich wieder an den Tisch und sagt: »Da, wo es aufgrund von Kultur oder Religion oder sonstiger Identität keine gelebte Gleichberechtigung gibt und keine Achtung der Menschenwürde, da gibt es auch keinen Respekt. Und gerade das, was für uns so selbstverständlich ist, wenn wir hier sitzen und darüber reden, das Prinzip der Gleichberechtigung, empfinde ich mittlerweile als überhaupt gar nicht selbstverständlich und auch schon teilweise als verloren. Das ist so kostbar, und das machen wir uns gar nicht oft genug bewusst. Wenn sich aber Gleichberechtigung als Prinzip nicht durchsetzt, dann wird es auch keinen Respekt geben unter den Menschen.«

# Respekt
# vor dem Alter?

Alterspyramide«, »Altenüberschuss«, »Geronto-Gesellschaft« – sie sind Thema, die Alten. Und was über sie geschrieben, gesagt, gemutmaßt wird, ist selten von Respekt geprägt. Einerseits werden sie als Goldesel, sprich: Konsumenten entdeckt und anderseits zur sozialen Belastung für künftige Generationen erklärt. Sie werden wahlweise als die »jungen Alten« dargestellt: fitte Senioren, die von einem Kreuzfahrtschiff zum nächsten joggen, – und als teure Pflegefälle, die das Budget belasten. Man versucht, ihnen alle möglichen Produkte aufzuschwatzen, die sie »forever young« erhalten und lässt sie im Pflegeheim verhungern, weil keiner darauf achtet, ob sie das ausgeteilte Essen auch wirklich zu sich nehmen. Jeder Mensch wird alt (sofern er nicht vorher stirbt), jedes Leben endet im Tod. Das weiß auch jeder. Doch längst nicht alle wollen oder können es sich eingestehen. Alt sind immer die anderen.

Die Floskel »Respekt vor dem Alter« meint meistens zweierlei: Respekt vor dem Alter als dem letzten Abschnitt eines Menschenlebens, und Respekt vor denen, die alt sind. Wobei der Begriff »alt« seit einigen Jahren neu definiert wird. Die Lebenserwartung der Menschen in Deutschland steigt, während gleichzeitig die »Achtundsechziger« in ein Alter kommen, das früher schon als »alt« empfunden wurde. Doch sechzig, oder auch Mitte sechzig zu sein heißt heute nicht mehr, sich alt fühlen zu müssen, geschweige denn, sich zu kleiden und zu verhalten, wie es von »Alten« bislang erwartet wurde. Auf den 60. Geburtstagen, die ich in den letzten Jahren besuchte, waren die einzigen Damen mit ondulierten Locken und dezent rosa Lippenstift die über achtzigjährigen Mütter der Geburtstagskinder. Und getanzt wurde zu Bill Haley, den Stones, Ike & Tina Turner und Co. Keine Mittsechzigerin und kein Sechziger, die ich kenne, käme auf die Idee, für sich selbst

»Respekt vor dem Alter« einzufordern. Stattdessen sind sie erschrocken und gekränkt, wenn ein junger Mensch ihnen in der Bahn seinen Sitzplatz anbietet.

Mit »alt« ist heute also de facto »Siebzig plus« gemeint, und vor allem das, was man früher als das »Greisenalter« bezeichnete und heute »hochaltrig« nennt – der tatsächlich letzte Lebensabschnitt, in dem man nicht mehr alles oder kaum noch etwas selber machen kann, auf Hilfe oder Pflege angewiesen ist und die (völlige) Selbständigkeit verliert. In der man möglicherweise unbeweglich, schwer krank, von Schmerzen gepeinigt ist. In der man den Tod vor Augen hat. Diese letzte Lebensphase macht den meisten von uns Angst, große Angst, deshalb wird sie verdrängt, ausgeblendet, oder man versucht, sich mit dem Gedanken zu beruhigen: »Bevor das eintrifft, setze ich meinem Leben selbst ein Ende.«

Der Zustand des Altseins wird verharmlost oder als Katastrophe wahrgenommen. Es gibt unzählige Tipps und Tricks, wie man angeblich »dem Alter ein Schnippchen schlagen« kann, und gleichzeitig werden die Menschen, die sie anwenden, dafür verachtet, dass sie nicht in Würde altern können. Respekt vor diesem Lebensabschnitt, zu dem auch Inkontinenz, Gebiss, Rollator, Demenz, künstlicher Darmausgang und Wundliegen gehören können, hat kaum jemand, weder in Bezug auf sich selbst noch auf andere. Den »Respekt vor dem Alter« wiederum als einem Zustand der Weisheit und spirituellen Vollendung gibt es in den Industrieländern nur noch in wenigen ländlichen Enklaven. Und auch um den – faktischen – Respekt vor denen, die alt sind, ist es nicht bestens bestellt. Das belegen die vielen und wiederholten Berichte über Missstände in Alten- und Pflegeheimen und über die Vereinsamung und Verarmung alter Menschen.

Die gerade gängigen Bilder, Einschätzungen, Beurteilungen von Alter und alten Menschen spielen sich eher in Magazinen, der Boulevardpresse, der Werbung und in Politikerstatements ab. Im wirklichen Leben trifft man auf ganz normale – reale – alte Menschen, die unterschiedlich leben, unterschiedlich mit ihrem Alter zurechtkommen und als Individuen unterschiedlich respektiert werden. Es mag sein, das älter werdende Reiche und »Promis«

sich ständig die Türklinke zur Schönheitsklinik in die Hand geben, sich täglich Frischzellen spritzen lassen und sonstige Verrenkungen auf sich nehmen, um »jung« zu erscheinen. Es mag sein, dass sich siebzigjährige Millionäre von Sherpas auf den Mount Everest schleppen lassen und achtzigjährige Weltreisende die Manager von Fünfsternehotels in den Wahnsinn treiben. Ich kenne solche Menschen nicht, und ich wohne auch nicht in einem Stadtteil, in dem sie mir über den Weg laufen könnten. Ich begegne auch selten den »jungen Alten«, die mir von Werbeplakaten für Enzyme, Gelenksalben und dergleichen entgegenlächeln. Oder den perfekt gekleideten und frisierten alten Damen mit der Perlenkette um den Hals und den kaum erkennbaren Falten, die ich schon mal im Fernsehen sehe oder in den Prospekten für Seniorenresidenzen.

Ich begegne der alten Frau, die sich damit abplagt, den Rollator in die Bahn zu schieben, der alten Frau, die an der Supermarktkasse minutenlang in ihrem Portemonnaie nach dem Kleingeld kramt, der alten Frau, die, Söckchen und Badelatschen an den Füßen, in einen abgetragenen Wollmantel gehüllt, die Straße entlangschlurft und vor sich hin murmelt. Ich begegne dem alten Mann, der sich verlegen umguckt, bevor er den Mülleimer auf der Straße nach Leergut absucht, dem alten Mann, dessen Hände so stark zittern, dass es ihm nicht gelingt, das Geld in den Fahrscheinautomaten zu stecken, dem alten Mann, der so riecht, als hätte er seine Unterwäsche schon länger nicht gewaschen. Ich begegne alten Frauen, die verbittert die Lippen zusammenkneifen und Kinder autoritär zurechtweisen. Ich begegne alten Frauen, die kurzsichtig ihr Münzgeld zählen, um dann fünfzig Cent in den Kaffeebecher des Bettlers zu legen und ihm »einen schönen Tach noch!« zu wünschen. Ich begegne alten Männern, die mit unendlicher Geduld ihre Enkelin oder vielleicht Urenkelin am Händchen die Straße entlangführen. Und ich begegne alten Männern, die an den türkischen Jungs vor dem Spielkasino vorbeigehen und »Asi-Gesocks, ab nach Hause!« zischen.

Die Forderung, man müsse Respekt vor »den Alten« haben, leuchtet mir ebenso wenig ein, wie die Einschätzung, alte Menschen seien unproduktive Kostenfaktoren. Alte Menschen können in ihrer Jugend andere Menschen in Konzentrationslagern gequält und ermordet haben. Sie können ihre Nachbarin verraten haben, die Zwangsarbeitern ein Stück Brot zusteckte. Sie können versteckte jüdische Kinder der Gestapo gemeldet haben. Sie können auch heute noch in ihrer Überzeugung Nazis sein, oder sie können ihr Verhalten und ihre Taten bitter bereuen. Sie können auch ehemals Verfolgte sein. Sie können Juden und andere Verfolgte unterstützt haben, aus der Wehrmacht desertiert oder im Widerstand aktiv gewesen sein. Ich weiß es nicht. Ich sehe es ihnen nicht unbedingt an. Nur, wenn ich einen alten Menschen persönlich kenne oder etwas über seine Geschichte erfahre, weiß ich, ob er zu den Verfolgern oder zu den Verfolgten, den Widerständigen, den Rettern gehörte.

Die meisten der »alten Nazis«, die mir den Respekt vor dem Alter ausgetrieben haben, liegen mittlerweile auf dem Friedhof. Alt sind heute diejenigen, die im Nationalsozialismus Kinder und Jugendliche waren. Viele von ihnen sind vom Krieg traumatisiert, und die meisten konnten diese Traumata nie aufarbeiten. Manche von ihnen haben die Ideologie, mit der sie groß wurden, verinnerlicht, andere verabscheuen sie, und dazwischen gibt es alle Varianten von Einstellungen und Überzeugungen. Ich begegne ihnen so offen, freundlich und respektvoll wie anderen Menschen auch. Und ich begegne ihnen ganz bewusst höflich und respektvoll, wenn andere mit ihnen grob, ungeduldig, verächtlich, gleichgültig umgehen. Ich habe aber keinen »Extra-Respekt« vor ihnen, weil sie alt sind. Auch Menschen, die ihre Kinder körperlich und seelisch gequält, Frauen misshandelt und vergewaltigt, andere ausgebeutet und gedemütigt haben, werden alt. Es gibt alte Menschen, die sich immer noch oder jetzt erst recht anderen gegenüber unmenschlich verhalten. Wofür sollte ich sie respektieren, außer dafür, dass sie menschliche Wesen sind? Es gibt so viele alte Frauen und Männer, die liebenswürdig und offen sind, sich für ihre Enkel interessieren und sie unterstützen, ehrenamtlich tätig sind, die sich freuen, wenn ihnen jemand hilft, und dieser Freude auch Ausdruck verleihen. Vor ihnen habe ich den Respekt, den ich auch vor allen anderen habe, die sich menschlich verhalten. Spüre ich jedoch, dass jemand nach Respekt verlangt, nur weil sie oder er ein gewisses Alter hat, dann, ich gestehe es, kann ich genauso »bockig« werden, wie wenn jemand automatisch Respekt erwartet, weil er oder sie sich für etwas Besseres hält oder ein bestimmtes Amt innehat.

Wenn eine alte Frau, ein alter Mann in ihrer Gebrechlichkeit hilfebedürftig sind, helfe ich ihnen, und wenn sie an der Supermarktkasse die ganze Schlange aufhalten, bleibe ich geduldig – aus Mitgefühl. Viele junge Leute verhalten sich ähnlich, sie haben vermutlich auch Mitgefühl, vor allem aber sind sie der Ansicht, man müsse grundsätzlich Respekt vor dem Alter haben. Das gilt für muslimische, afrikanische und zum Teil auch italienische, griechische, kroatische, serbische und bosnische Jugendliche, aber auch für viele deutsche Kids. Und widerspricht völlig der viel kolportierten Behauptung, »die Jugend« habe keinen Respekt vor dem Alter. Als ich für dieses Kapitel recherchierte, beobachtete ich im Alltag ganz bewusst, wie wer über das Alter spricht und sich alten Menschen gegenüber verhält. Und stellte fest: Auf die alte Frau oder den alten Mann, die an der Supermarktkasse ihr Geld nicht sofort parat haben, reagieren Frauen und Männer zwischen dreißig und fünfzig am ungeduldigsten. Vermutlich, weil sie in der Mittagspause einkaufen müssen und nicht die ganze Mittagspause damit verschwenden wollen. Oder weil sie gleich noch das Kind im Hort abholen müssen. Oder weil sie sich zwischen zig Terminen zerrissen fühlen.

Und am abfälligsten reden intellektuelle und/oder relativ gut situierte Frauen und Männer in meinem Alter über Alte. Leute also, die sich selbst mit Riesenschritten diesem »Zustand« nähern, die aber über die Mittel verfügen, ihn (vermeintlich) hinauszögern zu können. Ihnen können es die Alten – und vor allem alte Frauen – in keiner Weise recht machen. Laufen sie in bequemen Klamotten und ungeschminkt herum, »lassen sie sich gehen«. Stylen sie sich und tragen auffallenden Schmuck, »takeln sie sich auf«. Da wird hämisch jeder mögliche Schnitt des Schönheitschirurgen registriert und jede aufgespritzte Lippe, aber auch jede Falte, jeder Altersfleck und jede Krampfader. Ich nehme an, es ist die schiere Angst, die diese geradezu bösartige Respektlosigkeit hervorbringt. »Alt werden ist nichts für Feiglinge«, sagte Mae West, die wusste, wovon sie sprach. Zu ihrer Zeit wurden Schauspielerinnen über dreißig arbeitslos.

Respektlosigkeit gegen alte Menschen zeigt sich aber auch auf einer Ebene jenseits von ästhetischen Erwägungen und oft schon lange, bevor sie wirklich alt sind. Menschen verlieren bereits mit Fünfzig, Anfang Fünfzig ihren Arbeitsplatz, weil sie der Unternehmensleitung als zu alt erscheinen oder aufgrund ihres Alters zu teuer sind. Aus demselben Grund finden sie auch keine neue Stelle. Das hat, rein materiell, zur Folge, dass sie später eine geringere Rente bekommen, und nicht wenige sinken in die Altersarmut ab. Psychisch hat es oft zur Folge, dass sie sich »auf den Müll geschmissen« fühlen, und das nicht zu Unrecht, denn in dieser Gesellschaft wird nur geachtet, wer (bezahlt) arbeitet und sich »aus eigener Kraft« ernähren kann. Sind Menschen ohne Vermögen oder eine wirklich gute Rente dann tatsächlich alt und hilfebedürftig, werden sie zu Opfern einer strukturellen Respektlosigkeit, die immer noch gnadenloser wird. Pflegekräfte, egal ob im ambulanten Dienst oder in Heimen, singen unisono das Lied von der nicht vorhandenen Zeit, im Fachjargon »enges Zeitfenster« genannt.

»Ich habe zehn Minuten für die alte Dame«, erzählt mir die Mitarbeiterin eines ambulanten Pflegedienstes, die gerade aus der Wohnung einer Patientin zu ihrem Auto hetzt, »exakt zehn Minuten. In der Zeit soll ich sie waschen, ihr beim Anziehen helfen, ihr die Pillen für den Tag zurechtlegen und ihren Blutdruck messen. Das heißt, ich muss sie da durch hetzen, zack, zack, wenn sie mir etwas erzählen will, und das will sie immer, dann kann ich ihr nicht wirklich zuhören, weil ich mich auf die Arbeit konzentrieren muss, und richtig mit ihr reden kann ich schon gar nicht. Das ist nicht menschenwürdig!« Sie selbst und manche ihrer Kolleginnen lösen das Dilemma für sich, indem sie sich wenigstens ab und zu mehr Zeit lassen. Das heißt: Sie arbeiten manchmal bis zu fünf Stunden die Woche unbezahlt, damit ihre Menschlichkeit »nicht völlig den Bach runtergeht« und »die alten Leute nicht dauernd das Gefühl haben, sie sind nur noch eine Belastung, für mich und überhaupt für alle«.

Im Vergleich dazu sind Eiko Schuffenhauers Arbeitsbedingungen im CBT-Wohnhaus Upladin, einem Alten- und Pflegeheim der Caritas in Opladen, privilegiert. Der Musikwissenschaftler leistete hier schon seinen Zivildienst, jobbte während des Studiums im Haus und stieg schließlich ganz ein. Er gehört zum Team »Begleitende Dienste«, das heißt, er hilft den Bewohnerinnen und Bewohnern des Hauses nicht nur beim Anziehen, Essen etc., sondern auch bei der Tagesgestaltung. Zurzeit macht er eine Fortbildung zur begleitenden Seelsorge. Eiko Schuffenhauer arbeitet gerne mit den alten Leuten, er hatte nie Sorge, es könnten ehemalige Nazis unter ihnen sein, und bis auf zwei, meint er, traf er auch auf keine, oder zumindest auf keine, von denen er es wüsste. »Ich habe meine Kindheit viel bei meinen Großeltern verbracht«, erzählt er, »sie waren für mich eine Art Elternersatz, und sie haben viel von ihrer Jugend und ihrem Leben insgesamt erzählt. Und mich hat das sehr interessiert. Von daher habe ich sicher eine Nähe zu dieser Generation, mir ist das alles sehr präsent.«

Respekt heißt für Eiko Schuffenhauer: »Die Würde des Menschen und den Willen des Einzelnen respektieren. Das ist hier im Haus etwas ganz Wichtiges und Grundsätzliches.« Auf meine Frage, wie sich dieser Respekt konkret im Alltag ausdrückt, zählt er auf: »Jeder wird mit seinem Namen angesprochen, wir verwenden keine Kindersprache, keine Begriffe aus der Versorgung unmündiger Menschen, wir gehen generell achtsam mit Sprache um, und zwar jedem gegenüber, sowohl dem gegenüber, der geistig noch völlig präsent ist, als auch dem gegenüber, der sich nicht mehr klar ausdrücken kann.« Auch beim Essen, fährt er fort, ist, gerade in der Hausgemeinschaft der demenzkranken Bewohner, Respekt von großer Bedeutung:

»Bei uns wird nicht gefüttert. Sondern als Erstes frage ich, was der betreffende Mensch essen möchte, denn wir haben immer zwei Gerichte zur Auswahl. Dann nähere ich mich dem Menschen langsam und achtsam, berühre ihn, etwa an der Schulter oder an der Hand. Dann führe ich ihm das Essen zum Mund und schiebe es vorsichtig zwischen seine Zähne. Wenn es ihm schmeckt, schluckt er es, und wenn nicht, spuckt er es eben aus. Manchmal reicht es, dass ich dem Menschen mit der Anfangsbewegung helfe, und dann ›feuern die Synapsen‹ – das heißt, der Mensch kann sich an die Bewegung wieder erinnern und sie nun alleine ausführen. Ich animiere auch die Bewohnerinnen und Bewohner, die am Tisch sitzen, einander zum Beispiel die Schüsseln anzureichen. Sagen wir, jemand will die Kartoffeln: Da fragt sie oder er zuerst mich danach. Ich sage dann aber: ›Frau Sowieso, könnten Sie bitte Frau Anders die Kartoffeln reichen?‹ Das tut sie, und so sind die beiden in Kontakt.«

Es gibt im Wohnhaus Upladin auch »einen ausgesprochenen Respekt vor der religiösen Orientierung und den religiösen Bedürfnissen der Bewohnerinnen und Bewohner«, fährt er fort. Das Haus ist eine christliche Einrichtung, aber es wohnen hier auch Menschen, die Muslime oder Buddhisten sind. Und es wird zum Beispiel, betont Eiko Schuffenhauer, »in der Akte der Bewohnerin oder des Bewohners sorgfältig notiert, was im Sterbefall zu tun ist. Damit zum Beispiel jemand die Beichte abgenommen bekommt oder eben nicht, damit also niemand mit etwas überfahren wird, das er nicht möchte, und niemand etwas vermissen muss, das er braucht.«

»Respekt«, erzählt er weiter, »ist von essenzieller Bedeutung in der Körperlichkeit: Hier bin ich, ein Mann, und da ist eine alte Dame. Ich kann meinen Respekt dadurch ausdrücken, dass ich mich ihr zum Beispiel nicht frontal von vorne nähere. Dass meine Bewegungen langsam sind. Dass ich ihr die Kleider von hinten anreiche. Natürlich muss ich ihre körperliche Unversehrtheit überprüfen, aber auch dafür muss ich mich nicht frontal vor ihrem nackten Körper aufbauen. Ich kann das auch von der Seite machen, und ich muss ihr dabei nicht in die Augen schauen. Anfangs«, fügt er hinzu, »überlasse ich diesen Teil manchmal einer Kollegin und baue erst einmal eine Kommunikation mit der Frau auf. Manche Frauen wollen auf keinen Fall, dass ein Mann diesen Teil der Pflege übernimmt, und das wird auch respektiert.«

Natürlich, konzediert er, haben auch er und seine Kolleginnen und Kollegen im Haus Upladin »nicht alle Zeit der Welt in der Pflege. Morgens zum Beispiel gibt es ein enges Zeitfenster, und das bedeutet einfach: Ich muss zwei Sachen gleichzeitig tun. Das heißt, während ich der Bewohnerin oder dem Bewohner beim Anziehen helfe, unterhalte ich mich mit ihm oder ihr.« Doch auch wenn man alte Menschen mag und Respekt vor ihnen hat, tut man sich mit manchen leichter als mit anderen. »Grundsätzlich«, meint Eiko Schuffenhauer, »versuche ich erst einmal, jedem gegenüber offen zu sein. Es ist einem natürlich nicht jeder sympathisch, aber ich habe auch die Erfahrung gemacht, selbst bei Leuten, mit denen ich nichts anfangen kann oder will, kann ich dennoch etwas entdecken, woran ich andocken kann. Ohne eine gewisse Offenheit geht in diesem Beruf gar nichts.«

Dass fast immer »etwas geht«, liegt seiner Erfahrung nach nicht zuletzt daran, dass er ein Mann ist: »Die überwiegende Mehrheit unserer Bewohner sind ja Frauen. Und die Frauen dieser Generation haben das alte Rollenbild verinnerlicht. Sie respektieren mich teils einfach nur, weil ich ein Mann bin. Während sie meine Kolleginnen oft nicht respektieren und schon eher als Dienstboten behandeln. Für die Kolleginnen ist das manchmal sehr schwer, gerade für diejenigen, die sehr nett sind. Der sprichwörtliche ›Stationsdrachen‹, also eine Krankenschwester oder Pflegerin, die autoritär und streng ist, wird respektiert, weil die Bewohnerinnen sie für kompetent halten. Freundlichkeit und Nachfragen dagegen werden – wenn sie von einer weiblichen Mitarbeiterin kommen – als Inkompetenz gewertet.« Am wenigsten, gesteht Eiko Schuffenhauer zuletzt, werden die ausländischen weiblichen Pflegekräfte respektiert, obwohl gerade sie am freundlichsten und rücksichtsvollsten sind: »Da wird laut gesagt: ›Nein, nicht die schon wieder!‹ Sie werden vor anderen Bewohnern schlechtgemacht. Oder auch ›die Polin‹, oder ›die Russin‹ genannt.«

Eine der Bewohnerinnen, mit der ich über das Thema spreche, sagt mir: »Das Personal kommt aus aller Welt. Alles Ausländer, kann man sagen. Ich hab jetzt eine kennengelernt, die ist ganz frisch hier, die kommt aus Russland. Und ich hab mich nur gewundert, wie sehr die sich bemüht mit dem Deutschen, und was sie hier schon alles unternommen hat. Ich hatte da gerade Rosen stehen, als sie abends kam und mir die Bandage abnahm. Dadurch sind wir ins

Gespräch gekommen. Und dann hat sie begeistert erzählt von zu Hause, von ihrem Garten, was sie alles an blühenden Sachen da hatten und so weiter. Ich hab nur gestaunt.«

Die alte Dame ist Mitglied des Literaturkreises, der sich einmal pro Woche in der reich ausgestatteten Bibliothek trifft. Hier sind wir auch zum Gespräch über Respekt verabredet, und etwa zwölf, dreizehn Bewohnerinnen des Hauses sind gekommen. Als ihre »Kollegin« von der russischen Pflegerin erzählt, nicken alle anderen und betonen, wie freundlich, hilfsbereit – und interessant – sie die ausländischen Pflegekräfte finden: »Viele kommen aus Russland, Jugoslawien, Polen, … Schwarze haben wir auch. Ich sage immer: Das ist völkerverbindend für uns hier im Heim. Wir respektieren jede Nation, und die sind zu uns so aufmerksam.« Ich frage die Runde, ob das alle Bewohnerinnen und Bewohner so sehen. »Nun ja«, meint eine, »sicher nicht alle. Da gibt es schon Vorurteile.« – »Aber nicht bei uns hier!«, ruft eine andere. – »Nein, aber wir vom Literaturkreis sind hier ja auch die ›Elite‹«, sagt wieder eine andere mit einem ironischen Lächeln.

Die Frauen, die bereit sind, sich mit mir über Respekt zu unterhalten, sind alle über achtzig, nur wenige von ihnen übten einen Beruf aus, die meisten widmeten sich ganz der Familie. Eine war Lehrerin, eine andere hatte Verkäuferin gelernt, dann aber das erste Kind bekommen, wieder eine andere ist examinierte Krankenschwester, wollte nach der Ausbildung als Gesundheitsfürsorgerin arbeiten, »aber dann hab ich geheiratet, und so, wie das früher war, ging man dann nicht in den Beruf«. Als die Kinder aus dem Haus waren, engagierte sie sich aber viele Jahre lang ehrenamtlich. Geleitet und organisiert wird der Literaturkreis von Frau Berghöfer. Sie ist 82, lebt noch in ihrer eigenen Wohnung und arbeitet seit 25 Jahren als Ehrenamtlerin im Haus Upladin.

Respekt verbinden alle Anwesenden mit Gehorsam, »Katzbuckeln«, Angst und Macht. »Wenn Sie Respekt sagen, meinen Sie doch eigentlich Achtung, nicht wahr?«, fragt mich eine von ihnen. Darüber könne sie nämlich gerne sprechen, aber über Respekt … nein, dazu würde ihr nichts einfallen. Die anderen stimmen ihr zu.

Erstaunlicherweise erzählen fast alle, ihre Eltern hätten keinen Respekt von ihnen verlangt – in dem negativen autoritären Sinn, den sie damit assoziieren: »Wir mussten höflich sein und anständig natürlich, aber wir mussten vor niemanden strammstehen«, berichtet eine, und wieder nicken alle anderen zustimmend. Für Greta Meinhard, die Grundschullehrern war, hatten Respektspersonen schon immer »etwas Zwanghaftes«, das ihr nicht behagte: »Ich kann auch nicht sagen, dass ich Lehrern gegenüber Respekt hatte. Ich war, wenn man so will, auch nicht respektlos. Also ich habe mich nicht gegen ihre Autorität gewendet, aber wenn ein Lehrer etwas verlangt hat, was unsinnig war, dann hab ich das nicht akzeptiert.« Heute hat sie vor einem Menschen nur dann Achtung, wenn er eine *echte* Autorität, und das heißt authentisch ist: »Dazu gehört, dass er weiß, was er sagt, und auch glaubwürdig ist. Also Glaubwürdigkeit ist für mich wichtig. Man muss zu so einem Menschen Vertrauen haben können und seine Glaubwürdigkeit und seine Ehrlichkeit spüren.«

»Und vor wem haben Sie Respekt im Sinne von Achtung?«, frage ich die anderen Frauen. Und bekomme zur Antwort: vor Leistung, vor Frauen, die ihre Mutter oder andere Familienangehörige aufopfernd pflegen, vor »Leuten, die etwas wissen«, vor Menschen, »die mehr können oder mehr wissen als ich«, vor der Natur, und »auch vor Tieren, zum Beispiel vor einem Hund, der sich für sein Herrchen zerfleischen lässt«. Einige von ihnen haben keinen Respekt vor »Leuten, die lügen und betrügen«, andere dagegen verwehren selbst Mördern nicht den grundsätzlichen Respekt, da man nicht wissen könne, warum der Mensch zum Mörder wurde, und was er selbst vielleicht in seiner Jugend erlitten hat. Eine der Frauen gibt zu bedenken, es müsse auch nicht jeder NS-Verbrecher ein ausschließlich schlechter Mensch gewesen sein. Man müsse diese Zeit erlebt haben, um das beurteilen zu können.

Nun mischt sich Frau Berghöfer, die Ehrenamtlerin und Leiterin des Literaturkreises, ein und schneidet ein neues Thema an. Sie wohnt mit ihren beiden Enkelinnen im gleichen Haus, erzählt sie, und die beiden hätten keinen Respekt voreinander und auch wenig Respekt vor den Eltern. Gleichzeitig würden sie aber erwarten, dass man sie respektiert. Das fände sie schon irritierend. »Den Eltern zum Beispiel die Tür aufhalten oder ein bisschen warten beim Essen, wer zuerst das Essen bekommt, das kennen die Damen nicht. Und wie die mit ihren Lehrern oft umgehen! Ich bin froh, dass meine eigenen Enkelinnen nicht in meiner Klasse gesessen haben. Dabei sind meine zwei gute Schülerinnen und kommen auch mit ihren Lehrern nicht schlecht aus. Aber einfach ist das nicht. Mäntel werden hingeschmissen, Sachen hingelegt …« Sie schüttelt den Kopf. Reden, meint sie, hilft nicht. »Das Einzige, was da meiner Meinung nach hilft, ist Vorbild zu sein.« Sie überlegt einen Moment und sagt dann nachdenklich: »Ich glaube aber, die Würde der anderen Menschen achten sie. Nur mit Respekt haben sie wenig im Sinn. Obwohl …« – wieder zögert sie und fährt dann fort: »Ich weiß, dass sie vieles, was sie tun und sagen, nicht so meinen. Denn eine Viertelstunde später sind sie wieder lieb. Sie können sich sogar entschuldigen für dumme Bemerkungen. Ja, doch. Ist das Respekt? Das ist dann doch Höflichkeit!«

Sie hat auch festgestellt, fährt sie fort, dass junge Menschen auf den Respekt oder Nicht-Respekt reagieren, den Erwachsene ihnen entgegenbringen: Sie hatte »schon sehr nette Erlebnisse mit Jugendlichen. Wenn man höflich und freundlich zu ihnen ist, dann sind die zugänglich.« – »Ja«, sagt Frau Grätz, »das würde ich auch so sagen. Also ich bin persönlich noch keinem Jugendlichen begegnet, der mich nicht mit Respekt oder Anstand behandelt hat.« Nun stimmt auch Frau Wupperfeld in das Lob der Jugend ein. Sie sieht nicht mehr viel, erzählt sie, »und wenn ich hier jetzt in der Stadt einkaufen gehe und ich finde das nicht, was ich brauche, dann frage ich schon mal junge Leute. Junge Mädchen. Die dann auch sofort hilfsbereit sind. Da hab ich die tollsten Erfahrungen gemacht. Und jetzt verlass ich mich da schon drauf.« Ich glaube ihr aufs Wort, denn ich kann solche Situationen oft genug beobachten: Ein junges Mädchen in der Straßenbahn sieht eine alte Frau einsteigen und sich nach einem Platz umschauen, steht auf und bietet ihr den ihren an. Ein Pulk Jungs will aus der Bäckerei stürmen, in dem Moment kommt ein alter türkischer Mann auf die Tür zu, einer der Jungs hält sie ihm auf, ein anderer küsst ihm die Hand.

Und da für Jugendliche eine Frau in meinem Alter bereits eine »alte Frau« ist, vor allem wenn sie graue Haare hat, erlebe ich den Respekt, den viele Kids vor alten Menschen haben, auch schon selbst: Ich bin zum Beispiel spät abends in Mühlheim unterwegs, einem Kölner »Armutsviertel« mit hohem Migrantenanteil. Ich bin mir nicht mehr sicher, wie ich zur Straßenbahnhaltestelle komme und sehe mich um nach jemandem, den ich fragen könnte. An einer Straßenecke stehen drei Jungs, die man für einen Film über kriminelle Ghetto-Jugendliche casten könnte. Ich gehe zu ihnen hin und frage sie höflich: »Könnten Sie mir bitte helfen?« Sie sehen mich ebenso höflich an und nicken. Ich frage sie also, wie ich zur Haltestelle komme. Einer fängt an, es mir zu erklären, ein anderer sagt: »Kommen Sie mit!«, und dann führen sie mich fast am Händchen hin. Und passen auf, dass »der Omi« nichts passiert.

Nach allem, was ich von alten Menschen in den letzten zwei Jahren, in denen ich für dieses Buch recherchierte, gehört und nach allem, was ich in dieser Zeit selbst beobachtet habe, komme ich zu dem Schluss: Junge Leute haben deutlich mehr Respekt vor alten Menschen, mehr Geduld, mehr Mitgefühl und mehr Interesse für sie, als Erwachsene. Sofern diese alten Menschen sie gleichfalls wie Menschen behandeln und nicht wie Abschaum. Was auch geschieht.

Vor ein paar Tagen bekam ich einen Brief von Monika, einer ehemaligen Arbeitskollegin meines Vaters, mit der und deren Mann er heute noch befreundet ist. Sie entschuldigt sich darin, dass sie es bis jetzt nicht geschafft hat, meinen Fragebogen zu beantworten, dann notiert sie in ein paar Stichworten, vor wem sie Respekt hat. Und als allererstes schreibt sie: »Respekt habe ich vor meinen Eltern und vor deinem Vater, so, wie er sein Leben jetzt meistert – und ohne zu jammern!« Mein Vater ist 86 und lebt seit dem Tod meiner Mutter vor elf Jahren alleine. Wenn ich ihn besuche, kann ich mit ihm nicht einkaufen oder spazieren gehen, ja nicht einmal mit dem Aufzug fahren, ohne dass jemand – voller Respekt und Zuneigung – »Grüß Gott, Herr Strobl« sagt und ein paar Worte mit ihm wechselt. »Ich weiß gar nicht, wie die Leute heißen«, sagt er dann bedauernd zu mir, »aber offenbar kennen sie mich.«

Sie wissen zumindest, das ist der nette alte Mann, der zu allen immer so freundlich und höflich ist. Mein Vater wuchs in einem Viertel auf, das noch ärmer war, als es das ist, in dem er jetzt lebt. Er weiß aus eigener Erfahrung, wie es ist, wenn man gegen Ende des Monats nichts mehr zu essen hat, wenn Kinder nichts Rechtes anzuziehen haben und schon mal losgehen, um in den Gärten der »Reichen« Obst zu klauen. Dass er die Leute im Haus und im Viertel respektiert, auch in ihren Eigenheiten, ist für ihn völlig natürlich. Und er ist nicht der Ansicht, dass er aufgrund seines Alters mehr Respekt verdient als die junge Mutter, die eine Etage über ihm wohnt und alleine ihre drei Kinder durchbringt. Aber als er nach einer schweren Herzoperation in die Reha musste, brach er sie schon nach der Hälfte der Zeit wieder ab. »Da waren ein paar Männer in meinem Alter«, erzählte er mir, »die haben den ganz Tag über den Krieg geredet und was sie für Helden waren und wie sie's den Russen gegeben haben. Das tue ich mir doch nicht an!«

Vor »solchen« hat mein Vater, der die Nazis im Allgemeinen und das Militär im Besonderen verabscheute, keinen Respekt. Und auch nicht vor »Leuten, die sich einbilden, sie wären was Besseres und auf andere herunterschauen«. Als ich ihn ausdrücklich noch einmal frage, ob er findet, dass »alten Menschen Respekt gebührt«, fragt er zurück: »Warum? Das kommt doch darauf an, was das für einer ist. Man soll alte Menschen anständig behandeln, selbstverständlich! Aber man soll eigentlich einen jeden anständig behandeln.«

# Zeit ist alles!

Meine Mutter konnte zu Hause sterben. Mein Vater pflegte sie, monatelang, erst alleine, dann mit Hilfe einer professionellen Pflegerin, die einmal am Tag vorbeischaute. In den letzten drei Wochen kam ich dazu. Mehr war mir nicht möglich gewesen, ich konnte es mir finanziell nicht leisten, für längere Zeit aus dem Beruf auszusteigen. Und da meine Mutter mehrere hundert Kilometer von mir entfernt lebte, konnte ich auch nicht »mal eben vorbeispringen«. Die meisten Menschen sterben nicht zu Hause, denn so wie ich sind auch viele andere Angehörige nicht in der Lage, sie zu versorgen und ihnen, über Besuche im Krankenhaus oder im Heim hinaus, beizustehen. In diesen Wochen, in denen ich am Bett meiner Mutter saß, in denen ich ständig für sie da sein und jede Minute ihres Zustandes und der Veränderungen ihres Zustandes miterleben durfte, fragte ich mich immer wieder, wie es den Menschen ergeht, die im Krankenhaus oder in einem Alten- oder Pflegeheim sterben müssen. Ohne meinen Vater wäre das auch meiner Mutter passiert, und schon der Gedanke daran brach mir das Herz. Es hat sich zwar in den letzten Jahren in den Kliniken und auch in einigen Heimen vieles verändert, man darf inzwischen Besuche auch außerhalb der Besuchszeit machen, und manchmal sogar über Nacht bleiben. Doch das Problem hätte weiterbestanden: Ich hätte nicht ständig bei meiner Mutter sein können.

Der entscheidende Unterschied zwischen dem Sterben in einem Krankenhaus oder Heim einerseits und in einem privaten Haushalt oder im Hospiz andererseits liegt in der Zeit, die für den sterbenden Menschen aufgewandt wird. Daraus, betonen Palliativmediziner und -medizinerinnen, Mitarbeiterinnnen und Mitarbeiter der Hospizbewegung und Sterbeforscher unisono, ergibt sich fast alles Weitere. »Respektvoller Umgang hat viel mit Zeit zu tun«, sagte mir Doktor Udo Kratel, den ich für dieses Kapitel interviewte:

»Wenn ich mich dem anderen Menschen nicht mit Zeit zuwenden kann, dann kann ich ihn auch nicht mehr respektvoll versorgen. Das ist das Problem nicht nur in Kliniken, sondern auch in der ambulanten Pflege. Und auch im Pallativ-Hospizwesen ist Respekt teils nur möglich, weil da so viele Ehrenamtler arbeiten.«

Udo Kratel weiß, wovon der spricht. Er ist Internist, Palliativmediziner und Gründungsmitglied der Hospizbewegung in Dormagen. »Im Krankenhausalltag«, berichtet er, »kollidiert der Respekt vor den Kranken mit den strukturellen Mängeln in der Gesundheitsversorgung. Es gibt auf den Stationen immer weniger Zeit für die Patienten, weil zu viel Zeit für Verwaltungsaufgaben draufgeht, Stellen nicht besetzt werden und so weiter. Die Quote an Verwaltungsaufwand für einen Klinikarzt wird von Fachleuten mit 25 bis 35 Prozent veranschlagt. Das heißt: Ein Drittel seiner Zeit sitzt der Arzt am Computer – und wird den Patienten entzogen.« In der Palliativmedizin dagegen, fährt er fort, »versucht man, den Menschen, insbesondere den schwerkranken Menschen, mit Respekt aufzufangen, ihn zu tragen, indem ihm vermittelt wird: Du bist nicht allein.« Die Einsamkeit von Schwerkranken und Sterbenden, weiß Udo Kratel, ist ein großes Problem: »Viele ziehen sich in dieser schwierigen und belastenden Situation zurück, auch Verwandte und Freunde. Respekt heißt dann: Ich bin für dich da. Ich nehme mir Zeit für dich.« Gleichzeitig, fährt er fort, bedeutet Respekt in der Palliativmedizin, dass eine hohe fachliche Qualität in der Pflege und medizinischen Betreuung garantiert wird.

In der täglichen Praxis sieht eine qualitativ hochwertige – und damit respektvolle – Behandlung von Sterbenden für Udo Kratel so aus: »Früher war man zum Beispiel sehr zurückhaltend mit Opiaten. Da hieß es: ›Der starke Schmerz gehört zur Tumorkrankheit dazu.‹ Das sieht man in der Palliativmedizin heute anders.« Man verabreicht aber auch nicht automatisch starke Gaben von Schmerzmitteln, sondern das, »was der betreffende Mensch braucht«. Und das wiederum, so Udel Kratel, gilt es sorgfältig herauszufinden: »Manche brauchen eine gute Symptom-Kontrolle, das muss ich dann fachlich können. Andere benötigen ein offenes Ohr, den Raum, sich mir anvertrauen zu können. Bei unseren Patientinnen und Patienten haben wir es mit dem zu tun, was wir ›total pain‹ nennen: das Zusammenwirken von körperlichem, sozialem und psychischem Schmerz, und das muss man sich immer klarmachen. Mitunter ist es nicht damit getan, die Opiatdosis zu erhöhen, sondern eine halbe Stunde länger bei dem Menschen zu sitzen kann vielleicht schmerzlindernder wirken. Anderen tut es gut, wenn ich sie zum Abschied umarme oder am Arm streichle – respektvoll natürlich, und zum Respekt gehört, dass ich mich bemühe, sehr feinfühlig herauszufinden, was dem anderen guttut. Die taktile Empfindung ist die letzte, die erhalten bleibt, im Sterbeprozess. Die Hand halten, die Wange streicheln etc. – das wird bis zuletzt wahrgenommen.«

Wenn man einen solchen Anspruch vertritt, erfordert die Pflege und Behandlung von schwerkranken Menschen und Sterbenden Feingefühl, Geduld und Mitgefühl in einem ungewöhnlich hohen Maße. Das fällt einem sicher leichter mit Patientinnen und Patienten, die sich freundlich, zugewandt und auch selbst respektvoll verhalten. Und es fällt einem vermutlich schwer mit Menschen, denen nichts recht ist, die ständig nur klagen und sich beklagen oder sich aggressiv und respektlos verhalten. Wie, frage ich Udo Kratel, gelingt es ihm, gegenüber solchen Menschen sein Verständnis von Respekt umzusetzen? Regelrechten Widerwillen gegen einen Patienten oder eine Patientin, antwortet er, empfindet er selten. Und wenn, »hilft professionelle Distanz. Man sollte aber trotzdem versuchen, mitfühlende Momente einfließen zu lassen, denn dieser Mensch ist ja in Not. Ich kann mich dann zum Beispiel bemühen, seine sympathischen Seiten zu entdecken.« Bei »sehr nervigen oder aggressiven Patienten«, fährt er, nun mit einem Lächeln, fort, »lege ich mir das Konstrukt zurecht, dass sie sich eben trauen, bei mir so zu sein. Auch respektlos zu sein. In diesem schwierigen Verhalten steckt ja meistens ein Hilferuf. Und Aggression gehört auch zyklisch zur Krankheitsbewältigung.« Manchmal, meint er allerdings, »ist es nötig, zu sagen: ›Ich bin auch nur ein Mensch, und ich möchte freundlicher angesprochen werden.‹ Da muss man die eigenen Grenzen benennen und verlangen, dass sie respektiert werden. Auch das ist Ausdruck von Respekt, denn es heißt, ich nehme den Menschen ernst und behandle ihn nicht wie eine unzurechnungsfähige Person.«

Udo Kratel, der sich auch im Verbund mit anderen Ärzten und der Hospizbewegung am Aufbau des Palliativmedizinischen Netzwerkes Dormagen beteiligt, ist davon überzeugt, dass der besondere Respekt, den er gerade beschrieben hat, nur möglich ist, wenn sich die an »palliative care« Beteiligten auch gegenseitig respektieren. Und das heißt für ihn, dass sie sich auf Augenhöhe begegnen: »Wir arbeiten multiprofessionell, in Teams, ohne hierarchische Differenzierungen, das ist eine der großen Errungenschaften der Palliativmedizin.« – Die, wie fast alles andere im Palliativbereich, auf Cicily Saunders, die Gründerin der Hospizbewegung, zurückgeht. Cicely Saunders arbeitete als ausgebildete Krankenschwester und Sozialarbeiterin, bevor sie Ärztin wurde, und fasste damit, so Kratel, »die drei wesentlichen Berufsgruppen zusammen, ohne die Palliativmedizin nicht geht.«

Die Krankenschwestern, betont er, haben »einen viel innigeren und häufigeren Kontakt mit den Patienten als wir Ärzte«, er ist auf ihre Beobachtungen angewiesen. Man muss sie allerdings ermuntern, fügt er hinzu, »die Augenhöhe selbst anzunehmen«, denn sie sind darauf sozialisiert, »ihren Respekt nach oben zu richten. Dabei können wir so viel voneinander lernen, gerade im Team!« In der von gegenseitigem Respekt auf Augenhöhe geprägten Zusammenarbeit der Palliativteams, sagt er mit Stolz in der Stimme, »sind wir Pioniere für ein neues Verständnis, einen neuen Umgang miteinander«. Und ganz grundsätzlich ist Udo Kratel der Überzeugung: »Das gehört alles zusammen, das kann man nicht trennen. Ich kann Schwerkranken keinen Respekt entgegenbringen, wenn ich nicht grundlegenden Respekt gegenüber meinen Mitmenschen habe und auch mit mir selber respektvoll umgehe.«

Als ich den Mitarbeiterinnen der Hospizbewegung in Coesfeld diesen Satz des Dormagener Palliativmediziners zitiere, nicken sie zustimmend. Sie haben mich zu einer Lesung aus meinem Buch »Ich hätte sie gerne noch vieles gefragt.« Töchter und der Tod der Mutter eingeladen – und ich nutze die Gelegenheit, um sie anschließend für mein Buch über Respekt zu interviewen. Und so sitzen mir im Gruppenraum ihres Büros sieben Frauen gegenüber, die professionell und ehrenamtlich im Hospiz oder der ambulanten Hospizpflege arbeiten. Auf meine Frage, ob auch sie Respekt mit Zeithaben verbinden, ernte ich ein vielstimmiges »Ja, und ob!« Judith Kloster, die Krankenschwester und auf Palliativpflege spezialisiert ist, wechselte sogar vom Krankenhaus ins Hospiz, denn, sagt sie: »Wenn ich einfach nur funktionieren muss, wird der Patient zur Sache. Das konnte ich nicht mehr ertragen. In der Hospizarbeit kann ich meine Haltung zu Menschenwürde leben. Im Krankenhaus ging das nicht mehr. Wir hatten alle zu wenig Zeit. Die Bedingungen sind nicht dafür gemacht.«

Im Hospiz, fährt Judith Kloster fort, »tragen die Rahmenbedingungen dazu bei, dass Respekt wachsen kann. Es ist etwas völlig anderes, ob man drei Mitarbeiterinnen für acht oder für achtzig Leute hat.[8] Im Hospiz kann ich während der Pflege auch mit den Menschen sprechen. Man hat Zeit, egal ob man wäscht, das Essen reicht, was auch immer.« Als Ehrenamtliche, nimmt Birgit Ludigkeit nun den Faden auf, hat sie noch mehr Zeit und Freiheiten als die Angestellten, denn: »Wir müssen nicht pflegen. Unsere Beziehung ist nur die von Mensch zu Mensch. Man ist da und überlegt: Was darf ich machen? Auch in Bezug auf den Körperkontakt zum Beispiel: Soll ich bei der Begrüßung die Hand geben oder nicht? Wenn das nicht klar ist, versuche ich schon mal, meine Hand unter die der Kranken zu legen, damit sie nicht das Gefühl hat, sie wird festgehalten. Manche nehmen ihre Hand weg, manche lassen sie da. Oder sie suchen meine Hand. Im Kurs wurde mir gesagt: Der Mensch, mit dem ich hier zu tun habe, ist ein Sterbender, er möchte gehen, ich kann ihn nicht festhalten. Der Druck kann von ihm kommen, aber er darf nicht von uns gegeben werden. Und wenn zum Beispiel die Pflegerin hereinkommt, gehe ich weg. Das ist auch Respekt.« Sie überlegt eine Weile, was ihr noch zu diesem

---

8 Ein Hospizplatz wird von der Krankenkasse, der Pflegekasse und Spenden finanziert. Und zu den festangestellten professionellen kommen noch die ehrenamtlichen Mitarbeiterinnen und Mitarbeiter.

Thema einfällt, und sagt dann: »Wenn es mir nötig erscheint, versuche ich aber auch, das Gefühl zu vermitteln: ›Ich halte dich.‹ Das ist für mich Begleitung.«

»Zwischen uns und unseren Gästen im Hospiz«, meldet sich wieder Judith Kloster zu Wort, »gibt es keine Augenhöhe, da herrscht totale Abhängigkeit. Wir sind natürlich als Menschen auf Augenhöhe, aber nicht in unseren Rollen. Deshalb ist ein respektvoller und achtsamer Umgang auch so besonders wichtig.« Dazu kommt, so die Palliativkrankenschwester, dass vielen erst beim Einzug in das Hospiz allmählich klar wird, dass sie im Wortsinne sterbenskrank sind: »Die Ärzte sagen: ›Wir haben den Patienten aufgeklärt.‹ Aber zu hören, dass man sterben wird, heißt nicht unbedingt, es zu verstehen. Das ist der Anfang des Verstehens, und aus dem folgt ein langer Prozess.« In dieser Situation müssen jedes Wort und jede Handlung bedacht und abgewogen werden, um die Menschen nicht zu überfahren. Das gilt auch für das Sterben selbst, erzählt Birgit Ludigkeit: »Respekt heißt zu begreifen, wie und wann jemand bereit ist zu sterben. Man muss auch respektieren, dass jemand alleine sterben will. Manche warten, bis ihre Angehörigen da sind, und andere warten, bis sie weg sind. Manche sterben nicht, bevor nicht der Partner oder das Kind da sind. Und manche erst, nachdem sie gegangen sind.«

»Respekt ist die Basis unserer Arbeit«, sagt Ursula Pich-Potthoff, »und oft in Verbindung mit Intuition.« Sie ist Heilpädagogin für geistig Behinderte und arbeitet ehrenamtlich in der Hospizbewegung. »Manchmal«, erzählt sie, »werden wir gerufen und wissen gar nichts über die Person. Ich wurde einmal für eine Nacht gerufen, und wusste noch nicht einmal, ob der Mann mich da haben wollte. Also fragte ich ihn, und er nickte. Dann fragte ich: ›Darf ich sie anfassen?‹ Er hielt sich nämlich am Aufrichter fest, an dem sich auch der Klingelknopf befindet. Für mich hieß das: Er hat Angst. Ich hielt dann meine Hand als Stütze unter seinen Ellenbogen. Als mir das zu schwer wurde, legte ich ein Kissen darunter, um ihn weiter abzustützen. Und irgendwann konnte er loslassen. Da wusste er: Da ist jemand, der sorgt für mich.« – »Ja«, sagt Judith Kloster, »das stimmt, Intuition ist sehr wichtig in unserer Arbeit. Ich habe zum Beispiel eine alte Dame, die braucht viel Körperkontakt. Respekt heißt dann, dass ich dieses Bedürfnis spüre. Man weiß ja so wenig über die Biografien, die Traumata – die sich auch auf das Sterben auswirken.«

Auch in Hospizen gibt es Patienten, oder »Gäste«, wie sie hier genannt werden, die in ihrem Leben die Menschenwürde und Integrität anderer Menschen verletzten. Also frage ich diese Frauen, die sich mit so viel Mitgefühl in der Hospizbewegung engagieren, wie sie zum Beispiel mit Sterbenden umgehen, von denen sie wissen oder erfahren, dass sie so etwas getan haben. Nun herrscht erst einmal betretenes Schweigen. Dann sagt die Palliativschwester Christa Burzlaff: »Ich hatte im Hospiz einmal einen Patienten in Pflege, von dem ich wusste, er war viel in Thailand. Das war schwierig für mich, er war mir sehr unsympathisch. Ich habe dann die Form gefunden, dass ich in sein Zimmer nur mit Handschuhen gegangen bin. So konnte ich ihn relativ gut pflegen, denn die Handschuhe haben für mich bedeutet: Ich muss den nur pflegen, um nichts anderes geht es. Er kann mir nichts. Die waren eine Art Schutzschild.«

Helene Voss meldet sich zu Wort. Sie arbeitet als Nachtschwester im Altenheim. »Bei einem Verbrecher«, sagt sie, »da frage ich mich, was hat der erlebt, was hat ihn dazu geführt, dass er ein Verbrechen begangen hat. Es hilft mir immer sehr, mich nach den Motiven zu fragen und darüber nachzudenken. Bei manchen ist es dann einfach, sie zu respektieren, und bei manchen schwer. Bei Sexualstraftätern zum Beispiel ist das für mich reines Pflichtgefühl, sie zu pflegen, man muss es eben tun.« Im Hospiz, wendet Judith Kloster ein, würde keine Mitarbeiterin und kein Mitarbeiter dazu gezwungen: »Vor allem jemand, der selbst betroffen ist, könnte das nicht tun und müsste das auch nicht tun. Und bei den Ehrenamtlichen ist das natürlich genauso.«

Sie selbst, erzählt sie, betreute einmal eine Zeit lang einen Mann, »der war zugewandt, aufgeschlossen und hatte eine nette Beziehung zu seiner Frau. Dann habe ich von seiner Tochter erfahren: Er hat sie jahrelang sexuell missbraucht. Dadurch änderte sich für mich etwas. Ich habe mir mental einen Mantel angezogen. Nach außen war alles weiterhin gleich. Aber ich habe mich, auch in meiner Professionalität, gefragt: Wie viel von mir muss ich abkoppeln, um dem weiter Wärme entgegenzubringen? Er hat auch keinen Schritt in Richtung Einsicht getan. Ich bin also einen Schritt zurückgegangen. Da war keine Wärme mehr.« Da sie selbst keinen Missbrauch erlebt hat, konnte sie ihn weiterpflegen, fährt sie fort, »mit aller Professionalität, das ist mein Beruf. Ich hätte aber auch, obwohl es mein Beruf ist, sagen können: Das kann ich nicht. Und das wäre akzeptiert worden.«

Im Grunde, meint nun die ehemalige Krankenschwester Tilla Gerlevie-Baumeister nachdenklich, sollte man jeden Menschen respektieren: »Respekt geht auch ohne Zuneigung. Im Sinne des Grundgesetzes: Achtung vor der Menschenwürde.« Ja, sagt Judith Kloster, »das ist dann Höflichkeit. Und eben Professionalität.« Sie sind sich alle einig, dass diese Art von Respekt sie jedoch nicht motivieren würde, sich ehrenamtlich in der Hospizbewegung zu engagieren. Mit Sexualverbrechern haben sie zum Glück selten zu tun. Und der Respekt, den sie gemeinhin den Sterbenden erweisen, ist einer, der, wie Ursula Pich-Potthoff sagt, »sehr viel mit Empathie zu tun hat. Und mit Gegenseitigkeit. Denn wir tun ja nicht nur anderen etwas Gutes. Wir bekommen auch viel zurück. Wenn mir eine Sterbende vertraut, und ich merke, die Frau kann sich jetzt fallen lassen, das Sterben wird ihr vielleicht ein wenig leichter, das ist doch auch für mich selbst etwas ganz Kostbares. Und«, fügt sie hinzu, »ich möchte selber auch mal respektiert werden im Sterben.«

# »Wissen Sie,
# wo Sie hinwollen?«

Wenn ich mit Rainer Spitz und Traude Weger durch die Stadt laufe, ist manchmal etwas anders als sonst. Manchmal, nicht immer. Aber manchmal eben schauen Leute ein wenig länger zu uns her, und andere schauen etwas schneller weg. Traude ist 48 Jahre alt, Musiklehrerin und Contergan-geschädigt. Rainer ist 46, Spastiker und Bibliothekar. Beide sind voll berufstätig und haben in langen Jahren gelernt, sowohl mit ihrer Behinderung »ganz normal« umzugehen, als auch, sich nicht mehr von jeder Dummheit verletzen zu lassen. Er jobbte, erzählt Rainer, früher einmal in einem großen Hotel als Kofferträger. Und wurde »mit der Begründung rausgeworfen, dass ich doch etwas mit meinem Bein hätte und dass dies anzusehen, den Gästen nicht zumutbar sei. Ein behinderter Gast sei aber sehr wohl zumutbar, denn der zahlt.« Wobei auch schon behinderte Gäste von Hotels abgewiesen wurden mit der Begründung, ihr Anblick könnte »normalen« Gästen den Urlaub verderben.

Auf derlei Zumutungen reagiert Rainer »mit Kopfschütteln und Gehen. Gegen Dummheit und Verständnislosigkeit ist kein Kraut gewachsen.« Er ärgert sich nicht mehr so häufig, wie in seiner Jugend, sagt er: »Dadurch, dass ich mir Selbständigkeit erworben und einen Platz im Leben gefunden habe, ist alles leichter geworden.« Den Selbstrespekt, den er heute empfinden kann, musste er sich allerdings selbst aneignen, seine Eltern gaben ihm keine Basis dafür: »Meine Mutter und mein Stiefvater haben ständig meine Gefühle verletzt. Und mein leiblicher Vater hat meine Existenz mehr oder weniger unter den Teppich gekehrt. Es kann heute noch vorkommen, dass er, wenn er mich in der Öffentlichkeit sieht, die Straßenseite wechselt.«

Von seinem sechsten bis zum zwölften Lebensjahr lebte Rainer bei der Großmutter, doch auch sie unterstützte ihn nicht: »Sie zählte sich zur besseren Gesellschaft. Sie hat immer schlecht über andere gesprochen und sich immer darüber beschwert, dass ich mich mit den Bauernkindern abgebe. Für sie zählten nur ›Bessergestellte‹.« Diese Haltung stellte Rainer schon in seiner Kindheit infrage. Und damit das Verständnis von Respekt, das ihm beigebracht wurde: »Aufgrund meiner eigenen Situation als behindertes Kind habe ich die Verlogenheit der bürgerlichen Gesellschaft relativ früh erkannt und mich an anderen Leuten als meinen Eltern oder Großeltern orientiert. An der Mutter eines damaligen Freundes zum Beispiel, einer Bäuerin, die in einer entscheidenden Phase meines Lebens sehr wichtig für mich war.«

Heute hat Rainer das Selbstbewusstsein und auch die Erfahrung, die es ihm ermöglichen, Situationen besser als früher differenzieren zu können. Dass ihn zum Beispiel jemand auf seine Behinderung anspricht, sagt er, kann ein Zeichen für Respektlosigkeit, aber genauso für Respekt sein: »Es kommt immer darauf an, in welcher Situation ich darauf angesprochen werde. Im Gespräch ist es etwas anderes, als ganz unvermittelt gefragt zu werden.« Er erlebt es manchmal als respektvoller, wenn jemand das, was er sieht, benennt, als wenn er es konstant ignoriert: »Ich weiß aber auch«, fährt Rainer fort, »dass das jeweilige Verhalten nichts mit Respekt oder dem Mangel daran zu tun haben muss, sondern eher von der Scheu kommt, die viele Menschen davor haben, irgendwelche ›Gebrechen‹ bei jemandem anzusprechen, weil sie fürchten, das würde ihn verletzen. Und natürlich macht immer der Ton die Musik.«

Gelassenheit ist eine große Hilfe, wenn man behindert ist. Ich will dennoch wissen, ob er sich wünscht, die Leute würden respektvoller mit ihm umgehen. »Was das betrifft«, antwortet Rainer, »habe ich keine Wünsche. Ich glaube, man kann in andere keine großen Erwartungen setzen.« Man kann aber selber Vorgaben machen, fährt er fort: »Das Sprichwort ›So wie man in den Wald hinein ruft, schallt es heraus‹ klingt zwar abgedroschen, aber ich bin überzeugt, dass man durch sein eigenes Verhalten vieles beeinflussen kann. Also rufe ich und schaue, was zurückkommt.«

Traude Weger hat ein feines Lächeln und überhaupt das, was

man früher als »eine feine Art« bezeichnet hätte. Auf die Frage, ob ihre Eltern sie als Kind respektierten, antwortet sie: »Meine Mutter hat mich akzeptiert, wie ich war, und mich unterstützt, unabhängig zu werden.« Wie Rainer sagt aber auch sie: »Die Jugendzeit war sicher die schwierigste Zeit. Durch Ausbildung und Beruf ist manches besser geworden.« Besser, aber nicht gut. Traude kann heute mit dem Verhalten bestimmter Leute besser umgehen, doch sie erlebt auch jetzt noch, dass sie »ausgelacht, angestarrt oder ignoriert« wird, dass man sie »als Kundin überheblich und geringschätzig behandelt« und zur »Projektionsfläche für Aggressionen, Ressentiments und ›christliches‹ Mitleid macht«. Ihre Reaktionen darauf fallen unterschiedlich aus: »Rückzug. Wut. Trauer. Gelassenheit.« Das hängt von ihrer Tagesverfassung ab und dem Grad der Aggression, der sie ausgesetzt ist.

Dass man sie auf ihre Behinderung anspricht, sagt Traude, macht ihr nichts aus, »das Einzige was mich stört, ist, wenn mich jemand ewig lange anstarrt, im Restaurant zum Beispiel, in der Bahn oder am Strand.« Wenn sie jedoch Schülerinnen oder Schüler anstarren, erklärt sie ihnen die Ursache ihrer Behinderung. Und was das war: Contergan. Ansonsten, fügt sie hinzu, »bin ich fast schon dankbar für Höflichkeit. Die ist besser, als es schleudert einem jemand seinen Tabubruch-Hass ins Gesicht.« Behinderung, erklärt sie, ist in der Gesellschaft mit einem Tabu belegt: »Und manche Zeitgenossen halten sich etwas darauf zugute, wenn sie das Tabu brechen und dabei ihren Aggressionen freien Lauf lassen.« Sie erlebt aber auch immer wieder, dass Menschen ihr respektvoll begegnen. Und als ich nachfrage, woran sie merkt, ob dieser Respekt echt ist, antwortet sie trocken: »Darüber mache ich mir wenig Gedanken, da ich es sowieso nicht beweisen kann.«

Ihr Wunsch wäre, sagt Traude abschließend, »dass eine Welt geschaffen würde, in der jeder ohne Angst verschieden sein kann. In der man dem Unterschiedlichen wohlwollend, offen und selbstverständlich begegnen würde, frei von Ressentiments und Projektionen.«

Gesa Rünker ist vierzig Jahre alt, WDR-Redakteurin, Mutter von zwei Kindern und blind. Da auch mein Schwager blind ist und am Computer arbeitet, musste ich Gesa, als ich zum ersten Mal einen Beitrag für sie machte, einige der Fragen nicht stellen, die sie von anderen zu hören bekommt. Ich wunderte mich zum Beispiel nicht darüber, dass sie meine Mails lesen und beantworten kann. Trotzdem dachte ich, ich könnte ihr auf eine bestimmte Art die Redaktion meines Manuskriptes erleichtern. Worauf ich zur Antwort bekam: »Das ist nicht nötig.« Natürlich schämte ich mich für meine Unwissenheit und dafür, dass ich angenommen hatte, es könnte ihr etwas schwerfallen. Doch wie Traude und Rainer sagt auch Gesa: Dass jemand sie auf ihre Behinderung anspricht und ihr Fragen stellt, ist kein Problem für sie. Es kommt immer auf den Ton an.

Gesa wuchs in einer Pfarrersfamilie auf. Ihre Eltern waren sozial und politisch engagierte Menschen, die sie liebten und respektierten. Die Ärzte hatten ihnen nach Gesas Geburt gesagt, das Baby sei schwer geistig behindert. Und so mussten sie sich mit dieser »Tatsache« auseinandersetzen, bis die Fehldiagnose aufgeklärt wurde. Ihre Mutter, erzählt Gesa, sagte ihr später: »Ich hätte dich da im Grunde genommen lieber wieder zurück in den Bauch genommen.« Gesa interpretiert diesen Wunsch nicht als Ablehnung, sondern als das Bedürfnis ihrer Mutter, sie zu schützen, sie nicht einer Welt auszusetzen, in der ein schwer geistig behindertes Kind nicht alleine zurechtkommen kann. »Aus unseren Gesprächen über diese erste Zeit ist mir klar geworden, dass meine Eltern mich auch mit dieser schwereren Behinderung respektiert und als Mensch angenommen hätten.« Sie selbst stellt an sich den Anspruch, jeden Menschen als gleichwertig zu achten. »Es wäre aber geheuchelt«, schränkt sie ein, »wenn ich behaupten würde, ich kann alle Menschen gleichermaßen respektieren. Weil es eben auch welche gibt, wo ich mir schon zu meinem Schutz sagen muss: Was der oder die über mich sagt, das kann und muss ich nicht ernst nehmen.«

»Der Kampf um den Respekt«, berichtet Gesa, »ist von Anfang an da gewesen, und der setzt sich auch immer fort. Als ich ein Kind war, habe ich immer wieder erlebt, dass Menschen mit meinen Eltern über meinen Kopf hinweg über mich gesprochen haben. So, als wäre ich gar nicht da. Oder als könnte man mit mir nicht reden. Und das passiert auch heute noch, dass ich über den Kopf hinweg besprochen werde. Ich werde nicht angesprochen, sondern ich werde besprochen.« Dass man sie behandelt, als sei sie geistig nicht zurechnungsfähig, kommt allerdings heute seltener vor als früher. Da hat, findet Gesa, die Behindertenselbsthilfe gute Arbeit geleistet. Aber, fügt sie lachend hinzu, »es gibt schon welche, die überhaupt nicht einschätzen können, was für eine Behinderung ich habe und mich dann auch so ansprechen. Am besten war eigentlich die Frage eines Passanten: ›Wissen Sie, wo Sie hin wollen?‹ Worauf ich gesagt habe: ›Ja. Ich hoffe, Sie auch.‹«

»Manche Menschen«, erzählt Gesa weiter, »können es nicht ertragen, mich anzusehen.« Sie geht aufgrund ihrer Lebenserfahrung davon aus, dass das häufig Menschen sind, die sich mit ihren eigenen Grenzen nicht auseinandersetzen wollen: »Diese Menschen haben Schwierigkeiten, mich anzugucken, weil sie da offensichtlich eine Begrenztheit vor sich haben. Und die erinnert sie an die eigene Begrenztheit.« Ich frage sie, woran sie merkt, dass jemand sie nicht anguckt. »Schwer zu sagen«, überlegt Gesa, »das klingt dann anders, so als würde jemand an mir vorbeisprechen. Das ist ein Tonfall … und ein verzögertes Sprechen, so …« Sie denkt nach und findet schließlich die Formulierung, nach der sie gesucht hat: »So ein bisschen, als wäre ich schwer von Begriff.«

Es gibt viele Varianten, in denen sie fehlenden Respekt erlebt, und manchmal äußert er sich ganz subtil, indem etwa Leute ihr automatisch bestimmte Mankos unterstellen: »Wenn ich aus meiner Redaktion rausgehe zum Beispiel und mit Menschen zu tun habe, die noch nicht mit mir zusammengearbeitet haben, passiert es oft, dass ich erst mal nachweisen muss, dass ich lesen und schreiben kann.« Es gibt aber natürlich auch viele Menschen, betont sie, »die ganz normal auf mich zugehen. Es wäre nicht fair, wenn ich behaupten würde, ich bin dauernd am Kämpfen. Es gibt eine Menge Menschen, die einfach dafür begabt sind, sich in so eine Situation hineinzuversetzen, oder die nicht so ein Riesendrama daraus machen, dass ich nicht sehen kann.« Und wieder kommt Gesa auf ihre Grundthese zurück, dass auch das damit zusammenhängt, ob Menschen bereit sind, sich mit ihren eigenen Grenzen auseinanderzusetzen und sich zu sagen, ja, ich habe auch Schwächen, ich habe meine Behinderungen im Leben.«

Das ist das eine. Ob jemand behinderten Menschen auf eine offene, unbefangene und respektvolle Art begegnen kann, hat ihrer Erfahrung nach aber auch damit zu tun, »ob er Kontakt hat zu Behinderten, ob er schon mal Gelegenheit hatte, Behinderte kennenzulernen«. Gesa ist der festen Überzeugung, dass »gemeinsamer Kindergartenbesuch, gemeinsamer Unterricht, also ein frühes Miteinander-zu-tun-Haben, eine frühe Auseinandersetzung mit Behinderung« für ein entspanntes und respektvolles Miteinander behinderter und nicht behinderter Menschen sehr hilfreich sind.

Der Weg zur Hölle ist bekanntlich mit guten Vorsätzen gepflastert, und ich weiß aus eigener Erfahrung, dass man sich in bester Absicht auf eine Art verhalten kann, die ein behinderter Mensch als verletzend empfindet. Deshalb frage ich Gesa, wie sie auf ein derartiges Verhalten reagiert. »Das kommt ein bisschen darauf an«, antwortet sie, »wie es mir selber gerade geht. Wenn ich normal und gut drauf bin, nehme ich es mit Ruhe und Geduld. Wenn ich schlecht geschlafen habe und selbst schlecht gelaunt bin, reagiere ich zu ungeduldig.« Und dann kann vieles schiefgehen. Sie ist sich dessen bewusst, dass sie von Anfang an darauf Einfluss nehmen kann, wie eine Begegnung verläuft – und dass sie das meistens auch muss, wenn sie will, dass die Begegnung gut verläuft: »Ich muss ganz oft die Vorgaben machen, eine Vorleistung erbringen, auch in dem Bemühen, sich in den anderen einzufühlen.« Das, sagt sie, lernt man, wenn man behindert ist. Sie hat aber irgendwann auch gelernt: »Es ist nicht allein meine Verantwortung, ob Menschen in der Lage sind, mit mir zu kommunizieren.«

Diese Souveränität, sagt Gesa, hatte sie nicht immer, »und die habe ich nicht an jedem Tag gleich. Das ist harte Arbeit. Und dafür ist sicher auch der Hintergrund von Eltern, von Familie wichtig. Der grundsätzliche Respekt, den meine Familie für mich hat, den mein Mann für mich hat. Ich glaube, ohne all das würde ich noch mehr kämpfen müssen.« Die Kommunikation mit anderen Menschen bleibt jedoch ein Balanceakt, der, so Gesa, von beiden Seiten

Respekt und Einfühlungsvermögen verlangt: »Sich in die Schuhe des anderen zu begeben ist wichtig. Auch in die Schuhe von Kolleginnen und Kollegen zum Beispiel, die noch keine Erfahrung haben mit Menschen, die blind sind. Und sich dann eben fragen: ›Ist es denn möglich, Journalistin zu sein, ohne sehen zu können?‹ Aber für eine längere Zusammenarbeit müssen sich dann auch die anderen in meine Situation hineinversetzen. Und auch bereit sein zu akzeptieren, dass ich einschätzen kann, wo ich Hilfe brauche und wo nicht, und in der Lage bin, das zu formulieren.« All das zu erkennen und zu begreifen war für Gesa »eine lange Lernstrecke«. Auf der sie auch lernte, »dass es manchmal souveräner ist, um Hilfe zu bitten und es nicht lange Zeit vergeblich alleine zu versuchen. Aber das ist jeden Tag eine neue Entscheidung: Was mache ich jetzt alleine und wo bitte ich um Hilfe, wo lasse ich mir vielleicht Dinge erklären oder auch abnehmen?«

Gesa besuchte als Kind eine Blindenschule und wechselte dann auf das Gymnasium über. Sie wuchs in einer konservativen Kleinstadt auf, orientierte sich selbst aber bald politisch links und stieß damit auf Unverständnis und Ablehnung von Seiten der Mitschülerinnen und Mitschüler. Eine Zeit lang, erzählt sie, wurde sie regelrecht gemobbt: »Und dann kam die Behauptung, ›die Lehrer geben dir aus Mitleid gute Noten‹.« Irgendwann glaubte sie das sogar selbst. Sie war zur Außenseiterin geworden, fühlte sich einsam und verunsichert. Aber sie kämpfte auch in dieser Situation darum, sich nicht völlig unterkriegen zu lassen.

Später, auf der Uni, sagt Gesa, kam sie in ein »ganz anderes Umfeld« und damit auch mit sich selbst wieder besser zurecht. Sie studierte Deutsch, Geschichte und Politikwissenschaften an der Universität Bochum, schloss sich während des Studiums den Jusos an – und lernte so auch ihren Mann kennen. Einen Menschen, von dem sie von Anfang an den Eindruck hatte: »Das ist jemand, mit dem kann man reden, der interessiert sich für andere.« Und: »Das ist jemand, der weiß, worum es in der Politik gehen muss, um die Menschen nämlich.« Von ihm fühlte sie sich sofort respektiert: »Er hat sich dafür interessiert, wie es mir geht. Er hat mich nicht herabgesetzt. Er hat zum Beispiel so etwas gesagt, wie: ›Ich habe keine Erfahrung mit Blinden, du musst mir jetzt mal eben sagen, was du für Hilfe brauchst.‹ Das ist Respekt.«

Man kann Hilfe nur annehmen, wenn sie einem respektvoll angeboten wird, sagt Gesa. Und dass ihr immer wieder auf respektvolle Art Hilfe angeboten wurde, selbst in der unguten Zeit auf dem Gymnasium. Auch da gab es Leute, die sie schätzten und förderten, und die ihr sagten, »du musst eine Chance kriegen, dich an der Schreibmaschine auszutoben«. Sie wollte schon als Schülerin Journalistin werden, doch der Zweifel, ob ihr das als Blinder gelingen könnte, saß tief. Und auch die Angst: Die nehmen mich, wenn überhaupt, nur aufgrund meines Behindertenbonus. Heute, rückblickend, meint Gesa, kann sie sich eingestehen, dass sie tatsächlich eine Anschubhilfe brauchte: »Das wäre ein neoliberales Märchen, wenn ich behaupten würde, ich hätte alles aus eigener Kraft geschafft. In Wahrheit habe ich Menschen gefunden, die gesagt haben: ›Wir geben dir eine Chance. Und wenn du die Chance nutzen kannst, dann kriegst du eine Ausbildung.‹«

Ihr Deutschlehrer ermöglichte es ihr, als freie Mitarbeiterin der Lokalzeitung ihr Schreibtalent unter Beweis zu stellen. Vom Erfolg ermutigt, bewarb sie sich beim Ausbildungsleiter des WDR um eine Praktikumsstelle: »Ich hatte mich auf alles vorbereitet. Ich hatte alle Nachrichtensendungen geguckt. Ich wusste alles rauf und runter. Aber das wollte er gar nicht wissen. Er wollte wissen, warum ich Journalistin werden möchte. Und warum ich neugierig bin auf Menschen. Und dann hat er gesagt: ›Ich habe den Eindruck, Sie wollen hier nicht nur Caritas, sondern Sie wollen etwas lernen und ausprobieren, ob Sie das können.‹ Und das war für mich ein Respekt-Satz.« Sie machte zwei Praktika in der Nachrichtenredaktion des WDR und erneut die Erfahrung: Ich werde respektiert. »In meinem ersten Praktikum dort merkte ich zwar, die sind erstaunt, dass ich Nachrichten schreiben kann. Aber die akzeptieren das, und die diskutieren mit mir sehr intensiv und auf Augenhöhe über meine Meldungen. Da war ich total erstaunt. Das hatte ich anders befürchtet.«

Mit den positiven Erfahrungen wuchs auch ihr Selbstrespekt. Heute, als langjährige Redakteurin, kann sie mit einer gewissen

Gelassenheit feststellen: »Es bleibt die Frage, wie kann ich erkennen, ob der andere Respekt vor mir hat oder nicht. Da gibt es eine
Fehlerquote. Ich unterschätze manchmal die Wirkung, die ich auf
andere habe. Es gibt wohl doch den einen oder die andere, die
schon Respekt haben vor mir. Und ich will das vielleicht nicht
sehen.«

Am Ende unseres langen Gesprächs sagt Gesa Rünker: »Respekt, gegenseitiger Respekt, das ist nicht ein Kapitel, das man irgendwann abschließen könnte. Das muss man eigentlich jeden Tag
neu angehen. Es ist wichtig, die eigene Position so zu stärken, dass
man sich nicht automatisch als die Unterlegene sieht und als pas-
sives Opfer, sondern auch als diejenige, die selbst agiert und Einfluss darauf hat, wie Menschen sich verhalten. Und man muss sich
gleichzeitig immer wieder daran erinnern: Ob ein respektvoller
Umgang zwischen mir und anderen gelingt oder nicht gelingt, das
ist nicht meine alleinige Verantwortung. Diese Verantwortung
müssen wir uns immer teilen.«

# »Wie nahe
# darf ich drangehen?«

Im Krieg wird der Respekt vor dem Menschenleben und der Menschenwürde systematisch missachtet bis hin zu seiner völligen Auslöschung. Krieg führt unweigerlich zu Traumatisierung, auf beiden Seiten der Front und ebenso im »Hinterland«. Frauen werden, zusätzlich zu allen anderen Schrecken des Krieges, häufig auch noch vergewaltigt. Es wurden kluge Bücher darüber geschrieben, wie selbstverständlich eine männlich geprägte Gesellschaft ihrer Soldateska zugesteht, die Frauen des Feindes zu vergewaltigen. Und wie verheerend die Folgen für die betroffenen Frauen sind: In vielen Ländern verlieren sie den Respekt ihrer Mitmenschen, wenn bekannt wird, dass sie vergewaltigt wurden. Oft genug verlieren die Frauen aufgrund der Vergewaltigungen, ihrer eigenen Scham und der Stigmatisierung auch noch den Selbstrespekt. Und sie bleiben mit ihrem Leid alleine. Medica Mondiale war die erste und ist noch immer eine der wenigen Hilfsorganisationen für kriegstraumatisierte Frauen. Eine andere ist das britische Healing Hands Network, das nicht nur, aber auch Frauen Hilfe anbietet.

»Diese Frauen in Bosnien, die ich behandelt habe, die so eine Lebensfreude ausstrahlen, obwohl alles daran gesetzt worden ist, sie in ihrer Würde zu verletzen, sie zu zerbrechen – die respektiere ich.« Das antwortete mir Hanna Krstic auf meine Frage: »Vor wem hast du Respekt?« Hanna ist 37 Jahre alt, sie praktiziert und unterrichtet »Touch Life«, eine Massagemethode. Im Jahr 2003 las sie in einer Fachzeitschrift eine Anzeige des Healing Hands Network, in der Menschen in Heilberufen eingeladen wurden, in Sarajewo Frauen und Männer zu behandeln, die vom Krieg traumatisiert sind. Die Arbeit sollte ehrenamtlich sein, und auch für Flug, Unterkunft und Verpflegung musste man selbst aufkommen. Hanna brauchte nicht lange nachdenken, um zuzusagen. Zwei Wochen sollte ihr Aufenthalt dauern, vier Wochen blieb sie und kehrte in den folgenden beiden Jahren erneut für mehrere Wochen zurück.

Auf dem Weg zu ihrem ersten Einsatz war sie unsicher, wie die Menschen in der zerstörten Stadt sie und ihr Angebot, ihnen zu helfen, aufnehmen würden. Hannas Mutter ist Ungarin, ihr Vater Serbe, aus Serbien waren ihre Eltern als »Gastarbeiter« nach Deutschland ausgewandert. Und Serben hatten den größten Teil der Kriegsverbrechen in Bosnien begangen. Andererseits war sie aber auch, unter lauter englischen Freiwilligen, die einzige »Balkanesin«, wie sie selbstironisch sagt, die Einzige, die die Sprache der Menschen dort sprach, ihre Mentalität verstand und einige ihre Vorlieben teilte. Schon kurz nach der Ankunft stellte sie fest: Ihr serbischer Familienhintergrund spielte so gut wie keine Rolle, als umso bedeutender aber erwies sich ihre Vertrautheit mit Sprache und Mentalität. Das, erzählt Hanna, trug sehr dazu bei, dass die Menschen, und gerade auch die Frauen, sich für ihre Behandlung öffnen konnten.

Dennoch: Sie hatte mit Frauen zu tun, die mehrfach mit größter Brutalität vergewaltigt worden waren. Wie, frage ich Hanna, konnte sie einer solchen Frau vermitteln, dass sie Respekt vor ihrer Person und ihrem Körper hat? »Durch Achtsamkeit, auch bei der Berührung, von der allerersten Berührung an«, antwortet sie. »Ich kann es so schwer beschreiben. Das ist, als wenn man auf jemanden zuschwebt. Und guckt, wie nahe darf ich drangehen. Das bedarf einer sehr hohen Konzentration und hat viel mit Achtsamkeit zu tun.« Sie schweigt einen Moment und fährt dann fort: »Ich habe sie auch immer erst zugedeckt. Ich habe sie nie nackt daliegen lassen. Und dann auch erst mal zugedeckt berührt.« Durch diese respektvolle Geste, meint Hanna, schuf sie wahrscheinlich eine grundlegende Basis für Vertrauen. Und zwar bei Frauen und Männern gleichermaßen.

Ob tatsächlich Vertrauen entstand, erkannte sie daran, »dass sie mir dann erlaubt haben, dass ich sie aufdecke, und daran, dass sie präsent geblieben sind. Es gibt ja in der Arbeit mit traumatisierten Menschen auch Situationen, da ist die Person, die man behandelt, zwar körperlich anwesend, aber sie hat sich geistig weggebeamt, weil die keinen Kontakt mit sich selbst hat. Und beides, das Präsentsein und das Sich-Wegbeamen, ist spürbar.« Auf meine Frage, woran es für sie spürbar ist, erwidert Hanna: »Ich kann das nicht genau erklären. Jedenfalls auch an der Atmung, dem Blick, der Körperhaltung.« Die jedoch, wendet sie ein, möchte sie nicht überbewerten. Denn sie hat in ihrer langjährigen Praxis gelernt: »Manchmal kann man einfach nicht lockerlassen oder loslassen. Warum auch immer. Dafür muss man nicht vergewaltigt worden sein. Da bin ich sehr vorsichtig mit Interpretationen. Ich tue mich immer schwer mit diesen neumodischen Aufforderungen, dass es nur darum geht, sich zu entspannen und loszulassen. Ich finde das auch respektlos. Denn für manche Menschen kann es zu einer bestimmten Zeit gut und richtig sein, wenn sie nicht loslassen. Wenn sie die Kontrolle behalten. Und das sollen sie dann auch dürfen.« Sie hat das alles sehr ernst und dringlich vorgetragen. Es ist ihr wichtig. Und dann lächelt sie plötzlich und sagt: »Das war jetzt ein wesentliches Wort zu Respekt, glaube ich.«

Ich komme noch einmal auf die grundlegende Frage zurück: Warum waren schwer traumatisierte Frauen und auch Männer bereit, sich von Hanna massieren zu lassen? Warum waren sie bereit, eine fremde Frau so nahe an sich heranzulassen, sich von ihr körperlich berühren zu lassen, sich ihr nackt und ungeschützt auszuliefern? »Das ist eine sehr schwierige Frage«, sagt Hanna und schweigt erst mal lange. Dann zählt sie verschiedene Gründe auf, wie etwa den guten Ruf, den die Hilfsorganisation vor Ort bereits genoss, die Hoffnung der Menschen auf Heilung oder wenigstens Unterstützung, ihren Wunsch, nicht alleine gelassen zu werden. Und schließlich sagt sie: »Da war Vertrauen. Und da war eben diese Nähe zwischen uns.« Dank ihrer eigenen Herkunft gelang es Hanna oft leichter als ihren englischen Kolleginnen und Kollegen, diese Nähe herzustellen: »Die waren fachlich großartig«, betont sie, aber sie verstanden zum Beispiel nicht, »warum die Frauen so viel rauchten und ständig einen Mokka tranken und dann auch schon mal ein Schnäpschen her musste«. Sie sieht mich belustigt an und steckt sich eine Zigarette an. »Sie fanden das schrecklich, weil es dem Heilungsprozess völlig entgegenläuft, und manche haben die Frauen dafür verachtet. Was die natürlich gespürt haben.«

Hanna stand ihren bosnischen Patientinnen und Patienten nicht nur in Sprache und Mentalität, sondern auch von ihrer Herkunfts-Klassenzugehörigkeit nahe. Ihre Eltern waren »Gastarbeiter«, sie raucht manchmal, trinkt gerne Mokka, und wenn es sich ergibt, weigert sie sich auch nicht, schon mal ein Schnäpschen anzunehmen. Es gibt zwar einen »Höhenunterschied« zwischen ihr in ihrer Rolle als Behandelnder, und ihren Patientinnen und Patienten in ihrer Rolle als Menschen, die der Heilung bedürfen. Als menschlichen Wesen jedoch, die sich auch noch in ein paar wichtigen Punkten ähnlich sind, begegnen sie sich auf derselben Ebene. Diese Konstellation erleichtert mit Sicherheit das Entstehen von gegenseitigem Respekt und Vertrauen. Sie ist jedoch nicht unabdingbar. Auch Menschen, die aus nordeuropäischen Mittelschichtfamilien oder dem Bildungsbürgertum kommen, können eine im Wortsinne heilsame Nähe zu Patientinnen und Patienten herstellen, die aus anderen Kulturen stammen und anderen Schichten angehören. Sind jedoch die Helfer und Helferinnen und die Hilfebedürftigen von ihrer Herkunft und ihrem sozialen Status her sehr unterschiedlich, sind eine »Extraportion« Respekt und große Offenheit nicht nur nötig, sondern unverzichtbar.

Die meisten Menschen neigen dazu, von sich auf andere zu schließen. Sie gehen davon aus, dass das, was sie sich wünschen und was für sie heilsam ist, auch für andere wünschenswert und hilfreich ist. Und dass die Art, in der sie ihren Respekt ausdrücken, beim anderen richtig ankommt, weil er es genauso machen würde. Doch dem ist nicht immer so. Menschen, die unter einer Traumatisierung oder einer psychischen Erkrankung leiden, nehmen die Welt teilweise anders wahr und empfinden das Verhalten ihres Gegenübers manchmal anders, als es gemeint ist. Kommt dann auch noch der Arzt aus der gebildeten Mittelschicht und die Patientin aus der »Unterschicht«, sind Missverständnisse vorprogrammiert. Respekt kann hier nur entstehen und auf erkennbare Art ausgedrückt werden, wenn die Helfenden sich ihre schichtspezifischen Prägungen, Beschränkungen und Vorurteile bewusst machen, sie hinterfragen und sich für die Erfahrungen, Sichtweisen und Ausdrucksformen ihrer Patientinnen und Patienten öffnen. Um im Bild zu bleiben: Sie müssen nicht anfangen zu rauchen, Mokka zu trinken und sich ab und zu ein Schnäpschen zu genehmigen, wenn sie mit traumatisierten Bosnierinnen und Bosniern arbeiten. Es wäre aber hilfreich, wenn sie ihre gesundheitsbewussten Überzeugungen nicht verabsolutieren und die Menschen, die diesen Überzeugungen zuwiderhandeln, nicht verachten, sondern respektieren würden.

Psychiatrische Kliniken – »Anstalten«, wie sie zu Recht genannt wurden – waren noch in den Fünfziger- und Sechzigerjahren Orte, die den Dante'schen Höllen glichen. Die Patientinnen und Patienten wurden lediglich verwahrt, in großen Schlafsälen »abgelegt« und nicht selten auch hygienisch vernachlässigt, mit Elektroschocks und anderen grausamen Therapiemethoden gefoltert, fixiert und gelegentlich sogar Besuchern gefesselt vorgeführt. Die »Insassinnen« und »Insassen« mussten mit allem rechnen, nur auf Respekt konnten sie nicht hoffen.[9] 1975 legte die Enquetekommission des Deutschen Bundestages einen ausführlichen Bericht zur Situation in deutschen Psychiatrien vor und gleichzeitig Reformvorschläge zum Umgang mit psychisch kranken Menschen. Damit wurde die Psychiatrie-Reform angestoßen, die große Verbesserungen auf vielen Ebenen bewirkte – und heute wieder gefährdet ist durch Sparmaßnahmen und einen Rollback in der Wahrnehmung und Interpretation psychischer Erkrankungen.

Brigitte S. gehört zu den Frauen und Männern, die selbst von der Psychiatrie-Reform profitierten und sich in diversen einschlägigen Netzwerken engagierten. Sie ist sechzig Jahre alt, Lehrerin, Übersetzerin und Mitarbeiterin einer sozialpsychiatrischen Fachzeitschrift. Als ich sie bat, mir auf ein paar Fragen zu Respekt in

---

9 Es gab auch damals in der Ärzteschaft und dem Pflegepersonal Einzelne, die sich menschlich und respektvoll den Kranken gegenüber verhielten. Sie waren jedoch, wie die Auswertung der Psychiatrie-Enquete 1975 ergab, die sprichwörtlichen Ausnahmen von der Regel.

der Psychiatrie schriftlich zu antworten, war sie sofort einverstanden. »Respekt«, schreibt sie, »ist vor allem im Sprachgebrauch als Substantiv *mein* Wort, wenn ich über Psychiatrie nachdenke.« Als Psychiatriepatientin respektiert zu werden bedeutet für sie: »Dass man mir zuhört und meine Eigenheiten akzeptiert, anstatt mich zu reglementieren, als wäre ich 17. Dass mir positive Gefühle entgegengebracht werden statt Feindseligkeit, rüde Unhöflichkeit, belehrendes Verhalten, Besserwisserei etc. Wer respektvoll mit Patientinnen und Patienten umgeht, ist aufmerksam, hat Respekt vor der Biographie des betreffenden Menschen, verfügt über Empathie und gibt Tipps, ohne dass aus den Ratschlägen Totschläge werden.«

Dank der Psychiatrie-Reform und der Arbeit von Zusammenschlüssen wie der Psychosozialen Arbeitsgemeinschaft PSAG, des Bundesverbandes Psychiatrie-Erfahrener etc. sind psychisch Kranke denjenigen, die sie therapieren, nicht mehr völlig ausgeliefert. Sie können aber dennoch weniger Einfluss auf ihre Behandlung nehmen als physisch Kranke, denn es wird ihnen die Kompetenz noch stärker abgesprochen. »Draußen« und in einer »normalen« Klinik kann man zur Not eine Behandlung abbrechen, eine Operation verweigern und sich einen anderen Arzt, eine andere Ärztin suchen. Was aber geschieht in der Psychiatrie, wenn zum Beispiel eine Patientin eine bestimmte Behandlung oder Medikation ablehnt, der Arzt sie aber für unabdingbar hält? Kann es, von ärztlicher Seite als auch von Seiten der Patientin, einen respektvollen Umgang mit diesem Konflikt geben und wie würde der aussehen? Hat die Patientin in einer solchen Situation überhaupt die innere Freiheit und Souveränität, respektvoll mit einem Konflikt umzugehen? Sind da nicht Angst, Panik, Abwehr, Misstrauen stärker als alles andere? Und wie kann wiederum der Arzt das so berücksichtigen, dass er selbst respektvoll bleibt?

All diese Fragen stellte ich Brigitte, und ihre Antwort fällt deprimierend aus: »Wenn die Patientin klar bleibt in ihren Wünschen und Überzeugungen, zum Beispiel beim Verhandeln von Medikamenten, kann es bei einem ›vernünftigen‹, respektvollen Arzt sein, dass er sich auf ihre Argumente einlässt. Ist die Patientin allerdings verhuscht, was halt viele Patientinnen sind, dann bekommt sie keinen Respekt, und die Verhandlung geht zu Gunsten des mächtigeren Arztes aus. Je mehr der Patient weiß, wer er selber ist und was er braucht, umso besser kann er dies vortragen und dabei respektvoll auftreten, und desto mehr Respekt wird er auch bekommen.«

Viele Ärzte, fährt sie fort, »mögen aber auch keine Frauen, die zu selbstbewusst und provozierend auftreten und scheuen sich nicht, sie so zu behandeln, dass ein PsychKG (eine Zwangseinweisung) dabei herauskommt. Und viele Ärzte haben Klassenvorurteile. Sind Patienten ungepflegt und unartikuliert, sogenannte Unterschicht, riechen sie auch noch schlecht, was viele ›Drehtürpatientinnen‹ und ›Drehtürpatienten‹ tun, bespricht der Arzt nur das Nötigste mit ihnen (und oft nicht einmal das), und verordnet dann etwas. Hauptsache, er wird so jemanden rasch wieder los. Respektvoll mit der sichtbaren Armut und dem Underdog-Verhalten vieler Patientinnen und Patienten umzugehen verlangt von Pflegern und Ärzten echte Empathie, die viel zu häufig fehlt.« Anders gesagt: Verfügen Patientinnen und Patienten nicht über Souveränität und ein entsprechendes Auftreten, sinken ihre Chancen, respektvoll behandelt zu werden. Und da eine psychische Erkrankung in all der Verwirrung und Angst, die sie auslöst, nicht gerade zu Souveränität und selbstbewusstem Verhalten beiträgt, gibt es wohl auch heute nicht immer den nötigen menschlichen Respekt in der Psychiatrie.

Gleichzeitig, schreibt Brigitte weiter, respektieren sich Patientinnen und Patienten oft auch gegenseitig nicht: »Das äußert sich in Form von Rücksichtslosigkeit und völliger Ichbezogenheit oder indem sie sich zum Beispiel beim Personal ›verpetzen‹«. Allerdings, fügt sie hinzu, »Respekt den Mitpatienten gegenüber bedeutet, sie in ihrem Zustand nicht nur auszuhalten – und das ist schwerer, als es klingt! –, sondern auch dann freundlich und klar im Kontakt zu bleiben, wenn man sich negativ abgrenzen will. Das wiederum erfordert ein Maß an Selbstrespekt, über das viele Patientinnen und Patienten nicht verfügen. Und das auch den Selbstbewussteren während eines Aufenthalts in der Psychiatrie verlorengehen kann.«

Sich den Selbstrespekt zu erobern oder zurückzuerobern ist jedoch von existenzieller Bedeutung, betont Brigitte S. in einem Vortrag, den sie 2007 auf einer Psychiatrie-Tagung hielt. Dazu gehört für sie, »sich selbst mit allen Eigenarten und ›Peinlichkeiten‹ anzunehmen« und »ab einem bestimmten Punkt der Leidenserfahrung wieder neugierig und aktiv zu werden. Wenn wir im Spiegel sehen, dass unsere Nase krumm ist, sollten wir nicht den Spiegel dafür verantwortlich machen. Wir machen gerne die Angehörigen oder die Psychiatrie oder die brutale Gesellschaft für unser Versagen verantwortlich. Und diese Kritik ist zum Teil berechtigt. Aber es kann nicht angehen, ein ganzes Leben mit Jammern zu verbringen, oder medizinisch gesprochen: in Regression.« Und um ganz deutlich zu machen, was sie mit der (Wieder-)Herstellung von Selbstrespekt trotz aller Widrigkeiten meint, zitiert Brigitte mit wissender Ironie eine Gedichtzeile von Samuel Beckett:

>»Immer versucht
Immer gescheitert
Wieder versucht
Wieder gescheitert
Besser scheitern.«*

Neuerdings begegnet mir auf dem Weg zur Arbeit öfter mal eine ältere Frau, die ich bisher nie gesehen habe. Sie trägt Wollstümpfe, die am linken Knie ein Loch haben, einen ehemals eleganten Mantel mit einem ausladenden pelzbesetzten Kragen und einen Hut mit drei stolzen Federn, von denen eine abgeknickt ist. Das Schönste an ihr ist aber: Sie singt mit einer wundervollen Stimme Opernarien. Und nicht irgendwelche. Gestern war es bezeichnenderweise Tosca. Da ich gerade an diesem Kapitel schreibe, beobachte ich nun bewusst das Verhalten der Passanten während ihrer »Auftritte«. Die meisten gehen einfach weiter, ohne sie zu beachten. Ein paar lächeln und schütteln mitleidig den Kopf. Zwei türkischstämmige Jungen überholen sie, sehen sich an und grinsen. Eine alte Frau, die sich auf ihren Rollator stützt, bleibt kurz stehen und sieht ihr verträumt nach. Ein Jungmacho mit Glatze und Handy verdreht die Augen und zuckt die Schultern. Die Leute reagieren also ganz unterschiedlich auf die Frau, aber niemand wundert sich darüber, dass sie »frei herumläuft«. Vermutlich hat niemand besonderen Respekt vor ihr, aber sie wird respektiert und in Ruhe gelassen.

Wir hatten so eine Frau im Viertel, als ich ein Kind war. Ihr Mantel war nie elegant gewesen, ihre Strümpfe hatten mehr als ein Loch, und sie sang La Paloma statt Opernarien. Die Bewohner des Viertels reagierten unterschiedlich auf sie, ein paar hatten Mitleid mit der »armen Irren«, andere verspotteten sie und tuschelten über sie. Und sie durfte nicht lange »frei herumlaufen«. Eines Tages war sie fort und tauchte nicht wieder auf. Als ich meine Mutter fragte, wo die Frau geblieben wäre, antwortete sie traurig: »Sie haben sie bestimmt ins Krankenhaus gebracht«. Das hieß im Klartext: in die Psychiatrie. In die Irrenanstalt. Denn da kamen solche wie sie hin. Es gab damals keine ambulanten Einrichtungen wie die PSZs, die Psychosozialen Zentren, und keine Möglichkeit, mit einer psychischen Erkrankung betreut in den eigenen vier Wänden oder einer Wohngemeinschaft zu leben. Es gab nur: einsperren. Vor »Verrückten«, ihrer Menschenwürde und ihren Bedürfnissen hatten die Behörden, die Ärzte und zu einem Gutteil auch die Bevölkerung keinen Respekt.

Heute gibt es viele Möglichkeiten für psychisch kranke Menschen, ein menschenwürdiges Leben zu führen, auch während ihrer (im Vergleich zu früher meist sehr viel kürzeren) Aufenthalte in der Psychiatrie. Einige jedoch landen unvermeidlich in den geschlossenen Stationen. Sie werden, wie es früher allen geschah, eingesperrt. Doch selbst auf »der Geschlossenen« geht es heute, dank der Psychiatriereform und dank der Arbeit von Leuten wie Urte Sperling, anders zu als in den Fünfziger- und Sechzigerjahren.

Urte Sperling ist 62 Jahre alt und langjährige Psychiatrie-Krankenschwester. Sie arbeitet auf einer geschlossenen Akutstation, das heißt, »mit Menschen, vor denen andere häufig bereits den Respekt verloren haben«, und die umgekehrt »den Respekt seitens ihres ›Umfeldes‹ auf eine harte Probe stellen.« Urte und die »alten« Mitglieder ihres Teams wurden »im Geiste der Psychiatrie-Reform geschult«. Das beinhaltet unter anderem: Sie erweisen ihren schwierigen Patienten »ganz bewusst Respekt« und gehen davon aus, dass sie damit »einen kleinen Beitrag zur Stärkung der Selbstachtung der Betroffenen« leisten können. Dazu gehört auch, fügt Urte hinzu, »dass wir keinen respektlosen Umgang gegenüber Mitpatienten tolerieren und uns um ein akzeptierendes, ›heilsames‹ Milieu auf der Station bemühen«.

Die Station, auf der Urte arbeitet, ist – noch – ein Musterbeispiel für die besten Errungenschaften der Psychiatrie-Reform. Respekt ist hier »ein wichtiges Leitmotiv«. Die Mitarbeiterinnnen und Mitarbeiter des Teams haben es mit Patientinnen und Patienten zu tun, die chronisch psychisch krank sind und nicht zu den Gutsituierten gehören. »Mit Menschen also«, so Urte, »die mit Diskriminierung, Stigmatisierung und Ausgrenzung konfrontiert sind. Deshalb legen wir unser Augenmerk darauf, Perspektiven für sie zu entwickeln, die eine Existenz in Würde und Selbstachtung wieder am Horizont auftauchen lassen.« Was allerdings häufig nicht gelingt. In diesem Fall, meint Urte, »ist dann unsere Station für eine gewisse Zeit ein Zufluchtsort, an dem es besser auszuhalten ist als in den desolaten eigenen vier Wänden oder auf der Straße«.

Die »Geschlossene«, fährt Urte fort, ist ein Ort, an dem »immer und in jedem Moment die Gefahr besteht, dass der respektvolle Umgang mit den Patienten verloren geht. Die Pflegenden und die Stationsärztinnen und -ärzte verfügen über Machtpositionen. Sie haben den Schlüssel, sie können Türen öffnen – oder auch nicht, sie können Medikamente aufnötigen, Menschen ans Bett fesseln oder anders in ihrer Bewegung einschränken. Sie sind, unter Umständen auch gegen die eigene Überzeugung, gezwungen, einen deliranten Alkoholiker zum Beispiel zu fixieren und in der Fixierung zu belassen, bis er keine Gefahr mehr darstellt.« Doch selbst für solche Extremsituationen hat das Stationsteam Regeln erarbeitet, die es ihm ermöglichen, »die Menschenwürde der Patienten zu achten und eigene aggressive oder hilflose Impulse unter Kontrolle zu halten«. Auf die Frage, was das konkret bedeutet, antwortet Urte: »Auch der Patient in der Fixierung soll spüren, dass wir keine Feinde sind. Die Art und Weise, wie wir sprechen, Kontakt halten, die Menschen nicht allein lassen, immer wieder deutlich machen, dass diese Fixierung vorübergehend ist, ermöglicht, wenigstens in Grenzen, einen respektvollen Umgang.«

Diese Art des Arbeitens, betont Urte Sperling, erfordert ein ganz besonderes Team. Eines, dessen Mitglieder nach bestimmten Kriterien ausgewählt werden und kontinuierlich zusammenarbeiten, in dem sich die beteiligten Berufsgruppen, das heißt Ärzte und Pflegende, respektvoll und auf Augenhöhe begegnen, und in dem sich alle darüber einig sind, dass auch den Patientinnen und Patienten Respekt gebührt. Doch sowohl diese Arbeitsbedingungen als auch das berufsethische Selbstverständnis, das ihnen zugrunde liegt, sind mittlerweile im Umbruch begriffen: »Noch«, sagt Urte, »gilt zwar für die Psychiatrie eine besondere Personalverordnung, aber die Verdichtung der Arbeitsprozesse und eine Krankenhauspolitik, die auf Personalkostenminimierung ausgerichtet ist, schlägt auch auf unsere Arbeit durch.« Das führt zwar nicht automatisch zu einem Verlust an Respekt vor den Patientinnen und Patienten: »Doch die Bereitschaft oder Möglichkeit, sich auf den Einzelnen konkret einzulassen und individuelle Gespräche zu führen nimmt dann zwangsläufig ab.«

Es kommt mittlerweile auch häufig vor, erzählt Urte weiter, dass körperlich schwer pflegebedürftige Patientinnen und Patienten von den »Normalstationen« in die Psychiatrie abgeschoben werden, um den sogenannten »Patientendurchlauf« zu beschleunigen und wirtschaftlicher zu werden: »Wenn aber mehrere körperlich schwer Pflegebedürftige von zwei Kolleginnen ›versorgt‹ werden müssen, bleibt für die anderen keine Zeit und keine Geduld. Wenn das zur Regel wird, ändert sich der ›Geist des Hauses‹ in Richtung Gleichgültigkeit. Und dann kann auch schon mal der Respekt verlorengehen, weil man eben nicht mehr die Zeit und den Raum hat, hinter den ›kaputten Gestalten‹ das einzelne beschädigte Individuum zur Kenntnis zu nehmen.« Sie selbst »quält sich seit einem guten Jahr damit herum, wann die Grenze der Überforderung« für sie erreicht ist, denn sie weiß: »Man kann in der Pflege auch unterhalb der Schwelle der offenen Respektlosigkeit kalt und herzlos werden, indem man sich hinter einer formellen Professionalität verschanzt.«

Wie aber drücken sich Respekt und Respektlosigkeit ganz konkret im Alltag einer geschlossenen Akutstation aus? Respekt zeigt sich zum Beispiel durch höfliche Umgangsformen, sagt Urte: »Indem man die Patientinnen und Patienten siezt, sich Zeit nimmt, innehält zu Gesprächen, anstatt im Vorbeilaufen Bemerkungen fallen zu lassen. Indem man die Intimsphäre der Patientinnen und Patienten wahrt und für Einzelgespräche einen eigenen Raum anbietet, damit andere Patienten nicht mithören können. Indem man sich der eigenen Vorurteile bewusst wird und Interesse an realen kulturellen Differenzen aufbringt.«

Respektlosigkeit dagegen äußert sich darin, dass man all das nicht oder das Gegenteil davon tut. Und auch darin, fügt Urte hinzu, »dass man jemanden nachäfft oder herunterputzt, womöglich auch noch vor anderen. Indem man die Rechte der Patientin oder des Patienten missachtet, Wünsche oder Forderungen ›überhört‹ und Beschwerden nicht ernst nimmt.« Ein solches Verhalten hat Folgen für beide Seiten. Bei den Patientinnen und Patienten, berichtet Urte, erzeugt Respektlosigkeit von Seiten des Teams »Hoffnungslosigkeit, das Gefühl, ausgeliefert zu sein, Aggressionen. Es kann Symptome verschlimmern, Ängste erzeugen, Menschen in die Verzweiflung treiben.« Bei den Pflegenden wiederum führt ein fortgesetztes respektloses Verhalten den Patienten gegenüber »im Extremfall wohl zu Formen der Verrohung, einem sich gegenseitig verstärkenden Cliquenwesen und Druck auf Kolleginnen und Kollegen, die sich anders verhalten wollen«. Das jedoch, sagt Urte, kennt sie zum Glück nur aus zweiter Hand, selbst musste sie es – noch – nicht erleben.

# »Ich sehe
vor allem die Krankheit.«

Wie die Patientinnen und Patienten auf Urte Sperlings Station sind auch Klaus A.s Patienten Opfer ihrer Erkrankung – doch sie sind zugleich Täter. Klaus arbeitet in einer forensischen Klinik. Er ist 54 Jahre alt und Arbeits- und Beschäftigungstherapeut. Seine Patienten sind Menschen, die eine Straftat begangen haben, aber aufgrund ihrer teilweisen oder völligen Unzurechnungsfähigkeit nicht dafür verurteilt wurden. Stattdessen wurden sie in die forensische Klinik eingewiesen, in der Klaus seit achtzehn Jahren arbeitet. Die Straftaten seiner Patienten reichen von sogenannten »verkennenden Taten« (das kann zum Beispiel heißen, dass jemand auf eine Person losging, weil er sie für einen Angreifer oder ein bedrohliches Phänomen hielt) über schwere Gewalttaten bis hin zur Vergewaltigung und Ermordung von Kindern.

Zu Klaus› Patienten gehören somit auch Menschen, denen fast jede und jeder den Respekt verweigert. Und zwar nicht aufgrund ihrer Herkunft oder sozialen Situation, sondern aufgrund der Taten, die sie begangen, aufgrund des Leids, das sie anderen zugefügt haben. Auch im Gefängnis rangieren »Kinderschänder« auf der untersten Stufe und sind der Aggression von anderen Gefangenen ausgesetzt. Als ich begann, für dieses Buch zu recherchieren, war eine der ersten Fragen, die ich mir stellte: Wenn ich die Haltung einnehme, man sollte jedem fühlenden Wesen Respekt entgegenbringen – gilt das auch für Männer, die Kinder sexuell missbrauchen? Und wenn ja, wie könnte dieser Respekt aussehen? Klaus kann mir diese Fragen nicht generell beantworten, denn die Männer, mit denen er zu tun hat, sind psychisch gestört. Sie haben ihre Verbrechen nicht mit klarem Verstand aus reiner Lust und Grausamkeit begangen. Sonst wären sie im Gefängnis und nicht in der Psychiatrie. Trotzdem arbeitet er jeden Tag mit Menschen, die

Abscheuliches getan haben. Und geht respektvoll mit ihnen um. Ich frage ihn also: Wie machst du das?

Er lässt, antwortet Klaus, in der Arbeit mit den Patienten grundsätzlich ihre Delikte außen vor: »Ich weiß zwar über die Taten Bescheid, weil ich das einfach als Hintergrund im Kopf haben muss. Aber das wird nicht thematisiert in den Sitzungen. Ich mache mit denen dann genauso handwerkliche Sachen wie mit allen anderen.« – »Aber«, wende ich ein, »wie gelingt es dir für dich selbst, den Mann von seinen Taten zu trennen?« Das tue er nicht, erwidert Klaus, die Taten haben aber für ihn nicht den Vorrang: »Meine Arbeit besteht darin, zu gucken, was kann der Patient, was kann man ihm noch beibringen, oder was hat er verlernt, was man als Ressource wieder hervorholen kann?« Egal, wie skeptisch ich ihn ansehe, er bleibt dabei. »Du könntest«, frage ich weiter, »deinen Job vermutlich gar nicht machen, wenn du dir sagen würdest, ›mit solchen Leuten kann ich nicht‹?«

Er stimmt mir zu. Dass er aber mit solchen Leuten »kann«, meint er, liegt daran, dass er die Krankheit sieht, die Persönlichkeitsstörung. Sie ist die Grundlage seiner Arbeit. Und er weiß, dass solche Patienten »neben ihren kranken Anteilen immer auch noch Anteile haben, die man im Grunde genommen unterstützen kann. Und da muss man dem Patienten eine Art Liste an die Hand geben: Das sind die Anteile, die okay sind. Und das sind die Anteile, die nicht okay sind. Und dann trifft das auf offene Ohren, oder nicht. Damit muss man täglich und immer wieder neu anfangen. Und irgendwann mal versteht es der Patient. Im besten Falle.« Klaus meint damit nicht, dass Patienten mit einer schweren Persönlichkeitsstörung durch seine Arbeit geheilt werden können: »Das wäre zu weit gegriffen. Bei unseren Patienten ist Heilung in den meisten Fällen nicht möglich. Die Störung wird zeit ihres Lebens bleiben. Das, was sie lernen können, ist, hier auf der Station, im Kontakt mit den Mitpatienten und uns, anders damit umzugehen.«

Klaus kehrt in unserem Gespräch immer wieder zur Beschreibung der konkreten Arbeit zurück, die er mit seinen Patienten macht. Und zwar mit allen. Die Taten, betont er noch einmal, bearbeiten sie mit den Ärzten und Psychologen. Das ist nicht seine

Aufgabe. Für seine Aufgabe wäre es nicht hilfreich, sich ständig vorzustellen, was dieser oder jener Mann gemacht hat. So kann er ihm nicht helfen, an das, was heil oder intakt in ihm ist, heranzukommen. Wenn er von jemandem weiß, er hat etwas getan, das er selbst zutiefst verabscheut, stützt er sich auf die professionelle Haltung: »Eine professionelle Haltung heißt, dass ich in keinster Weise versuchen werde, ihn darauf zurückzuwerfen, was er alles getan hat. Sondern dass ich ihm erkläre: ›Das ist die Situation, die wir hier in der Beschäftigungstherapie haben, und die soll so und so gestaltet werden. Von Ihnen verlange ich, dass Sie sich so und so verhalten. Und von mir können Sie das und das verlangen.‹ Dann ist das praktisch wie ein abgestecktes Terrain, und dann kann man gucken, wie kommt man miteinander aus. Das ist in einer gewissen Form auch eine respektvolle Haltung. Aber vorwiegend eine professionelle, also eine Art Vorstufe.«

In seinen Arbeitsgruppen, erzählt Klaus, sind die Teilnehmer bunt gemischt, sie werden nicht nach Delikt eingeteilt. Sie wissen voneinander nicht, was sie verbrochen haben, und Klaus machte keine Unterschiede zwischen ihnen. Sie sind hier, um etwas zu lernen, um ihre oft sehr begrenzten Fähigkeiten zu erweitern und ihre positiven Anteile auszubauen. Wie alle Therapeutinnen und Therapeuten, die erfolgreich mit schwierigen Patienten arbeiten, weiß auch Klaus: Wenn man sich autoritär und respektlos verhält, nur mit Sanktionen droht und den anderen nicht ernst nimmt, kommt man keinen Schritt weiter. Gerade die problematischsten Menschen kann man nur mit Respekt erreichen: »Die Patienten haben ganz feine Antennen für so was, die kriegen das direkt mit und reagieren direkt darauf.« Sie bekommen zum Beispiel mit, dass Klaus seine Machtposition nicht missbraucht, sie zu nichts zwingt und zulässt, dass sie ihre Meinung äußern. »Dann ist für sie direkt klar, dass sie respektvoll behandelt werden. Und dann kann ich das auch umgekehrt von ihnen einfordern und sagen: ›So, ich gehe mit Ihnen respektvoll um, also haben Sie das mit mir auch zu machen.‹«

Ganz konkret, erzählt er weiter, sieht Respekt in seiner Arbeit mit den Patienten so aus: »Ich gehe zum Beispiel nicht hin und verlange von einem Patienten, dass er ein Werkstück herstellen soll, das seine ganzen Fähigkeiten komplett überfordern würde. Sondern ich staffele das so, dass er in der Lage ist, am Schluss irgendein Endprodukt da stehen zu haben, auf das er stolz sein kann, wo er sieht, ich habe was geschafft. Ich würde also nie irgendwas verlangen, wo ich von vornherein weiß, das ist zum Scheitern verurteilt.« Auf diese Art zeigt Klaus nicht nur dem Patienten, dass er ihn respektiert, sondern er verschafft sich auch selbst Respekt. Würden die Patienten ihn nicht respektieren, meint er, könnte er seine Arbeit gleich aufgeben. Um Respekt zu erreichen, gibt er einfache Regeln aus: »Das Setting darf nicht kompliziert sein, sondern der Patient muss erst mal die Grundregeln einhalten: Ich komme pünktlich, ich mache meine Sachen, ich fange nicht an zu diskutieren. Das ist die Abmachung. Das ist erst mal ein enger Rahmen, den man aber, wenn es funktioniert, immer ein bisschen weiter stecken kann. Schritt für Schritt. Ich muss bloß eine gewisse Sturheit an den Tag legen, das einzufordern.«

Respekt bedeutet im Zusammenhang von Klaus' Arbeit nicht Augenhöhe: »Zumindest nicht in dem Sinne, dass wir auf derselben Stufe stehen, denn sie sind die Patienten, und ich bin der Therapeut. Aber wenn sie zu mir in die Therapie kommen, dann gibt es da ... ja, wie soll man das sagen?« Er sucht nach einem passenden Ausdruck für das Besondere, das die Arbeits- und Beschäftigungstherapie mit den Patienten ausmacht: »Das ist praktisch ein eigener Raum auf der Station, wo sie mit mir gemeinsam Dinge erarbeiten können, die ihnen helfen, weiterzukommen. Und wenn sie das verstanden haben, dann haben wir zwar immer noch nicht die gleiche Augenhöhe, aber es ist eine Beziehung entstanden zwischen mir als dem Therapeuten, der ihnen hilft, und ihnen als denjenigen, die Hilfe anzunehmen lernen. Was sie vielleicht in ihrem Leben vorher nicht hatten.«

Ein wichtiger Aspekt dabei, fährt Klaus fort, »ist, dass sie keine Angst haben müssen, das Gesicht zu verlieren oder sich als blöd zu outen, wenn sie etwas nicht kapieren. Es ist egal, wie oft ich einem etwas erklären muss, bis er es begriffen hat, und wenn ich das hundert Mal machen muss oder tausend Mal, egal. Er wird deswegen nicht von mir klein gemacht nach dem Motto: ›Meine Güte, was bist du blöd!‹ Sondern ich überlege mir notfalls etwas anderes.« Verweigert der Patient den Respekt oder die Mitarbeit, hat das Folgen für ihn, und das ist allen bekannt: »Wenn jemand in eine Wohngruppe verlegt werden möchte, muss er wenigstens dieses Minimalprogramm mitmachen. Weil die Anforderungen nachher in der Wohngruppe immens viel höher sind. Und wenn er bei uns nicht anfängt, das irgendwie zu trainieren, wird er auch in der Wohngruppe scheitern.« Es gibt auch Patienten, sagt Klaus, an die mit keinem Mittel heranzukommen ist, doch sie sind die Ausnahmen: »In der Regel klappt es.«

Dass es klappt, liegt vielleicht auch daran, dass Klaus sich, im Gegensatz zu manchen Ärzten und Psychologen, vor seinen Patienten nicht fürchtet. Nach achtzehn Jahren auf der Forensik, meint er lachend, hat man keine Angst mehr. Aufgrund seiner langen Berufserfahrung hat er »ein gewisses Gespür, ab wann eine Situation brenzlig wird«, und er hat auch »ein Repertoire dafür entwickelt, wie ich aus so einer Situation herauskomme«. Es sind oft Kleinigkeiten, an denen Klaus merkt, dass etwas im Busch ist: »Wie reicht mir ein Patient zum Beispiel das Werkzeug zurück? Er kann einen Stechbeitel so zurückreichen, dass er mir entweder den Holzgriff entgegenhält, oder aber die Klinge. Und dann muss ich dem nur in die Augen gucken, und er weiß Bescheid. Wichtig ist, dass man das sofort kommuniziert.« Klaus sagt einem Patienten dann möglicherweise auf den Kopf zu: »›Sie wünschen mir jetzt die Pest an den Hals. Ich denke, für heute belassen wir es erst mal. Wenn Sie sich beruhigt haben, können Sie wiederkommen.‹ Dann geht er aus der Situation raus, und sie ist nicht eskaliert. Oder ich sage nur: ›Ich habe den Eindruck, Sie haben momentan einen dicken Hals. Warum?‹ Und der Patient merkt: Ich nehme ihn ernst. Ich gehe nicht einfach über das, was grade mit ihm passiert hinweg. Und das ist auch eine Art von Respekt.«

# Hilfe zur Selbsthilfe

Als ich gestern Abend nach Hause ging, lief mir Norbert über den Weg, der obdachlose Junkie, der vor dem Supermarkt, in dem wir einkaufen, bettelt. Er winkte kurz und hastete weiter. Wenn er in der Notschlafstelle nicht rechtzeitig auftaucht, muss er draußen schlafen. Und da es an diesem Abend wie aus Kübeln schüttete, beeilte er sich lieber. Neulich erzählte er mir: Seine Sozialarbeiterin bemüht sich, ihm eine Wohnung zu beschaffen. Er klang ein bisschen so, als hätte er Hoffnung, dass es ihr gelingt. Obwohl er weiß, dass das äußerst schwierig ist. Vor dieser Sozialarbeiterin, sagte er mir, hat er Respekt. Als ich ihn fragte, warum, dachte er lange nach. Und meinte schließlich: »Die ist freundlich. Die hört zu. Die kümmert sich.«

Genau das hätte er über einige meiner Freundinnen und Freunde und auch über meinen Mann sagen können, denn sie alle sind Sozialarbeiter.[10] Mein Respekt vor den Angehörigen dieser »Spezies« ist in den letzten fast zwanzig Jahren unentwegt gestiegen. Nicht vor allen natürlich. Aber vor vielen. Und in jedem Fall vor denen, die ich persönlich kenne. Ich kenne auch viele Menschen, die drogenabhängig sind oder waren, und Menschen, die von Hartz IV leben mussten oder immer noch leben müssen. Und auch mit einigen von ihnen bin ich befreundet. Und da es vorkommt, dass eine meiner Freundinnen die Klientin einer anderen Freundin, eines Freundes oder meines Mannes ist, kenne ich auch

---

10 Die meisten von ihnen sind Sozialpädagoginnen und Sozialpädagogen mit einem Uni- oder Fachhochschulabschluss, und einige haben zusätzlich eine Therapie-Ausbildung. Ich verwende hier aber für alle den Begriff Sozialarbeiterin, Sozialarbeiter, da er den Inhalt dessen beschreibt, worum es hier geht: Sozialarbeit.

das Respekt-Verhältnis zwischen beiden Seiten aus eigener Anschauung.

Alle Sozialarbeiterinnen und Sozialarbeiter, die ich für dieses Buch zum Thema Respekt in der Arbeit mit Arbeitslosen, Obdachlosen, Drogenabhängigen, aber auch mit Flüchtlingen befragte, erklärten übereinstimmend: »Respekt ist die Grundlage meiner Arbeit.« Bernd Mombauer, der heute Geschäftsführer des Kölner Arbeitslosen Zentrums ist, arbeitete zuvor viele Jahre lang als gesetzlicher Vormund: »Das heißt«, zählt er auf, »mit Demenzkranken, psychisch Kranken, aber auch mit Menschen in extremen sozialen Situationen. Und um zu diesen Menschen, bei allen Vorurteilen, die ich ja auch habe, einen Zugang zu bekommen, war ich zuallererst respektvoll und achtsam.« Zur respektvollen Annäherung an seine Klientinnen und Klienten gehört für ihn auch »ein kritisches Nachfragen, um besser verstehen zu können. Denn Pseudotoleranz ist etwas Schreckliches.«

Caritasdirektor Pfarrer Franz Decker verbindet Respekt gleichfalls mit dem Willen, zu verstehen. »In der Regel«, sagt er, »haben wir es ja mit Menschen zu tun, die um Hilfe bitten. Sie brauchen einen Rat oder Geld oder ganz praktische Hilfe. Ich versuche dann, zu verstehen, wer ist das, was braucht er? Denn es geht darum, ihm dabei zu helfen, dass er sich selber helfen kann. Und dann muss ich aufpassen, dass ich ihm nicht meine Vorstellung, wie ein Mensch zu sein hat, überstülpe. Das ist Respekt.« Gert Levy, der seit dreißig Jahren mit Obdachlosen, Alkohol- und Heroinabhängigen arbeitet, sagt: »Die Qualität meiner Arbeit basiert auf dem Respekt, den ich vor meinen Klientinnen und Klienten habe.« Und für die Flüchtlingsberaterin und Leiterin des Migrationsdienstes der Diakonie Köln, Martina Domke ist Respekt »mein Kommunikationsmodell«.

Martina arbeitet seit Jahrzehnten mit Flüchtlingen: mit Asylbewerberinnen und Asylbewerbern ebenso wie mit Illegalen. Ihre Aufgabe sieht sie darin, »zu erklären, zu unterstützen, zu vermitteln – aber nicht, zu entscheiden«. Die Menschen, fügt sie erklärend hinzu, »müssen selbst entscheiden, welchen Weg sie gehen, welche Lösung sie bevorzugen«. Sie stellt ihnen ihr Wissen und ihre Kompetenz zur Verfügung und versucht, ihnen verständlich zu machen, was nicht geht, was geht und wie es geht. Und das funktioniert fast immer, meint sie: »Die Leute hören wirklich zu und fragen nach, sie spüren, dass wir unser Bestes tun, sie spüren unsere Haltung.« Sie überlegt einen Moment und sagt dann: »Ich glaube, man kann nicht nur Angst riechen, sondern auch Respekt.«

Die Menschen, die in die Flüchtlingsberatung kommen, haben Angst, und das meist zu Recht. Manchmal haben sie auch Angst, dass die Beraterinnen den Ernst ihrer Lage und ihre Verzweiflung nicht begreifen. Und dann kann es vorkommen, dass sie versuchen, Druck zu machen. Martina muss ihnen dann vermitteln, dass sie auf diese Art nichts erreichen. Aber, betont sie, auch mit einer solchen Situation kann man respektvoll umgehen: »Eine ältere Frau behauptete immer wieder, sie wolle aus dem Fenster springen, weil alles so schrecklich ist. Ich habe ihr gesagt, dass wir immer tun, was wir können, und dass sie mit der Suiziddrohung nur noch mehr Stress macht und Abwehr hervorruft. Danach war eine normale und respektvolle Kommunikation möglich.«

Martinas Respekt im Umgang mit den Flüchtlingen besteht in »Ruhe, erklären, widersprechen, noch mal erklären, lächeln und nicht vergessen, wie kompliziert oft ihre Situation ist – zwischen Deutschland und dem Herkunftsland, zwischen der Familie und dem eigenem Leben. Und dass zu dieser Situation Lügen, Halbwahrheiten und das Verschweigen bestimmter Fakten untrennbar dazugehören.« Es gibt jedoch auch Grenzen, fügt sie hinzu: »Wenn zum Beispiel Männer in die Beratung kommen, die durch und durch sexistisch denken und eine weibliche Beraterin nicht akzeptieren.« Ein wirkliches Problem, meint sie lächelnd, stellen aber auch solche Klienten nicht dar, denn »die kommen nach dem ersten Gespräch nie wieder«.

Und sie sind die Ausnahmen. Mit der großen Mehrheit ihrer Klientinnen und Klienten hat Martina Domke ein ganz anderes Problem: »Sie machen mir gerne Geschenke, wenn wir erfolgreich waren. Und das führt dann zu einem Eiertanz, ich muss ganz genau abwägen, nehme ich sie an oder nicht.« Sie weiß: »Für die Klienten ist das oft der einzige Weg, ihre Dankbarkeit zu zeigen, und es wäre respektlos, das Geschenk zurückzuweisen.« Doch abgesehen davon, dass es ihr offiziell verboten ist, Geschenke anzunehmen, bereitet ihr eine bestimmte Form von Dankbarkeit grundsätzlich Unbehagen: »Ich mache ja nur meine Arbeit. Die Leute haben ein Recht auf Beratung und Unterstützung.« Wenn Klienten ihr dann »im Übermaß« dankbar sind, geht für Martina die Augenhöhe verloren – und damit das Gleichgewicht im gegenseitig Respekt. Trotzdem stehen in ihrem Arbeitszimmer ein paar kleine Statuen und andere kunsthandwerkliche Gegenstände, die dankbare Flüchtlinge ihr schenkten – und die sie angenommen hat. Sie nimmt eine geschnitzte Holzschale vom Regal und zeigt sie mir. »Über die habe ich mich sehr gefreut«, sagt sie, »die Frau, die sie mir geschenkt hat, war eine von den ganz Fitten. Mit der konnte ich auch viel lachen.« Sie stellt die Schale wieder zurück und meint nachdenklich: »Ein respektvoller Umgang macht Freude.«

»Ein respektvoller Umgang« ist eine sehr differenzierte Angelegenheit. Nicht nur in der Sozialarbeit, aber hier noch einmal besonders, da die meisten Menschen, um die es hier geht, nicht daran gewöhnt sind, respektiert zu werden. Sie rechnen erst einmal mit der gewohnten Verachtung, Maßregelung und Respektlosigkeit. Sie rechnen auch damit, in einen Topf geworfen zu werden mit allen, die »am Rande der Gesellschaft« leben. Doch ein »Berber«, der sich bewusst dafür entschiedene hat, auf der Straße zu leben, hat andere Erfahrungen und Bedürfnisse als eine psychisch kranke Frau, die unfreiwillig auf der Straße gelandet ist. Ein dreißigjähriger Heroinabhängiger, der in einer Wohnung lebt und am Methadon-Programm teilnimmt in der Hoffnung, dadurch ganz von den Drogen wegzukommen, hat andere Erfahrungen und Bedürfnisse als eine obdachlose Dreizehnjährige, die sich mit allem betäubt, was ihr zwischen die Finger gerät und gerade ihren ersten Freier »gemacht« hat.

Es gibt Grundregeln des respektvollen Umgangs mit Klientinnen und Klienten, an die sich alle Sozialarbeiterinnen und Sozialarbeiter, mit denen ich sprach, halten. Bernd Mombauer zählt sie auf: »Ich bin schlicht und einfach höflich, ich begrüße die Leute, ich stelle mich vor, biete einen Sitzplatz an, höre zu ohne zu unterbrechen, all das wird sonst nicht erlebt.« Und, fügt er hinzu, er siezt seine Klientinnen und Klienten grundsätzlich immer. Bernd berät erwachsene Arbeitslose, ein »Du« wäre extrem respektlos. Auch Martina Domke siezt natürlich die Flüchtlinge, die sie berät, und Gert Levy siezt erst einmal seine Substitutions-Klientinnen und -Klienten. Martin Dörlamm dagegen, der im Frankfurter Bahnhofsviertel mit Junkies und »Crackern[11]« arbeitet, siezt manche der erwachsenen Klientinnen und Klienten bei der ersten Begegnung, im Allgemeinen aber duzt »man« sich auf der »Szene«. Dasselbe gilt für den Straßenstrich und damit auch für Angelika Wiedenau und ihre Kolleginnen, die hier Streetwork machen. Während Angelikas Kolleginnen, die mit psychisch kranken obdachlosen Frauen arbeiten, ihre Klientinnen grundsätzlich siezen, bis es vielleicht zu einem vertraulichen gegenseitigen »Du« kommt.

Diese unterschiedliche Handhabung des »Du« und des »Sie« hängt nicht nur mit dem Alter und dem Anliegen der Klienten zusammen, sondern auch mit der Art und dem Ort der Arbeit: Im »hochschwelligen« Bereich wird grundsätzlich erst einmal gesiezt, das heißt da, wo man davon ausgeht, dass es für den betreffenden Menschen einen Ausstieg aus seiner Situation und eine neue Lebensperspektive geben kann und man gezielt mit ihm zusammen darauf hinarbeitet. Im »niedrigschwelligen« Bereich wird (manchmal nach einem »Sie« im Erstkontakt) meistens geduzt. Hier findet die Arbeit nicht im Büro des Sozialarbeiters statt oder in bei einem Hausbesuch, sondern auf der Straße, auf der Szene, im Milieu, in einem Ambiente also, in dem alle sich duzen und im dem ein »Sie« nicht nur Zurückweisung und Distanzierung signalisieren würde, sondern auch eine mangelnde Vertrautheit mit dem Arbeitsplatz.

Dennoch: Es gibt keine festen Regeln. Es muss immer darauf geachtet werden: Was ist das für ein Mensch? Würde ihn ein »Sie« kränken oder würde er vielleicht ein »Du« als respektlos empfin-

---

11 Crack ist Kokain, das mit Ammoniak zu weißen Kristallen aufgekocht wird, deren Wirkung heftiger ist als die jeder anderen Droge auf dem Markt.

den? Gert Levy trägt Klientinnen und Klienten, mit denen er schon lange arbeitet, das »Du« an. Während die Streetworkerinnen auf dem Straßenstrich eine ältere Prostituierte durchaus respektvoll Siezen können. Entscheidend ist, dass das »Du« immer im beidseitigen Einverständnis gewählt und gegenseitig ist. Kein Sozialarbeiter und keine Sozialarbeiterin, die ihre (erwachsenen) Klientinnen und Klienten respektieren, würden sie duzen, während sie selbst sich von ihnen siezen lassen.

»Wenn mich ein Polizist duzt, einfach nur, weil ich ein Junkie bin, dann ist das respektlos«, sagte mir Regine, eine Freundin, die auf dem Kölner Drogenstrich anschaffte und vor vier Jahren an einer Überdosis starb. »Aber mit der Moni duze ich mich, ganz klar.« Moni ist eine andere Freundin, die als Sozialarbeiterin im Team des SKF, des Sozialdienstes Katholischer Frauen auf dem Drogenstrich arbeitet. »Ich duze mich mit allen von denen«, fuhr Regine fort, »und ich hab selten einen Respekt erlebt wie von denen.« Als Regine starb, stellten die Sozialarbeiterinnen in dem Container, den sie den Frauen auf dem Strich als Zufluchts-, Ruhe- und Beratungsraum zur Verfügung stellen, wochenlang ein Foto von Regine auf und entzündeten jeden Tag eine Kerze davor. Der respektvolle und herzliche Ton, der auf der Geestemünder Straße, dem legalen Kölner Drogenstrich, zwischen den Sozialarbeiterinnen des SKF und den Frauen, die dort anschaffen, herrscht, fiel mir mit als Erstes auf, als ich vor Jahren anfing, für mein Buch über heroinabhängige Prostituierte zu recherchieren. Und meine Hochachtung vor den »SKFlerinnen«, genauer gesagt: den Frauen im Team von Angelika Wiedenau, nahm im Laufe der Zeit immer noch weiter zu.

Angelika Wiedenau ist Diplom-Sozialarbeiterin, 46 Jahre alt und Fachbereichsleiterin der niedrigschwelligen Hilfen im Sozialdienst Katholischer Frauen in Köln. Sie ist unter anderem auch verantwortlich für das Projekt »Respekt«, das für die Arbeit mit psychisch kranken und obdachlosen Frauen geschaffen wurde: »Man sieht ja schon mal, in einem Park zum Beispiel, Frauen, die da sitzen, ein bisschen komisch gekleidet sind, ein, zwei Plastiktüten dabei haben und einen sehr orientierungslosen, verwirrten

Eindruck machen.« Das Projekt »Respekt«, fährt Angelika fort, »hat die Aufgabe, diese Menschen ans Hilfesystem heranzuführen«. Angelika Wiedenaus Kolleginnen, die bei »Respekt« arbeiten, suchen die Frauen im ganz wörtlichen Sinne auf. Sie gehen an den Ort, an dem die betreffende Frau sich aufhält, setzen sich zu ihr auf die Bank und sprechen sie an. Das ist allerdings leichter gesagt als getan. »Das sind Menschen«, erzählt Angelika, »die aufgrund ihrer psychischen Erkrankung obdachlos sind, die schon ganz viel erlebt haben und deshalb auch sehr misstrauisch sind. Sie haben Angst, sind aggressiv, lehnen den Kontakt erst mal ab. Das kann am Anfang so sein, dass man sich zu denen auf die Bank setzt und die sagen: ›Bleib mir weg!‹«

Der Auftrag ihrer Mitarbeiterin besteht dann darin, »am nächsten Tag wiederzukommen und immer, immer wiederzukommen. Im Grunde machen wir das durch Zähigkeit. Und eben mit ganz viel Respekt. Wir signalisieren: ›Sie sind uns wichtig. Wir möchten Ihnen gerne etwas anbieten.‹ Und bei den meisten Frauen ist das so, dass die irgendwann sagen: ›Okay, wat willste denn?‹ Und dann stellen sie fest, dass wir nichts von ihnen wollen im Sinne von: ›Wir wollen, dass Sie sich ändern‹. Sondern dass wir erst mal sagen: ›Wir denken, es geht Ihnen nicht gut. Wir kriegen mit, Sie sind krank. Sollen wir mal gucken, ob wir da was für Sie tun können?‹« Man muss mit »so kleineren Sachen anfangen«, erklärt Angelika, »die die Frauen zulassen können, und dann ist es oftmals so, dass sie es tatsächlich zulassen.«

Haben sie das Vertrauen einer Frau gewonnen, überlegen Angelika Wiedenau und ihre Kolleginnen mit ihr gemeinsam, ob es eine bessere Lebensmöglichkeit für sie geben könnte, als die Parkbank: »Wir bieten ihr zum Beispiel an, dass sie ein Zimmer, das sie beziehen könnte, erst mal nur für eine Stunde nutzt. Oder wir zeigen ihr das Zimmer nur und sagen: ›Sie müssen da nicht hingehen. Aber hier haben Sie den Schlüssel.‹ Also wir versuchen, den Menschen ohne Zwang zu vermitteln: ›Das ist unser Angebot, das kannst du nutzen.‹ Wir versuchen, der Frau etwas anzubieten, von dem sie sich vorstellen kann, dass es auch etwas Dauerhaftes sein könnte. Dafür muss man sehr sensibel sein und ein Gespür dafür haben, dass man die Grenze dieser Frau nicht überschreitet. Und das, glaube ich, ist es, was Respekt ausmacht: Das Erspüren, was ist für die Menschen wichtig?«

Ein gehöriges Maß an Sensibilität brauchen auch Bernd Mombauer, einer der beiden Geschäftsführer des Kölner Arbeitslosen Zentrums KALZ, und seine Kolleginnen und Kollegen. In seiner Arbeit, sagt Bernd, bedeutet Respekt nicht zuletzt: »Dass ich in einem verträglichem Maße aufrecht und ehrlich bin. Wir haben Leute hier, die haben schon unzählige Bewerbungen abgeschickt, aber sie sind über Fünfzig und überqualifiziert, und so wie der Arbeitsmarkt aussieht, haben sie kaum Chancen, eine passende oder überhaupt eine Stelle zu finden. Wenn ich ihnen das offen sage, fühlen sie sich mehr ernst genommen, als wenn ich ihnen einen vom Pferd erzähle. Und erst dann kann ich mit dem Betreffenden realistische Perspektiven entwickeln.« Er muss allerdings, fügt er hinzu, »auch hier sehr achtsam sein. Wenn jemand total deprimiert ist und seine schwierige Situation selbst nicht zum Thema macht, weil er das vielleicht in dem Moment nicht erträgt, dann tue ich es natürlich auch nicht.«

Das Kölner Arbeitslosen Zentrum ist vor ein paar Jahren umgezogen – aus der »Schmuddelecke« in große, helle, freundlich gestaltete Räume mit neuen statt Sperrmüll-Möbeln und gerahmten Fotos an den Wänden. Als ich Bernd darauf anspreche, wie schön ich das neue KALZ finde, erzählt er mir lachend, einige der Mitarbeiter hatten befürchtet, die Klientinnen und Klienten könnten sich hier fremd fühlen. Doch das genaue Gegenteil traf ein: Sie nahmen die Räume sehr zufrieden an, denn »gerade das Schöne und Helle, die ganze Ausstattung hier ist ein Zeichen dafür, dass wir sie respektieren. Dass wir sie einer solchen Umgebung für würdig erachten.«

Zum KALZ gehört auch das Gulliver, die »Überlebensstation« in der Nähe des Kölner Hauptbahnhofs. Im Gegensatz zum KALZ ist die Umgebung des Gulliver trist, düster und schmutzig. Doch sobald man das Gebäude betritt, sieht es ganz anders aus. Im Parterre befindet sich der Sanitärbereich, mit Toiletten, Duschen und Waschmaschinen, in der ersten Etage liegen der Aufenthaltsraum, die Büros und andere Räume. Hier herrscht ein ähnlicher Anspruch wie im KALZ: »Respekt«, sagt der Sozialpädagoge Sebastian Ebert, »wird im Gulliver sehr hochgehalten.« Dazu gehört, dass die Besucher Gäste genannt werden und »einen kleinen Obolus« für Getränke und Essen entrichten: »Es gibt in Köln viele Armenspeisungen, aber die Leute nehmen unser Angebot gerne an.« Für das Selbstwertgefühl ist es etwas anderes, ob man als »Notleidender« eine Gratismahlzeit erhält, oder ob man als Gast für sein Essen bezahlt. Und wenn es nur ein paar Cent sind. Die »voll Abgestürzten«, sagt Sebastian Ebert, kommen allerdings kaum hierher. Das Publikum des Gulliver besteht vor allem aus »Berbern«, erfahrenen und gestandenen Obdachlosen, dazu kommen Punks, Leute aus ehemals besetzten Häusern, die nun kein Dach mehr über dem Kopf haben, und allerdings mittlerweile auch immer mehr psychisch Kranke.

Gäste des Gulliver können zu Mitarbeitern werden, sagt Sebastian Ebert, auch das gehört zum Konzept des Hauses: »Das trägt zu ihrem Selbstrespekt bei. Sie sehen, dass es wichtig ist, was sie hier tun, sie tragen Verantwortung.« Und sie lernen, mit den Gästen respektvoll umzugehen, sprich: »Sie zu grüßen und zu fragen, ob sie gesiezt oder geduzt werden möchten, ihnen zu erklären, warum etwas verboten ist, und sie, wenn sie gegen das Verbot handeln, freundlich zu ermahnen und nicht anzubrüllen.« Als Grundregel, sagt Sebastian Ebert, gilt im Gulliver: »Dass wir die Lebenslagen der Leute respektieren und auch akzeptieren, dass es vielleicht Menschen gibt, die nicht unbedingt darauf aus sind, eine Wohnung zu bekommen. Dass es verschiedene Vorstellungen von Leben gibt und verschiedene Lebensziele. Nicht jeder will ein Haus bauen und einen Baum pflanzen.«

Das wollen auch die Jungen und Mädchen nicht, die ein paar Meter vom Gulliver entfernt vor dem bunt bemalten B.O.J.E.-Bus stehen und darauf warten, dass er für sie aufgeschlossen wird. Zumindest wollen sie es jetzt noch nicht. Jetzt wollen sie sich ins Warme setzen können und etwas zu essen und zu trinken bekommen. Und vielleicht einen Anorak und ein Paar Wollhandschuhe, denn es ist unerwartet kalt geworden. Claudia Nobis ist die Geschäftsführerin des Vereins »Auf Achse«, der B.O.J.E., den Beratungsbus für obdachlose Jugendliche und junge Erwachsene betreibt. Auch für sie bedeutet Respekt im Umgang mit ihrer Klientel: »Nicht alles wissen wollen, nicht nachbohren, erst mal die Leute so sein lassen, wie sie sind. Akzeptieren, dass man vielleicht nicht helfen oder nichts an der Situation dieses Menschen ändern kann.«

Das fällt ihr nicht immer leicht, denn bei einem Drittel der Besucherinnen und Besucher des B.O.J.E.-Busses handelt es sich um minderjährige Mädchen und Jungen. Die Kids, die den Bus aufsuchen, weil sie keinen Ort haben, an dem sie zu Hause sind, haben alle einen guten Grund, warum sie weggelaufen sind, sie haben es nicht getan, um ein Abenteuer zu erleben. Sie verbringen ihre Tage auf den Straßen rund um den Kölner Hauptbahnhof. Einige schaffen an, viele nehmen Drogen, viele wissen nicht, wo sie nachts schlafen können, aber alle kennen die Gesetze der Straße oder erlernen sie notgedrungen sehr rasch. Respekt vor sich und anderen lernen sie dabei nicht. Es sei denn, Respekt aus Angst vor denen, die stärker sind. In dem ehemaligen Linienbus, der zu einem Café umgebaut wurde, bekommen sie nicht nur etwas zu essen, Kondome und frische Nadeln, sondern, wenn sie das möchten, auch Beratung. Aber eben nur, wenn sie möchten. Hier wird niemandem etwas aufgedrängt. Dafür müssen die Regeln eingehalten werden: das Rauchverbot und das absolute Gewaltverbot.

Auf den Respekt, den ihnen die Sozialarbeiterinnen und Sozialarbeiter im Bus entgegenbringen, erzählt Claudia Nobis, reagieren die Jugendlichen manchmal auch »mit Überforderung und Abwehr. Nach dem Motto: ›Ich mache das Gute, das mir widerfährt, lieber kaputt, als dass es mir dann wieder jemand wegnimmt.‹ Oder auch: ›Einer, der jemand wie mich respektvoll behandelt, kann selber nichts wert sein, der muss selber schwach sein, ein Opfer.‹« Sie versuchen dann, das Kommando zu übernehmen und den betreffenden Sozialarbeiter oder die Sozialarbeiterin auszutricksen. »Sie suchen immer wieder die Konfrontation«, sagt Claudia Nobis. »Das ist ein langer Entwicklungsprozess. Man kann ihnen nur vermitteln: ›Du kannst dich aufführen, wie du willst, ich bleibe freundlich. Aber auch bestimmt.‹ Flippt man selber aus, führt das zu einer Gewaltspirale, und Gewalt sind die Kids gewöhnt, darin sind sie besser als wir Sozialarbeiter.«

Manchmal, fügt sie hinzu, »kommt man allerdings an seine Grenzen. Und die muss man dann eben auch respektieren. Wer in unserem Beruf seine Grenzen nicht erkennt und respektiert, ist bald ausgebrannt. Und wird dann nicht mehr respektiert.«

Claudia Nobis muss zu einer Teamsitzung, ich bleibe mit ihrer Kollegin Martina Schmitt zurück, die den Bus in ein paar Minuten öffnen wird. Draußen stehen schon die ersten und warten darauf, dass sie hereingelassen werden. In den Tisch, an dem ich mit Martina Schmitt sitze, hat ein Besucher geritzt: »Nati, ich liebe dich über alles in dieser Scheiß-Welt«. Martina kommt auf das Thema »Respekt heißt: den anderen sein lassen, wie er ist« zurück: »Ich lasse auch die Geschichten Geschichten sein. Sogar wenn sie ganz offensichtlich erfunden sind. Nur wenn sich einer zu sehr in seinem Film verfängt, versuche ich vielleicht, ihn wieder auf den Boden der Realität zurückzubringen. Und manchmal muss ich ein Gespräch ausklingen lassen. Sonst wird man völlig beschlagnahmt.«

Manchmal muss Martina Schmitt sich auch selbst Respekt verschaffen: »Dass ich eine Frau bin und das auch nicht verstecke, ist für manche von den Jungs ein Problem. Die wollen und brauchen dann eine klare Ansage. Sonst probieren sie ständig aus, wie weit sie gehen können.« Aber auch die »klare Ansage« ist für sie mit Respekt verbunden: »Wenn ich hinter der Theke stehe«, erzählt sie, »und einer sich voll danebenbenimmt, dann sage ich zum Beispiel: ›Ich hätte hier gerne einen vernünftigen Ton.‹ Und den bekomme ich dann auch meistens. Ich sage aber nicht so etwas wie ›Hat dir denn keiner beigebracht, wie man sich benimmt?‹ Also etwas, dass ihn herabwürdigen und seinen Selbstwert noch mehr verletzen würde.«

»Unsere Besucherinnen und Besucher,« sagt Martina Schmitt, während sie Obst aus einer Kiste holt und auf den Tresen stellt, »sind auf der Suche nach Respekt. Sie haben bisher keinen erlebt. Und deshalb wehren sie sich oft auch gegen das, was man ihnen an

Gutem tun will. Denn sie haben dann das Gefühl: ›Ich krieg schon wieder was aufgedrückt, ich werde nicht angehört! Immer wollen mir alle sagen, was ich tun soll.‹ Das müssen wir in unserer Arbeit immer präsent haben.«

Martin Dörrlamm würde ihr zustimmen. Er ist Sozialarbeiter im Frankfurter Bahnhofsviertel, Mitarbeiter von Walkman, einem Projekt für drogenabhängige Trebe-Kids, und Mitinitiator und Mitarbeiter des Crack-Street-Projekts. Martin arbeitet mit Menschen, die andere als Müll bezeichnen. Steffie, mit der ich seit mehreren Jahren befreundet bin, gehört dazu. Steffie ist 43, seit fast dreißig Jahren heroinabhängig und seit zehn Jahren »auf Crack«. Sie verfügt über eine klassische Grundbildung, spricht Englisch wie eine zweite Muttersprache, Spanisch perfekt und kann sich auf Portugiesisch fließend unterhalten. Sie liest von moralphilosophischen Abhandlungen bis zu Krimis alles, was ihr in die Finger gelangt, wenn sie mich um etwas bittet, dann meistes um ein Buch. Wenn's geht, ein englischsprachiges. Und sie macht sich manchmal einen Spaß daraus, Leute, die Junkies grundsätzlich für ungebildet halten, mit all diesen Fähigkeiten zu verblüffen. Doch dieser Spaß ist nicht wirklich komisch, denn Steffie hat aus ihrer großen Intelligenz und ihrer ungewöhnlichen Sprachbegabung nichts gemacht. Und das untergräbt zusehends ihren Selbstrespekt. Auch wenn sie weiß, dass sie nicht aus Lust und Laune »auf Droge gekommen« ist, sondern weil da ein großer Schmerz war, den sie betäuben musste.

Wenn ich mit Steffie über das Carré laufe, vorbei an den Banken, den Sexshops, den Billard-Clubs und Videoläden, beobachte ich manchmal, wie die Passanten auf sie und die anderen Junkies und »Cracker« reagieren: In diesem Viertel wohnt kaum jemand, hier trifft man auf Banker, die auf dem Weg zur oder von der Arbeit sind, auf Touristen, die sich auf dem Weg zum oder vom Bahnhof verlaufen haben, auf die Voyeure, die eigens zum Gucken kommen, auf die Freier und die Frauen, die anschaffen – und eben auf die Szene, zu der auch die Frauen auf dem Strich gehören. Die Banker sehen meistens routiniert weg. Die Touristen gucken erschrocken bis entsetzt und wenden dann schnell den Blick ab, oder sie starren voller Verachtung hin. Zum Viertel gehören aber auch die Frauen und Männer, die in den diversen Imbissbuden, den Kiosken und Läden, in der Apotheke und dem Fastfood-Restaurant im Bahnhof arbeiten. Und sie behandeln Steffie und Co mit einer Höflichkeit und Freundlichkeit, die mich jedes Mal wieder staunen lässt.

Natürlich trifft man zwischen Kaiserstraße und Niddastraße auch die Streetworker – Martin Dörrlamm und seine Kolleginnen und Kollegen. Was sie vorwiegend tun, nennt man im Fachjargon »harm reduction«. Sie versuchen, das schlimmste Leid zu lindern, die härtesten Stürze ein wenig abzufedern. Wenn die Klientinnen und Klienten es wünschen, helfen sie ihnen auch, eine Wohnung, einen Platz in der Entgiftung oder in einer Therapieeinrichtung zu bekommen und ein neues Leben zu beginnen. Doch ihr Alltag besteht weitgehend darin, ansprechbar zu sein, zuzuhören, mit den Leuten zusammen zu überlegen, was man in einer bestimmten Situation tun könnte, wie man ein akutes Problem lösen, eine Katastrophe auf ein erträgliches Maß reduzieren könnte, Vorschläge zu machen, wie akute Hilfe aussehen könnte, und die Klientin, den Klienten, wenn nötig, dabei zu begleiten. Zum Facharzt zum Beispiel oder ins Krankenhaus. Denn beim einen bekommen sie alleine keinen Termin und im anderen kein Bett. Niemand möchte diese »Elendsgestalten«, die sich oft auch nicht »sozial kompatibel« benehmen, im Wartezimmer sitzen oder auf der Station haben. Nur wenn eine Sozialarbeiterin oder ein Sozialarbeiter dabei ist, die oder der die Dringlichkeit einer Untersuchung oder Behandlung kompetent erklärt und Druck macht, besteht die Chance, dass etwas geschieht. (Auch hier gibt es Ausnahmen, bei den niedergelassenen wie den Klinikärzten und -ärztinnen, doch gemeinhin bestätigen diese Ausnahmen die Regel.)

Die meisten der Drogenabhängigen im Bahnhofsviertel leben auf der Straße. Oder in einem der berüchtigten »Junkiehäuser«, so wie Steffie jetzt gerade. So eine Wohnung ist okay, sagt sie, »solange du voll drauf bist und dir der Siff und der Krach und das Chaos und der Stoff, der hier immer rumfliegt, nichts ausmachen. So eine Wohnung ist besser, als auf der Straße zu schlafen oder in der Notunterkunft.« Sie hat sich die ihre »mit null Kohle« wohnlich gemacht: Schals als Vorhänge angebracht, Fotos aufgehängt und ein Regal für ihre Bücher gebaut. So eine Wohnung ist aber nicht mehr okay, wenn man, wie Steffie derzeit, vom Crack wegkommen will. Also sucht Martin eine andere Wohnung für sie.

Er weiß, genau wie Steffie selbst, dass der Plan für das neue Leben scheitern kann. Doch Steffie meint es gerade sehr ernst, und er nimmt sie ernst. Respekt ist für Martin Dörlamm noch mehr als für viele andere Sozialarbeiterinnen und Sozialarbeiter die unabdingbare Basis seiner Arbeit. Ich frage ihn: Wie drückt sich dein Respekt gegenüber den Klientinnen und Klienten aus? »Zuerst einmal«, antwortet er, »indem ich genau zuhöre. Es ist wichtig, die Lebenssituation der Leute zu kennen, zu wissen, woran Sachen scheitern können. Gleichzeitig muss ich mir der gesellschaftlichen Ausgrenzungsmechanismen bewusst sein und ihre konkreten Abläufe kennen und erkennen.«

Respekt, fährt er fort, »besteht ganz wesentlich auch darin, die Entscheidungen, die die Leute treffen, anzuerkennen. Das heißt, zu begreifen, dass und warum diese Entscheidungen unter den gegebenen Bedingungen für sie vernünftig und sinnvoll sein können.« Als Sozialarbeiter kann Martin den Menschen andere Möglichkeiten aufzeigen. »Dadurch«, sagt er, »werden die Entscheidungen, die sie vorher selbst getroffen haben, aber nicht falsch.« Sie entsprechen den Möglichkeiten, die sie von sich aus erkennen können und zur Verfügung haben. Die Alternativen, die Martin ihnen zum Beispiel im Umgang mit Ämtern und Behörden aufzeigt, waren ihnen vorher nicht zugänglich.

Hier beschreibt Martin Dörrlamm eine Haltung, die auch Richard Sennett in seinem Buch »Respekt in Zeiten der Ungleichheit« befürwortet: Obdachlose Jugendliche, schreibt er, sind voller berechtigtem Misstrauen »gegen Führung, Anleitung und Abhängigkeit«, sie müssen aber dennoch »dringend Ordnung in ihr Leben bringen, wenn sie überleben wollen«. Die Sozialbürokratie jedoch behandelt sie »nicht als Fachleute in eigener Sache, die einiges von Obdachlosigkeit verstehen«. Während zwei schwarze Polizisten, mit denen er durch das Viertel fuhr, ihn dadurch beeindruckten, »dass sie offenbar von den obdachlosen Jugendlichen lernten«.

»Ich respektiere nur Sozialarbeiter, die mich ernst nehmen«, sagt auch Steffie. »Mir braucht auch keiner zu erzählen, was ich falsch mache, das weiß ich selber.« Und sie weiß es tatsächlich. Sie erkennt auch gute Manieren, wo sie ihr begegnen, und weiß sie zu schätzen. Gute Manieren, sagt Martin Dörlamm, gehören für ihn mit zum Thema Respekt. Und »so ganz banale Sachen wie pünktlich zu Verabredungen erscheinen, auch wenn sie regelmäßig von Seiten der Klienten platzen«. Ganz so banal ist das nicht. Es hält auf und kann ganz schön nerven. Um darauf nicht gekränkt oder mit eigener Unzuverlässigkeit zu reagieren, bedarf es dessen, was Martin Dörlamm als den Grundrespekt bezeichnet: Das Wissen um die Lebensbedingungen der Menschen: »Dann ist eben auch klar, dass sie unter diesen Bedingungen Termine oft nicht oder nicht pünktlich wahrnehmen. Gleichzeitig sind sie aber auf Verlässlichkeit und Pünktlichkeit unsererseits ganz besonders dringend angewiesen.«

Respekt den Klientinnen und Klienten gegenüber heißt für Martin Dörrlamm auch, »nicht so zu tun, als ob, also eigene Grenzen anzuerkennen und einzugestehen«. Die Erwartungen der Klientinnen und Klienten übersteigen manchmal seine Spielräume und Handlungsmöglichkeiten, erzählt er. Dann bemüht er sich, seine Begrenzungen zu erklären und zu begründen: »Gerade auch wenn ich nicht ›einfach‹ mache, was sie wollen, ist das ein Zeichen von ernst nehmen. Ohne eine eigene Position einfach die Sicht der Klienten zu übernehmen, ist genauso respektlos wie die kritiklose Übernahme der Position der Verwaltung oder der Sozialen Träger.«

Vor ein paar Jahren veröffentlichte Martin Dörrlamm einen Fachartikel, in dem er die professionelle Distanz, eine nach gängiger Lehrmeinung für die helfenden Berufe unverzichtbare Haltung, infrage stellt. Stattdessen plädiert er für »professionelle Nähe – auf Distanz zum Status quo«. Es ist nicht die emphatische Nähe zu den Klienten, schreibt er, die die Helfer in den Burn-out treibt, sondern ihre Erwartung, die Klienten müssten auf die Angebote des Hilfesystems eingehen und sich auf bestimmte gesellschaftliche Regeln einlassen. Professionelle Nähe dagegen »setzt auf die Bedeutung der Beziehung zwischen Sozialarbeitern und Klienten für die Erreichung des professionellen Zieles« und ergreift Partei für die Klienten. Und das wiederum setzt voraus, »dass man in ihnen nicht nur Klienten sieht, sondern sie zugleich als autonome Personen respektiert«.

Als Gert Levy diesen Artikel seines Frankfurter Kollegen las, war er erfreut und erleichtert, dass der die Haltung benennt, die auch er seinen Klientinnen und Klienten entgegenbringt. Im Gegensatz zu Martin Dörrlamm arbeitet Gert vorwiegend »hochschwellig«, das heißt: Er bemüht sich darum, heroinabhängige Menschen, die kein Heroin mehr nehmen, sondern von einem Arzt ein Substitutionsmittel erhalten, auf dem Weg in ein drogenfreies Leben zu begleiten und zu unterstützen. »Ambulant betreutes Wohnen« heißt das in der Fachterminologie, da die Menschen in einer eigenen Wohnung leben, also weder in einer Einrichtung noch auf der Straße. Die ganz alltägliche Realität sieht jedoch etwas anders aus als die Arbeitsplatzbeschreibung. Gerts Klientinnen und Klienten haben, wie fast alle Substituierten, mehr oder weniger häufig »Beikonsum«, das heißt, sie nehmen zusätzlich zum Substitutionsmittel auch noch andere Drogen, von Heroin bis Alkohol. Ihr Wunsch, eine Ausbildung oder eine Arbeitsstelle zu bekommen, scheitert oft an ihrer Unfähigkeit, nach Jahren oder Jahrzehnten des Drogenkonsums mehrere Stunden am Stück zu »funktionieren«. Und anders als die Erfinder des Programms es sich ausdachten, werden die meisten auch nicht nach zwei oder maximal drei Jahren clean.

Das ändert nichts an dem Respekt, den Gert ihnen erweist. Denn dieser Respekt wird genährt von dem, was Martin Dörrlamm »professionelle Nähe« nennt. Auf meine Frage, warum er seine Klientinnen und Klienten respektiert, antwortet er spontan: »Weil sie alle eine lange Leidensgeschichte haben und trotzdem die Kraft zum Überleben gehabt haben. Und weil ohne diesen Respekt eine Begegnung mit ihnen nicht möglich ist.« Er denkt einen Moment nach und sagt dann: »Ich respektiere auch ihren Tiefpunkt, der sie dazu gebracht hat, zu mir zu kommen und um Hilfe zu rufen.« Die Klientinnen und Klienten zu respektieren heißt für ihn: »Ich höre ihnen zu und stelle ihnen Fragen. Ich gebe ihnen Antworten, die sie nachvollziehen können, und ertrage auch ihre Ungeduld in ihrem Leid. Und bleibe selbst geduldig.« Jenseits der »professionellen Distanz«, sagt Gert Levy, ist das Thema »Nähe und Distanz« in seiner Arbeit von großer Bedeutung. Denn eine distanzlose Beziehung zu den Klientinnen und Klienten wäre respektlos. Ihre Grenzen müssen ebenso respektiert werden wie die jedes anderen Menschen.

Gert definiert die Arbeit mit seinen Klientinnen und Klienten als Hilfe zur Selbsthilfe. Und damit als das Gegenteil von Bevormundung: »Bevormundung heißt: Man geht von vorneherein davon aus, dass der Klient es nicht alleine schafft. Hilfe zur Selbsthilfe bedeutet, dass ich die Klientinnen und Klienten motiviere, die eigenen Ressourcen zu mobilisieren. Ich helfe natürlich, und das ist auch nötig, aber ich gehe davon aus, dass sie es irgendwann alleine schaffen können. Respekt«, sagt er lachend, »kann dann auch so aussehen, »dass ich ihnen in den Hintern trete. Wenn ich die Menschen auf ihre eigenen Stärken anspreche und darauf, sie zu nutzen, reagieren sie oft sauer und aggressiv, denn das kostet viel Energie. Und die wollen sie nicht aufbringen, das ist ihnen zu anstrengend. Sie wollen lieber, dass ich alles für sie mache. Und wenn ich sage: ›Jetzt machen Sie mal selber!‹, empfinden sie das manchmal als respektlos. Sie denken dann, ich würde ihre Not und ihr Elend nicht respektieren. Das ist ein Drahtseilakt. Ich muss ihnen verständlich machen, dass es gerade andersrum ist, dass meine Aufforderung zur Eigeninitiative Ausdruck meines Respekts vor ihnen ist.«

Doch jede gelungene Eigeninitiative, jeder kleine Erfolg, so Gert, trägt dazu bei, den Selbstrespekt der Klientinnen und Klienten zu stärken, um den es oft sehr schlecht bestellt ist: »Junkies lügen häufig, lügen gehört zu ihrer Überlebensstrategie. Und dieser permanente Zwang, lügen zu müssen, trägt dazu bei, den Selbstrespekt noch mehr abzubauen oder verhindert seine Entfaltung. Man schämt sich tief innerlich für die Lügerei, auch wenn man sie pragmatisch gesehen hilfreich findet.«

Jeden Dienstagmorgen »macht« Gert mit seinen Klientinnen und Klienten »Gruppe«. Das heißt, sie setzen sich alle zusammen, sprechen über ihre akuten Themen und Probleme oder über ein Thema, das einige von ihnen gerade besonders bewegt. So eine Gruppe durfte ich zum Thema Respekt gestalten. Ich stellte erst einmal meine üblichen Fragen, und die Teilnehmerinnen und Teilnehmer der Gruppe antworteten mir darauf. Aber wirklich spannend wurde es, als ich fragte: »Was hat man noch an Selbstrespekt, wenn man seit vielen Jahren auf Droge ist? Und wann und warum geht er einem verloren?«

»Wenn man sieht, wie weit die Sucht einen treibt, wie weit man bereit ist zu gehen, dass man …«, sagt Dana und verstummt. »Das hängt von der inneren Grenze ab«, meldet sich Leonid zu Wort. Die Grenzen verschwinden aber nicht ganz, meint er: »Der Satz: ›Er hat es gemacht, weil er drogensüchtig ist‹, der ist falsch. Auch wenn man auf Turkey[12] ist, bleibt eine Grenze. Ich deale zum Beispiel nicht. Ich suche mir dann etwas anderes, das vielleicht auch kriminell ist oder schlecht, aber nicht für mich.« Georg schüttelt den Kopf: »Das stimmt so nicht. Die Toleranzgrenze verschiebt sich mit der Stärke der Abhängigkeit. Anfangs ist es vielleicht schlimm, wenn man der Mutter fünfzig Euro aus dem Portmonee nimmt und sie dann aber zurückgibt. Später gibt man sie nicht mehr zurück. Man sagt sich: erst gesund machen![13] Alleine der Spruch schon beinhaltet, dass die Toleranzgrenze sich verschiebt.« Leonid widerspricht: »Bestimmte Grenzen bleiben aber trotzdem. Sich zu prostituieren zum Beispiel.« Georg schüttelt erneut den Kopf. Er kennt genügend Frauen, sagt er, die anschaffen gehen, »weil sie müssen. Irgendwo muss die Kohle für den Stoff ja herkommen. Und die verletzten sich selber, aber keinen anderen«, fügt er hinzu und senkt den Blick. »Und

---

12 (Cold) Turkey: Der Heroin-Entzug beziehungsweise die körperlichen und psychischen Schmerzen, unter denen man leidet, wenn man Entzugserscheinungen hat.
13 Sich einen Schuss setzen und damit die Entzugserscheinungen beenden.

wenn man andere verletzt, da verliert man den Selbstrespekt ganz schnell.«

»Aber du hast doch auch niemanden verletzt, wenn du in eine leere Wohnung eingebrochen bist«, mische ich mich nun ein, »zumindest nicht körperlich.« – »Es kann immer etwas passieren«, antwortet Georg. »Du bist zum Beispiel in 'ner Wohnung zugange, und auf einmal kommt die alte Frau, die da wohnt, zurück. Und die erschreckt sich so, dass sie die Treppe runter fällt.« – »Ganz genau!«, ruft nun Kharim, »und so etwas verfolgt einen dann sein ganzes Leben lang.« – »Oder auch bei einem Banküberfall kann etwas passieren«, fährt Georg fort. »Wenn ich eine Waffe dabei habe, kann es passieren, dass ich sie benutze, auch wenn ich das gar nicht will. So etwas sollte man sich vorher überlegen.« – »Irgendwann setzt aber die Gleichgültigkeit ein«, sagt Dana nun, »auch gegenüber dem Selbstrespekt.« – »Aber die Scham bleibt«, wendet Georg ein. Und fügt hinzu: »Man kann sie natürlich durch den Stoff betäuben. Und dann wird das ein Teufelskreis.«

Ein paar Wochen später gehe ich auf eine ganz besondere Party: das Überraschungsfest für Christin, die gerade ihre Ausbildung erfolgreich abgeschlossen hat. Organisiert haben die Fete Christins Freundinnen aus dem Frauenforum, einer Gruppe »cleaner« Frauen, die sich regelmäßig treffen, und ein paar Freunde, die gleichfalls jahrelang drogenabhängig waren und nun ohne Drogen leben. Als ich ankomme, ist die Party schon im vollen Gange. Zusammen mit Ellen, die sie mit organisiert und mich eingeladen hat, hole ich mir eine Portion Wurstsalat. »Was ist das denn für ein Buch, das du grade schreibst?«, fragt mich die Frau, die neben uns steht. Ich sage ihr, dass es darin um Respekt geht. »Schreibst du dann auch was über Respekt vor Hartz-IV-Empfängern?« – »Ja, klar!«, antwortet Ellen an meiner Stelle, »und über Respekt vor cleanen Junkies!« Alle lachen. »Guck mal«, Ellen deutet auf ihre Freundinnen und Freunde, die sich in das kleine Wohnzimmer quetschen, »das sind Leute, vor denen habe ich Respekt. Die sind alle clean, und die stehen alle auf ihren eigenen Füßen.« – »Du auch«, erwidere ich. »Da kannst du auch vor dir selbst Respekt haben. » – »Ja«, meint sie mit einem kleinen Lachen, »stimmt eigentlich.«

# Selbstrespekt

Menschen, die sich selbst respektieren, respektieren ebenso andere und bekommen Respekt von anderen. Das ist nicht nur meine Erfahrung, davon berichten auch viele meiner Interviewpartnerinnen und Interviewpartner. Menschen jedoch, die über keinen oder nur sehr wenig Selbstrespekt verfügen, tun sich schwerer, andere zu respektieren. Und sie werden auch selbst nicht oder seltener und weniger respektiert. »Ich glaube, man kann nicht nur Angst riechen, sondern auch Respekt«, sagt Martina Domke. Und vermutlich kann man genauso »riechen«, das heißt atmosphärisch wahrnehmen, ob und in welchem Maße jemand sich selbst respektiert. Wenn aber jemand nie die Erfahrung gemacht hat, respektiert zu werden, wie kann so jemand für sich und für andere Respekt empfinden? Wenn ich mich klein, hilflos, bedürftig und wertlos fühle, oder wenn ich auch nur davon ausgehe, dass andere mehr wert sind als ich, – wie kann ich da anderen echten, das heißt angstfreien und authentischen Respekt entgegenbringen? Bedarf es also des Selbstrespekts, um Respekt für andere empfinden und ausdrücken zu können und in der Folge von anderen respektiert zu werden?

Diese Fragen begleiteten mich in der Arbeit an diesem Buch. Ich gab sie an meine Interviewpartnerinnen und -partner weiter, und es waren vor allem Frauen, die bereit waren, darüber nachzudenken und mir eine Antwort zu geben.

Mangelnder Selbstrespekt verhindert nicht unbedingt die Fähigkeit, Respekt zu empfinden, aber es ist dann eine ganz bestimmte Art von Respekt: die von unten nach oben. Solche, wie man selbst, also zum Beispiel andere Frauen, werden dann nicht respektiert, Männer dagegen, als Angehörige des vermeintlich höherwertigen Geschlechts aber sehr wohl. Oder: Jungen, die wie man selbst sensibel, verletzlich und eher sanft sind, werden nicht respektiert, dafür aber Jungen, die cool, hart, brutal und deshalb scheinbar überlegen sind. Das ist ein anerzogener beziehungsweise erlernter und dennoch tief empfundener Respekt beziehungsweise Nicht-Respekt. Doch ist dieser Respekt, auch wenn er als echt empfunden und erlebt wird, authentisch? Ich weiß es nicht. Er ist jedenfalls nicht der Respekt, den ich meine. Denn der wird nicht Überlegenen erwiesen, weil sie überlegen sind, und Unterlegenen verwehrt, weil sie unterlegen sind.

Der Mangel an Selbstrespekt kann bei Männern dazu führen, dass sie sich gewaltsam den Respekt von anderen verschaffen, dass sie andere misshandeln und missbrauchen. Oder dass sie, wenn sie über Macht verfügen, andere ausbeuten, ausgrenzen und demütigen. Bei Frauen führt der Mangel an Selbstrespekt meist dazu, dass sie völlig auf die Anerkennung durch andere, und vorzugsweise Männer, angewiesen sind. Marilyn zum Beispiel ist eine intelligente, sensible und hilfsbereite Frau. Sie wurde von ihrem Vater sexuell missbraucht, seit sie neun Jahre alt war. Die Mutter sah weg, es gab niemanden, an den das Mädchen sich hätte wenden können. Marylin lernte: »Ich bin ein Stück Scheiße.«

Sie betäubte den Schmerz mit Heroin, und als sie den Stoff mit Jobs nicht mehr finanzieren konnte, fing sie an, als Prostituierte zu arbeiten. Und stellte fest: »Das kann ich. Das mache ich gut.« Auf dem Strich holt sie sich ihr Selbstbewusstsein und ihren Selbstrespekt. Marilyn ist unter all den heroinabhängigen Frauen, die ich kenne, die einzige, die es nicht hasst, anschaffen zu müssen. »Meine Stammis«, also Stammfreier, sagt sie, »warten lieber stundenlang, wenn ich mal nicht da bin, als dass sie zu einer anderen gehen. Die schenken mir schöne Sachen zum Geburtstag, zu Weihnachten und manchmal sogar zu Ostern. Und die haben großen Respekt vor mir!« Die zweite Quelle, aus der Marilyn ihren Selbstrespekt nährt, ist ihre Hilfsbereitschaft. Sie hilft immer allen, auch auf die Gefahr hin, dass sie zu all dem nicht kommt, was sie für sich selbst tun könnte und sollte. Es gibt jedoch Momente, in denen sie sich zugesteht, dass ihr das alles zu viel ist. Und in denen sie sich nach einer anderen Quelle der Anerkennung sehnt, nach anderen Gründen, sich selbst zu respektieren.

Die Gefängnispfarrerin Eva Schaaf lernte eine junge Frau kennen, der es gelang, trotz widrigster Umstände Selbstrespekt in sich zu erzeugen: »Sie kam aus Lateinamerika«, berichtet Eva, »und sie erzählte mir, dass sie von ihrer Familie an ein Bordell in Holland verkauft worden war und schließlich auf dem Straßenstrich in Frankfurt landete. Weil sie es dort nicht mehr ertrug, flüchtete sie nach Köln. Dort wurde sie am Bahnhof kontrolliert und weil sie keine Papiere hatte, verhaftet und inhaftiert. Im Prozess wegen illegaler Prostitution sagte sie gegen ihren Zuhälter aus, und saß dann in Abschiebehaft. Diese Frau sagte zu mir: ›Ich bin dreiundzwanzig Jahre alt, und ich bin Müll, den man wegwirft. Aber Gott weiß, dass ich eine Würde habe. Und die kann mir niemand nehmen.‹« Sie ist nicht die Einzige, sagt Eva Schaaf, die im Glauben Selbstachtung fand: »Psychologisch gesehen bedingen sich Selbstrespekt und Respekt gegenseitig. Aber wir können das, was auf Erden sozusagen nicht ›drin ist‹, auf der spirituellen Ebene suchen, uns herbeisehnen und erhoffen. Dann können Religion beziehungsweise Spiritualität eine befreiende Wirkung haben.«

Die Selbsterzeugung des Selbstrespekts gelingt jedoch vermutlich nur wenigen. Und so stellt sich die Frage: Kann man bei Menschen, die über keinen verfügen, Selbstrespekt herstellen oder zumindest anregen, indem man ihnen bewusst respektvoll begegnet? Dorothee Plass, die mit lernbehinderten Kindern aus sozial schwachen Familien arbeitet, meint: »Auf jeden Fall. Nicht sofort, aber langfristig durchaus. Als Mensch angesprochen zu werden – darauf wartet jeder!«

Ellen, die wie Marilyn schon als Kind von ihrem Vater missbraucht wurde und in den Drogen Zuflucht suchte, zog ihren Selbstrespekt aus besonders raffinierten und erfolgreichen kriminellen Aktionen, die sie organisierte und durchführte. Seit sie clean ist, muss sie sich nicht nur eine neue Identität aufbauen, sondern auch eine neue Quelle für ihren Selbstrespekt suchen. Und das fällt ihr nicht leicht. Sie kann den Respekt, den andere ihr erweisen, oft nicht annehmen oder ihnen noch nicht einmal abnehmen. »Die übertreiben«, denkt sie dann, oder auch: »Die kennen mich nicht, die wissen nicht, wie ich wirklich bin.«

Sie ist aber dennoch davon überzeugt, dass der Respekt, den andere einem entgegenbringen, Selbstrespekt erzeugen kann. »Sogar bei dir?«, frage ich. »Sogar bei mir«, sagt sie lachend. »Wenn da irgendwo irgendwas in einem vergraben ist, auch wenn das ganz tief vergraben ist, dann kann das anspringen auf so 'ne respektvolle Haltung von jemand anderem. Da muss aber nicht einfach nur Respekt rüberkommen, sondern auch Zuneigung. Die muss man spüren können.« Sie denkt über das Gesagte einen Moment lang nach und nickt dann. »Anders gesagt«, schlage ich vor, »wenn es einen Samen gibt, kann man ihn auch gießen und zum Wachsen bringen? »Genau«, erwidert Ellen: »Wenn es mal irgendjemand gegeben hat, der einem Kind so einen Samen eingesetzt hat, das reicht schon. Das müssen ja nicht die Eltern gewesen ein, das kann jemand im Kindergarten gewesen sein, oder jemand aus der Verwandtschaft, das ist völlig egal.«

In Ellens Fall war es ihre Großmutter, die einen kleinen Samen Selbstrespekt in ihr einpflanzte. Bei anderen Kindern ist es eine Lehrerin oder ein Lehrer, bei Jugendlichen kann es ein Sozialarbeiter sein. Bei vielen meiner Freundinnen und Kollegen waren es die Eltern, die Samen des Selbstvertrauens und Selbstrespekts in ihnen anlegten, sie gossen, düngten und pflegten. Auch mir wurde dieses Privileg zuteil, und ich bin unendlich dankbar dafür. Wird ein solcher Samen aber nur gepflanzt und dann nicht oder nur wenig genährt, bleibt Selbstrespekt ein anfälliges Pflänzchen, das leicht verdorren kann. Ich bin jedoch überzeugt davon, dass eine Haltung des emphatischen Respekts – von Respekt plus Zuneigung, wie Ellen sagt – wie ein sanfter Regen und guter Dünger wirken und dieses Pflänzchen immer wieder zum Leben erwecken kann.

# Respekt ist machbar,
# Frau Nachbar!

Mein Insel-Hopping ist beendet. Ich habe nicht alle Inseln des umfassenden Archipels »Respekt« besucht, aber doch diejenigen, die mir am wichtigsten für das menschliche Zusammenleben erscheinen. Und nun? Was ist an Erkenntnissen herausgekommen beim Sammeln und Betrachten und Bedenken all dessen, was ich zum Thema Respekt gelesen, beobachtet und vor allem von anderen Menschen erfahren habe? Habe ich eine neue, habe ich *die* Definition für Respekt gefunden? Nein, denn eine endgültige Definition dieses komplexen Begriffs scheint mir weder machbar noch sinnvoll. Ich übernehme aber auch nicht Stephen L. Darwalls Einteilung in einen »appraisal« (vertikalen) und einen »recognition (horizontalen) respect«.

Ich erkenne drei Varianten von Respekt:

1. Den grundlegenden oder Basisrespekt, der grundsätzlich jedem Menschen gebührt, einfach nur, weil er ein Mensch ist. Das ist der Respekt, der internationalen und nationalen Gesetzen zugrunde liegt, die dem Menschen eine ihm angeborene Würde zugestehen und diese Menschenwürde für unantastbar erklären. Und zwar unabhängig davon, wie ein Mensch sich verhält und welche Verbrechen er möglicherweise begeht oder begangen hat. Dieser Respekt liegt auch den Religionen und vielen spirituellen Systemen zugrunde, die im Menschen ein Kind Gottes, das Göttliche oder das unzerstörbare Potenzial zur Erleuchtung sehen. In erweiterter Form schließt dieser Basisrespekt alle fühlenden Wesen und die Natur mit ein.
2. Den anerkennenden Respekt, der ein bestimmtes Verhalten oder auch eine Leistung anerkennt. Er ist die einfachste Respekt-Variante, denn er bezieht sich stets auf etwas, das wir als positiv wahrnehmen oder bewundern. Wir empfinden diesen Respekt

für Menschen, die unseren moralischen Vorstellungen entsprechen, die anderen gegenüber respektvoll, achtsam, offen, mitfühlend und hilfsbereit sind, und für Menschen, die eine besondere menschliche Leistung erbracht haben, sei es, dass sie jemandem das Leben gerettet, ein Hilfswerk aufgebaut oder sich auch »nur« am eigenen Schopf aus dem Sumpf gezogen haben. Anerkennender Respekt kann aber nicht nur einer moralischen Qualität und Handlung gezollt werden, sondern ebenso fachlicher Kompetenz, künstlerischem Talent, beruflichem Können, sportlicher Leistung und auch dem reinen Erfolg, wodurch auch immer er erlangt wird.

3. Den emphatischen Respekt, der von Mitgefühl motiviert und genährt wird. Er entsteht auf der Basis des grundlegenden Respekts und erweitert ihn. Und er stellt das Korrektiv zum anerkennenden Respekt dar. Der emphatische, also mitfühlende Respekt gilt zum Beispiel Menschen, die etwas tun, auf eine Weise leben oder sich verhalten, die man nicht versteht oder sogar ablehnt. Emphatischer Respekt fragt, warum ein Mensch sich so verhält, was ihn dazu bringt, welche Erfahrungen und welches Leid hinter einem Verhalten und einer Tat liegen. Dieser Respekt ermöglicht es uns, den betreffenden Menschen nicht mit seinem Verhalten oder seinem Handeln zu identifizieren und ihn über den Basisrespekt hinaus zu respektieren.

Im Gegensatz zum anerkennenden ist der grundlegende Respekt für viele Menschen nicht in allen Fällen nachvollziehbar. Ich fragte meine Interviewpartnerinnen und -partner: »Können Sie auch einen NS-Verbrecher respektieren, einen Folterer, einen Menschenhändler, einen Vergewaltiger, einen Mann, der Kinder sexuell missbraucht?« Und viele antworteten mir: »Nein, tut mir leid, das geht gar nicht. Nein, da ist bei mir die Grenze. Nein, beim besten Willen nicht!« Ich stellte die Frage auch mir selbst. Ich weitete sie aus auf Menschen, die anderen bewusst schaden, die Schwächere verachten, ausbeuten und misshandeln. Und ich fragte mich (unter anderem): Wie kann ich die Chemiker und Manager von Agrokonzernen respektieren, die wissentlich dazu beitragen, die Vergiftung dieser Erde und den Hunger in der Welt zu fördern? Wie kann ich Richter respektieren, die es für rechtens erklären, dass eine Hartz-IV-Empfängerin kein Geld für die Monatsfahrkarte bekommt, die sie braucht, um eine weiterführende Schule zu besuchen? Wie kann ich Chefs respektieren, die langjährigen Mitarbeiterinnen kündigen, weil sie sich ein paar übrig gebliebene Maultaschen oder eine Frikadelle vom Buffet nahmen? Wie kann ich einen Banker respektieren, der mitgeholfen hat, den gesamten Finanzmarkt in den Abgrund zu stürzen und sich dafür Millionen auszahlen lässt? Wie kann ich, ganz allgemein, jemanden respektieren, der oder die auf Kosten anderer ausschließlich den eigenen Gewinn, den eigenen Erfolg, die eigenen Interessen im Sinn hat?

Zelal, die in der Türkei politisch im Widerstand aktiv war, wurde nach ihrer Verhaftung wiederholt und schwer gefoltert. Als ich sie im Interview frage, vor wem sie keinen Respekt hat, antwortet sie: »Vor Menschen, die andere Menschen verachten. Die egoistisch sind und die Interessen anderer zugunsten ihrer eigenen Interessen nicht berücksichtigen.« Ihre Folterer erwähnt sie nicht. Also frage ich nach. »Ich habe das so gesehen«, sagt sie darauf: »Die haben die Aufgabe, mich zu foltern, um an Informationen zu kommen. Meine Aufgabe ist es, ihnen nicht zu geben, was sie erzwingen wollen.« Dennoch, wende ich ein, wurde sie von diesen Männern gequält. Und andere wurden gleichfalls von ihnen gefoltert. Verliert man da nicht jeglichen Respekt vor solchen Menschen?

Zelal wiegt bedächtig den Kopf. »Es gibt solche und solche«, sagt sie schließlich: »Wenn ich das Gefühl hatte, einer macht das aus eigener Überzeugung, der tut das gerne, der hat Spaß daran, dann hatte ich vor dem nicht den geringsten Respekt. Und habe auch heute noch keinen. Wenn ich aber das Gefühl hatte, der ist selbst Opfer, der ist so armselig, dass er es nicht wagt, diesen ›Job‹ abzulehnen, dann habe ich Mitleid empfunden. Ich habe ihm sehr gewünscht, aus dieser Situation herauszukommen. So ein Mensch ist selbst hilfsbedürftig.« Die Haltung, die Zelal diesen Folterern gegenüber einnimmt, geht über den grundlegenden Respekt hinaus, denn sie ist imstande, Mitgefühl für diese Menschen zu empfinden. Und selbst für die anderen bringt sie so viel an grundlegendem Respekt auf, dass sie ihnen das Leid, das sie ihr zufügten, nicht mit gleicher Münze heimzahlen würde.

Damit bestätigt Zelal – aus ihrer sehr direkten und schmerzhaften Erfahrung heraus – eine Schlussfolgerung, zu der ich in der Arbeit an diesem Buch gelangt bin: Der Basisrespekt gegenüber Menschen, deren Verhalten und Handlungen ich nicht ertragen und nicht akzeptieren kann, besteht darin, dass ich nicht Gleiches mit Gleichem vergelten und das auch nicht einfordern würde. Ich würde einen Sexualverbrecher nicht kastrieren und nicht verlangen, man solle ihn kastrieren. Ich würde einen Massenmörder nicht töten und nicht verlangen, man solle ihn hinrichten. Ich würde einen Folterer nicht foltern und nicht verlangen, man solle ihn foltern. Und zwar aus zwei Gründen: Zum einen, weil ich – zumindest theoretisch, wenn auch nicht immer emotional – grundsätzlich und uneingeschränkt die Menschenwürde eines jeden Menschen respektiere. Und damit auch seinen Anspruch auf ein faires Verfahren und einen humanen Strafvollzug. Und zum anderen, weil ich, wenn ich mich zur Vollstreckerin oder Befürworterin von Folter, Entwürdigung und Todesstrafe machen würde, den Respekt vor mir selber verlieren müsste.

Wie der grundlegende ist auch der mitfühlender Respekt nicht einfach und nicht jedermanns Sache. Das Wort »Mitgefühl« wird häufig mit »Mitleid« verwechselt und deshalb von Menschen gemieden, die zu Recht einfordern, man solle auch vor Hilfebedürftigen Respekt haben. Mitgefühl ist jedoch etwas anderes als Mitleid. Mitleid wird von oben nach unten empfunden, Mitgefühl dagegen für ein Gegenüber, das ich respektiere. Um Mitgefühl von Mitleid unterscheiden zu können, muss ich mir über meine Haltung und meine Motivation im Klaren sein: Möchte ich einem Wesen, das unter mir steht und nichts mit mir gemein hat, huldvoll eine hilfreiche Hand reichen? Oder lösen das Leid und die Bedürftigkeit eines anderen Menschen in mir das Bedürfnis, zu trösten, zu helfen, zu geben aus, weil ich mir meines eigenen Leids und meiner eigener Bedürftigkeit bewusst bin?

Jeder Mensch hat schon Schmerz erfahren und jeder sehnt sich nach – respektvollem – Trost und Beistand in schwierigen Situationen. Die Art und die Schwere des Leids und der Bedürftigkeit können sich, manchmal auch stark, unterscheiden. Doch mit Hilfe von Offenheit, Einfühlungs- und Vorstellungsvermögen kann ich eine Ahnung davon bekommen, was in einem anderen Menschen vorgeht. Das heißt nicht, dass ich ein Verbrechen oder Grausamkeit billige, weil sie vielleicht Leid und Not entspringen. Aber ich muss auch dem Menschen, der ein Verbrechen oder eine Grausamkeit begangen hat, nicht bedenkenlos jeglichen Respekt absprechen.

Am einfachsten zu verstehen ist scheinbar der anerkennende Respekt, den wohl jede und jeder schon empfunden hat. Doch diese Variante des Respekts, die auf der Anerkennung eines Verhaltens und der Bewunderung für eine Leistung beruht, hat auch eine wertneutrale Seite, denn es liegt im Auge des Betrachters, was er für respektwürdig erachtet. Man kann vor einem anderen Menschen aufgrund seiner humanen Werte und Verhaltensweisen Respekt haben. Man kann aber auch großen Respekt haben vor einem Menschen, der sich kaltblütiger, grausamer und gnadenloser verhält als andere. In Armeen und Söldnertruppen wird dieser Respekt ebenso gepflegt wie in den »Ghettos« der Großstädte und ihren Gangs. Man kann Respekt vor dem Offizier haben, der grundsätzlich keine Gefangenen macht, vor dem Offizier, der eroberte Dörfer niederbrennen lässt, vor dem Offizier, der Vergewaltigungen gutheißt. Man kann Respekt vor einem erfolgreichen Zuhälter haben, vor dem brutalsten Schläger des Viertels und vor dem Gangster, der den dicksten Schlitten fährt. Dieser Respekt ist meistens mit Angst verbunden und somit direkt verwandt mit dem alten autoritären Respekt vor »Respektspersonen«. Bloß, dass die im Ghetto andere Berufe ausüben als die traditionellen (und in militärischen Zusammenhängen auch noch aktuellen) »Respektspersonen«.

Der Respekt, um den es mir geht und für den ich plädiere, ist frei von Angst, Zwang, Abhängigkeit und blinder Bewunderung. Er ist ein gegenseitiger, auf menschlichen Werten beruhender Respekt. Er beinhaltet in jedem Fall den grundlegenden und idealerweise auch den emphatischen Respekt. Dieser Respekt ist eine innere Haltung und zugleich deren Ausdruck. Die Grundlage der Haltung besteht darin, dass ich andere als gleichwertige und gleichberechtigte Wesen sehe, deren Würde und Unversehrtheit es zu achten gilt, egal, woher sie kommen, welches Geschlecht oder welche Hautfarbe sie haben, welche gesellschaftliche Stellung sie einnehmen, was sie beruflich machen oder nicht, über wie viel oder wenig Geld, Besitz und Bildung sie verfügen und woran sie glauben. Wird diese grundlegende Haltung um den anerkennenden und den emphatischen Respekt erweitert, beinhaltet sie, dass ich auch die Persönlichkeit, die Erfahrungen, Bedürfnisse, Gefühle, Kenntnisse und Eigenarten anderer Menschen respektiere. Und zwar nicht nur theoretisch, sondern auch praktisch.

Um diesen Respekt empfinden und ausdrücken zu können, bedarf es mehrerer »Zutaten«. Als da wären:

*Offenheit.* Die Bereitschaft, die andere Person zu sehen, sie wahrzunehmen, sie so zu nehmen wie sie ist, sie nicht nach den eigenen Bedürfnissen zurechtmodeln zu wollen. Die Bereitschaft, jenseits einer schematisierten »politischen Korrektheit« zu erkennen, dass die andere Person mir vielleicht nicht gleicht, dass sie anders ist, und dieses Anderssein anerkennen und mich dafür interessieren. Die Bereitschaft, auch das anzuerkennen, was ich an der anderen Person nicht verstehen kann.

*Achtsamkeit.* Nicht automatisch von mir auf andere schließen, die eigenen Erfahrungen, Prägungen, Gewohnheiten, Gefühle und Bedürfnisse nicht blind auf andere übertragen, sondern darauf achten, wie die andere Person empfindet, wie sie sich fühlt, was sie braucht. Die Grenzen der anderen Person erkennen und einhalten. Der anderen Person nichts aufdrängen.

*Ernstnehmen.* Die andere Person als gleichwertig sehen und behandeln. Der anderen Person zuhören. Sich für ihre Arbeit, ihre Ansichten und Haltungen interessieren und darauf eingehen. In Konflikte mit der Absicht gehen, sie zu lösen, und nicht, den anderen fertigzumachen.

*Rücksicht.* Bedenken, dass auch andere verletzlich und nach Zuwendung bedürftig sind, dass auch andere möchten, dass ihre Hoffnungen und Bedürfnisse erfüllt werden, dass auch andere Beachtung finden und im Mittelpunkt stehen möchten, dass auch andere nicht überfahren, vorgeführt, abgekanzelt, bevormundet und ignoriert werden möchten. Die Bereitschaft, anderen schon mal den Vortritt zu lassen, sich selbst zurückzunehmen, zugunsten einer oder eines anderen auf etwas zu verzichten. Und natürlich: die andere Person weder physisch noch in ihren Gefühlen verletzen. ***Wertschätzung***. Den anderen Menschen als Person anerkennen und ihm das auch zeigen. Die Qualitäten, Fähigkeiten, Leistungen der anderen Person würdigen und diese Würdigung deutlich erkennbar zum Ausdruck bringen. Andere in Besprechungen, Diskussionen und Entscheidungsfindungen mit einbeziehen. Die andere Person um Rat fragen oder ihr einen hilfreichen Tipp geben, ihr vermitteln: Ich schätze dich, du bist mir etwas wert.

Last but not least können auch ***Höflichkeit und Freundlichkeit*** Ausdruck von Respekt sein. Sofern sie einfach und echt sind. Denn hinter sogenannten guten Manieren und einer professionellen Freundlichkeit können sich auch Gleichgültigkeit und Ressentiments verbergen.

Das klingt nun alles sehr schön, aber ist es auch zu leisten im Alltag, in der Beziehung, in der Familie, im Berufsleben? Die Antwort lautet: Ja. Respekt ist tatsächlich machbar, Frau und Herr Nachbar! Er klappt bloß nicht immer von selbst und auch nicht von heute auf morgen. Man kann ihn aber lernen, indem man ihn übt, am besten Tag für Tag. Und mit jeder freundlichen Geste, mit jeder respektvollen Ansprache, die man dafür zurückbekommt, wächst die Freude daran.

Das heißt nicht, dass man Menschen, die sich unmenschlich, gewalttätig oder arrogant verhalten, seinen Respekt erweisen muss. Respekt kann sich in solchen Fällen in Form eines deeskalierenden Verhaltens, einer kühlen Höflichkeit, eines »geregelten Rückzugs«, ohne den anderen zu beschimpfen, einer Zurechtweisung, ohne den anderen zu erniedrigen, äußern. Man muss auch nicht, um andere zu respektieren, seinen Selbstrespekt aufgeben. Ganz im Gegenteil, es gilt, den Selbstrespekt zu erhalten, denn er ist eine der wesentlichen Grundlagen dafür, andere respektieren zu können. Man sollte aber versuchen herauszufinden, ob es wirklich der Selbstrespekt ist, der gerade gefährdet ist, oder der Stolz. Stolz hat eher mit Selbstüberhebung zu tun. Er kann auch Ausdruck von mangelndem Selbstrespekt sein. Stolz macht angespannt, er ist sehr empfindlich und leicht zu verletzen. Während ein ausgewachsener Selbstrespekt sich meistens als ziemlich robust und gelassen erweist.

Wenn man sich also daran macht, sich in Respekt und einem respektvollen Verhalten zu üben, ist es sicher nicht sinnvoll, wenn man gleich zu Beginn versucht, einem grausamen Verbrecher grundlegenden Respekt entgegenzubringen. Besser ist es, anfangs mit den Menschen zu üben, mit denen man täglich zu tun hat. Mit dem Partner, der Partnerin, mit Familienmitgliedern, Arbeitskolleginnen und Arbeitskollegen, Freundinnen und Freunden und all denen, die einem »über den Weg laufen«. Auch das ist nicht immer einfach. Die uns am nächsten stehen, drücken am ehesten unsere Knöpfe, und wir reagieren darauf nicht so ohne weiteres respektvoll. Die Vorgesetzte, die uns nicht leiden kann, und der Kollege, den wir nicht leiden können, motivieren uns nicht gerade zu respektvollem Verhalten ihnen gegenüber. Und genauso wenig ein ruppiger Handwerker, der dazu noch zu spät kommt, und eine unfreundliche Verkäuferin, die uns das Gefühl gibt, wir hätten in dem Laden nichts zu suchen. Dennoch, es ist den Versuch wert.

Um Respekt ausdrücken, das heißt, anderen respektvoll begegnen zu können, muss man erst einmal in der Lage sein, Respekt zu empfinden. Das tut fast jeder Mensch, aber es ist nicht jedem im vollen Ausmaß bewusst. Anlässlich meines 50. Geburtstages habe ich eine Dankbarkeitsliste angefertigt. Ich hatte die mir wichtigsten Freundinnen und Kolleginnen zu einem Imbiss eingeladen und jeder einzelnen von ihnen gedankt – für etwas, wofür ich ihr ganz besonders dankbar war. Das Verfassen dieser Liste hat mir große Freude bereitet, meine Dankbarkeit diesen Frauen gegenüber noch weiter erhöht und mir viele andere in Erinnerung gerufen, denen ich gleichfalls dankbar war. Jahre später las ich das Buch von Robert Emmons »Vom Glück, dankbar zu sein«. Er berichtet darin von den Ergebnissen seiner psychologischen Forschung über Dankbarkeit. Eines davon ist, dass das Sich-gewahr-Werden von Dankbarkeit zu noch mehr Dankbarkeit führt. Ich konnte ihm aufgrund meiner »Listen-Erfahrung« aus ganzem Herzen zustimmen.

In der Arbeit an diesem Buch, und ganz konkret bei dem Versuch, aufzuzählen, für wen ich warum Respekt empfinde, erging es mir genauso. Mir fielen immer noch mehr Menschen und noch mehr Gründe ein. Und nicht nur am Schreibtisch, sondern auch, wenn ich von der Arbeit nach Hause ging, im Supermarkt und im Bett vor dem Einschlafen. Ich gehe deshalb davon aus, dass auch das Sich-gewahr-Werden von Respekt zu mehr Respekt führt. Der nächste Schritt könnte sein, all denen, die in der eigenen Respekt-Liste auftauchen, ganz bewusst Respekt zu erweisen. Einen achtsam-respektvollen Umgang mit diesen Menschen zu pflegen. Dann kann man weitergehen zu all denen, die einem gleichgültig sind, um schließlich bei denjenigen zu landen, über die man sich ärgert, die man verachtet und deren Art zu leben, sich zu kleiden und sich zu verhalten man beim besten Willen nicht nachvollziehen kann oder mag.

Natürlich kann bei diesem Experiment auch einmal etwas schiefgehen. Da lächle ich zum Beispiel freundlich einen verwirrt wirkenden alten Mann an, und er spuckt vor mir aus. Oder ich frage eine Passantin auf der Straße mit respektvoller Höflichkeit, wie ich in die Soundso-Straße komme, und sie bescheidet mich mit einem mürrischen »Keine Ahnung!«. Es kann auch passieren, dass ich einer alten Dame im Bus den Platz überlasse, sie sich wortlos hinsetzt und böse die Lippen zusammenkneift. Es kann sogar vorkommen, dass ich als Radfahrerin einem Autofahrer die Vorfahrt lasse, und er mir dafür den Stinkefinger zeigt. Na und? Ich kann das verkraften. Wer weiß, warum diese Leute so reagieren. Und ich muss mit ihnen nicht leben. Aber ich muss mit mir leben. Ein Leben lang. Und ich lebe lieber mit einer Ingrid Strobl, die freundlich, offen und respektvoll ist, als mit einer Ingrid Strobl, die verschlossen, freudlos und respektlos durch ihr Leben stampft.

Übt man sich darin, eine Haltung des grundlegenden, des anerkennenden und idealerweise auch des emphatischen Respekts zu entwickeln und damit zugleich ein respektvolles Verhalten den Mitmenschen gegenüber, dann bekommt man, sozusagen als Belohnung, Respekt zurück. Nicht immer, aber sehr häufig. Mehrere meiner Interviewpartnerinnen und -partner sagten, es sei ein bestimmter »Ton«, an dem sie erkennen, ob sie jemand respektiert oder nicht. Und wenn sie selbst einen respektvollen, freundlichen Ton anschlagen, – dann schallt es genauso aus dem Wald zurück. Hier gilt, wie so oft, die Devise: Probieren geht über studieren. Und auch wenn es einem anfangs schwerfällt, schon die ersten Erfolge machen es leichter.

Es ist sogar möglich, Respekt notfalls erst einmal zu simulieren. So kann man sich daran gewöhnen, mit anderen respektvoll umzugehen, bis sich der vorgetäuschte Respekt in einen echten verwandelt. Es gibt dazu eine ebenso amüsante wie schöne Geschichte aus Indien: Eine junge Frau hatte ständig Ärger mit ihrer Schwiegermutter, in deren Haus sie mit ihrem Mann lebte. Sie fühlte sich von ihr missachtet und schikaniert, und ihre Verletztheit und Wut wurden schließlich so heftig, dass sie beschloss: Das mache ich nicht mehr mit! Sie ging also zu einem Zauberer und bat ihn: »Gib mir ein Mittel, mit dem ich meine böse Schwiegermutter vergiften kann.«

Der Zauberer gab ihr ein farbloses Pulver und sagte: »Du darfst ihr nicht alles auf einmal geben, denn sonst fällt der Verdacht sofort auf dich. Du musst es ganz langsam angehen, und um jeden möglichen Verdacht von vorneherein auszuräumen, musst du auch sehr geschickt vorgehen.«

»Was meinst du damit?«, fragte die junge Frau.

»Du musst, solange du ihr das Gift in das Essen mischst, sehr, sehr freundlich und zuvorkommend zu ihr sein, du musst ihr großen Respekt erweisen und auf alle ihre Bedürfnisse freudig eingehen.«

Die junge Frau hatte keine Ahnung, wie ihr das gelingen sollte, sie sah aber ein, dass es ein raffinierter Rat war. Von diesem Moment an behandelte sie ihre Schwiegermutter mit großem Respekt, fragte stets, ob sie etwas bräuchte oder ob es sie nach etwas gelüste und brachte ihr das Erwünschte auf der Stelle. Die Schwiegermutter war erst einmal fassungslos, dann misstrauisch, aber schließlich genoss sie die freundliche Fürsorge ihrer Schwiegertochter so sehr, dass auch sie ihr Verhalten änderte. Sie lobte die junge Frau für ihren guten Geschmack, ihre Kochkünste und ihre Sorgfalt in

Haushaltsdingen, sie schenkte ihr als Dank ein paar schöne Stücke von ihrem Schmuck, und sie fragte sie immer häufiger, wie es ihr gehe und ob sie sich in ihrem Haus wohlfühle. Die junge Frau wiederum lernte ihre Schwiegermutter nun als eine freundliche und hilfsbereite Frau kennen, mit der sie gerne ein Schwätzchen hielt oder auch ein ernsthaftes Gespräch führte. Kurzum: Die beiden wurden Freundinnen. Und so lief die junge Frau eines Tages völlig panisch zu dem Zauberer und sagte: »Du musst mit bitte sofort ein Gegengift geben! Meine Schwiegermutter darf nicht sterben! Sie ist eine wundervolle Frau!«

»Tut mir leid«, sagte der Zauber, »ich habe kein Gegengift. Es gibt auf der ganzen Welt keines.«

Da geriet die junge Frau in tiefe Verzweiflung und beschloss, sich das Leben zu nehmen.

»Nein, warte!«, rief der Zauberer. »Es gibt kein Gegengift, weil ich dir kein Gift gegeben habe. Das Mittel, das du deiner Schwiegermutter verabreicht hast, ist völlig harmlos.«

Die junge Frau konnte also erleichtert nach Hause gehen. Und wenn sie nicht gestorben sind …

Wenn man nicht gerade vor hat, jemanden zu vergiften, ist es allerdings sinnvoller und hilfreicher, sich von Anfang in echtem Respekt zu üben. Und wenn die Übung gelänge – wie sähe eine Welt aus, in der gegenseitiger Respekt herrschte? Die Menschen wären freundlicher, gelassener, friedvoller, rücksichtsvoller und damit auch glücklicher. Sie würden begreifen, dass es nicht ausreicht, die eigene Spezies zu respektieren, sondern dass sich ihr Respekt auch auf die Tiere, die Pflanzen, auf Mutter Erde und das ganze Weltall erstrecken muss. Das ist eine Utopie? Na, klar! Aber wie heißt es so schön: »Wer auf der Erde etwas erreichen will, muss nach den Sternen greifen.« Etwas vom Schönsten am authentischen gegenseitigen Respekt ist, dass er Freude macht. Einem selbst und den anderen. Deshalb ist es auch möglich, ihn zu erlernen und ihn zu praktizieren, selbst wenn es manchmal schwerfällt oder die Reaktion nicht so ausfällt, wie man sie sich erhofft.

# Literatur

Beccaria, Cesare: Über Verbrechen und Strafen, Frankfurt am Main 1998

Connor, Marlene Kim: What is Cool? Understanding Black Manhood in America, Evanston 2003

Darwall, Stephen L.: Two kinds of respect, in: Ethics, Heft 88 (1), 1977, S. 36–49

Dillon, Robin S.: Care and Respect, in: Explorations in Feminist Ethics: Theory and Practice, E.B. Cole and S. Coultrap-McQuin (Hg.), Bloomington: Indiana University Press 1991; und: Respect and Care: Toward Moral Integration, Canadian Journal of Philosophy 22, 1992, S. 105–132

Dörlamm, Martin: Professionelle Nähe – auf Distanz zum Status quo«, in: Widersprüche, Heft 100, Jahrgang 2006, Nr. 2, S. 155 bis 160

Emmons, Robert: Vom Glück, dankbar zu sein. Eine Anleitung für den Alltag, Frankfurt am Main 2008

Fromm, Erich: Die Kunst des Liebens, Frankfurt am Main 2003

Hansen, Hartwig: Respekt – Der Schlüssel zur Partnerschaft, Stuttgart 2008

Kant, Immanuel: Grundlegung zur Metaphysik der Sitten, Frankfurt am Main 2008 und: Die Metaphysik der Sitten, Ditzingen 1990

Kornfield, Jack: Frag den Buddha und geh den Weg des Herzens, München (Econ Verlag) 2002

Sennett, Richard: Respekt in Zeiten der Ungleichheit, Berlin 2004

Stanford Encyclopedia of Philosophy: http://plato.stanford.edu/

Strobl, Ingrid: Die Angst kam erst danach. Jüdische Frauen im Widerstand in Europa 1939-1945, Frankfurt am Main 1998

Thompson, Robert Farris: An Aesthetic of the Cool, African Arts, Vol. 7, No. 1 (Autumn, 1973)

www.respectresearchgroup.org

# Danksagung

Wieder einmal habe ich vielen Menschen zu danken. In erster Linie danke ich allen, die bereit waren, sich von mir zum Thema Respekt befragen zu lassen, mir ihre Gedanken zu Respekt und ihre Erfahrungen mit Respekt mitzuteilen. Und ganz besonders danke ich all denjenigen, die mir Stunden ihrer kostbaren Zeit für ausgiebige Interviews schenkten. Ohne eure Offenheit, Genauigkeit und Nachdenklichkeit wäre dieses Buch nicht zustande gekommen.

Ich danke Jetsunma Tenzin Palmo dafür, dass sie sich trotz der Anstrengungen ihrer Europa-Tournee die Zeit nahm, lange mit mir über Respekt zu sprechen. Ich danke ihr für die Inspiration und die wichtigen Anregungen, die daraus entstanden.

Ich danke meinen Redakteurinnen Ingrid König (WDR) und Nadja Odeh (swr), die mir die Möglichkeit gaben, meine ersten Hörfunk-Features zum Thema Respekt zu machen, mich so dem Thema anzunähern und immer stärkeren Gefallen daran zu finden.

Ich danke Ralf Peters, der mir wichtige Hinweise zu Kants Metaphysik der Sitten gab und mir half, den Originaltext zu interpretieren. (Alle eventuellen Fehler dabei sind auf meinem eigenen Mist gewachsen.)

Ich danke meinen Freundinnen, die es klaglos hinnahmen, dass ich viele Wochen lang ins Schreib-Retreat ging und nicht mehr ansprechbar war (es sei denn, ich hatte eine Nachfrage zum Thema Respekt …).

Ich danke meiner Agentin Erika Stegmann, die meine Idee, ein Buch über Respekt zu schreiben, sofort begeistert aufgriff und mich – wie gewohnt – sorgfältig, kritisch, ermutigend und geduldig bei der Arbeit an dem Buch begleitete.

Ich danke Michael Schönberger, dem Programmleiter Sachbuch des Pattloch Verlages, für das sorgfältige und inspirierende Lektorat des Manuskripts und dafür, dass auch er sofort von der Idee eines Buches über Respekt angetan war.

Und last, but not least danke ich meinem Mann Gert Levy, der, wieder einmal, seine eigenen Interessen hintanstellte, damit ich ungestört schreiben konnte, der, wie immer, am Abend kritisch las, was ich tagsüber produziert hatte, und der nicht müde wurde, immer und immer wieder mit mir über das unerschöpfliche Thema Respekt zu reden und nachzudenken.